天下文化
BELIEVE IN READING

選擇經濟學

如何做對決策，
讓人生更富足、幸福、美好

Erik Angner
埃里克・安格納——著

卓妙容——譯

How Economics
Can Save the World

Simple Ideas to Solve Our Biggest Problems

各界推薦

文明啟蒙之前，人類通常將自身的處境歸因給命運。經濟學的誕生與發展讓不願向命運低頭的人有了方法，你可以選擇。然而，選擇是有代價的，要付出的可不只交易價格，更重要的是承擔後果的責任。這本書的主題環繞在基本觀念之上，所關照的卻是當前世界的問題，讓我想起學習經濟學的初衷。

——劉瑞華

清華大學經濟學系教授

經濟學對你而言，是天馬行空、悲觀科學、還是可以拯救世界？如果你真正了解經濟學，你會知道它不但能將複雜的因果關係梳理清楚，還可以幫助我們理性思考，在決策上達到最優解。安格納在書中以幽默但扎實的經濟學家角度，將 些複雜的問題，像是貧窮問題、教養問題、氣候變遷、如何幸福等一一剖析，讓讀者撥雲見日，這是一本值得一讀再讀的好書。

——廖啟宏

加州政府研究首席、《一口經濟學》PODCAST 主持人、

加州大學經濟系客座教授

聯合國每年會發表《全球幸福報告》,臺灣在過去十年間,在東亞名列非一即二。這與我國民主制度運行完善、人生自我掌控及高度社會資本有關。而對經濟學家而言,政府施政如何讓人民「更幸福」,自然是個再重要不過的議題。作者身為經濟學家,其研究領域之一便是「幸福科學」。個人層面,他利用富蘭克林 T 形圖,分析自己是否要為了母國瑞典的育嬰假,而放棄美國的高薪工作。社會層面,則介紹「適應低估理論」,去說明如果我們想要提升幸福感,或許該去消費我們不會習慣的商品。這合理的解釋了為什麼花錢買一個殊異的體驗,往往比買一個產品所帶來的快樂更持久。透過此書,安格納教授將透過各種生活的經驗,帶我們無形中透析各種經濟學原理,且更了解幸福的真諦。

——呂昱達

「丹尼老師的公民教室」創辦人

安格納巧妙將經濟學的歷史、理論與實務做法融合在一起,展現出經濟學的強大力量。這本書的編寫方式通俗易懂、引人入勝,並提供許多實例來呈現,經濟學將如何讓你的生活和你周圍的世界變得更美好。

——傑克・敏寧(Jack Meaning)、魯帕・帕特爾(Rupal Patel)

英格蘭銀行(Bank of England)經濟學家、

《為什麼不能一直印鈔票?》(Can't We Just Print More Money?)作者

本書描繪眾多精采案例，說明經濟學的力量如何改善人類生活。為了化解人們對經濟學的普遍誤會，作者展示當今劃時代經濟學家的實際成果，從幫助父母撫養子女、尋找更有效配對腎臟捐贈者的方法，再到開發應對氣候變遷的工具，以及建設更幸福的社會。安格納讓我們明白，經濟學是一種深層的道德努力，它潛藏的技術魔法可以帶來希望，幫我們解決許多最緊迫的問題。

——奈爾・傑斯坦尼（Niall Kishtainy）

《經濟學簡史》（*A Little History of Economics*）作者

這本精采的著作揭開經濟學的神祕面紗，並解釋為了幫助我們因應日常生活面臨的挑戰，經濟學所提供的實用工具，小到讓小孩入睡，大到盡我們所能來應對氣候變遷。作者為這個經常遭到誤解與誹謗的學科，建構出一個清楚且充滿智慧的模型。

——黛安・科伊爾（Diane Coyle）

劍橋大學公共政策教授

本書提供精采且清晰的敘述來解釋，只要讓合適的人利用經濟學的見解，就能使世界變得更美好。

——羅希尼・潘德（Rohini Pande）

耶魯大學經濟成長中心（Economic Growth Center）主任、
亨利・傑克・海因茨二世（Henry J. Heinz II）經濟學講座教授

以樂觀的全新角度提供有用規則，有助於了解我們周圍的世界，以及如何讓它變得更美好。安格納是個冷面笑匠，作品令人耳目一新，充滿智慧。這本書不僅讀起來有趣，同時極具啟發性，可以激發我們許多改革的靈感。

　　　　　　　　　　　——克勞斯・史瓦布教授（Klaus Schwab）

世界經濟論壇（The World Economic Forum）創辦人暨執行董事長

在一個非理性主義日益猖狂的時代，經濟學遭遇許多攻擊。我們需要的是致力於理性分析原則，卻又不自大的經濟學。這本書展示出這樣的經濟學模樣，以及如何利用它來讓世界變得更美好。百分之百推薦。

　　　　　　　　　　　——馬克・潘寧頓（Mark Pennington）

倫敦國王學院（King's College London）政治經濟學與公共政策教授

有趣且引人入勝的讀物，宗旨是要幫助我們做出更好的選擇、過上更好的生活，並創造出更美好的世界。安格納教導我們如何以經濟學的方法去了解攸關真實生活的現實世界，例如訓練嬰兒的睡眠、選擇工作，以及建立社區等。然後，他更進一步教我們，如何應用從經濟理論與行為研究中學到的工具與見解，來管理儲蓄與投資等人生中的現實選擇。

　　　　　　　　　　　——蘿莉・安・保羅（L. A. Paul）

耶魯大學哲學與認知科學學院麥爾史東家族講座（Millstone Family）教授

本書描繪出一個樂觀的輪廓，讓我們得以改善社會與個人生活。安格納以清晰明白、幽默風趣與扎實的學術基礎，勾勒出解決大小頑強問題的方案，從糟糕的退休計畫到貧窮困境都包括在內。書中更以簡單但令人振奮的主軸貫穿所有成功案例：重視資料數據、使用經濟學家的方法論工具箱，並且以更具實驗性的態度，解決我們所面臨最困難的問題。他的處方甚至包含如何讓普通人遵從他的建議以改變社會規範。暫且不管我們是否具備汲取經濟學教訓的良好判斷力，本書向我們展示，哪些決策結構會對我們的幸福持續造成威脅，並且為讀者提供工具、知識與充滿希望的動力去解決掉這些威脅。

—— 約翰・特魯特（J. D. Trout）

伊利諾理工學院約翰與玫・卡拉莫斯哲學講座（John and Mae Calamos）教授

獻給伊麗莎白（Elizabeth）

目錄

序言

我從來沒有想過要當一個經濟學家。

仔細回想，我明明一直想成為一個和經濟學家截然相反的人。雖然我得承認，我對這門學科的了解，完全來自電視與新聞中出現的經濟學家，而他們可沒給我留下什麼好印象。

我會進入科學哲學領域，部分原因是我對科學的本質、科學方法、科學在政策過程的應用，以及科學與偽科學之間的界限很感興趣。我將經濟學視為假象和現實之間的差距，因此覺得它分外有趣。

為了確保我知道自己在說些什麼，我決定選修幾門經濟學博士班的課。這個經驗令我大開眼界；上課內容大大出乎我的意料之外。現代經濟學是出了名的難懂，它帶給我的文化衝擊之大，猶如我初到義大利佛羅倫斯留學時那般震驚。經濟學和義大利一樣，都有自己的慣例、規則與運作方式，甚至有自己的一套語言。然而，一旦我克服先入為主的成見後，便發現一個充滿迷人且實用想法的世界。我遇到的人不僅善良可愛，而

且個個都想盡一己之力讓世界變得更美好。

　　總結來說，我學到兩件事。第一，大眾對經濟學的看法很有問題。（順帶說明，我認為經濟學家應該負起大半的責任，因為他們有夠不擅長告訴別人他們到底在做什麼。）第二，經濟學不僅提供完整的分析，展現我們當今的處境，以及我們如何走到這一步。而且，它還提供可以幫助我們將世界變得更美好、讓人類更能繁榮發展的實用工具。

　　我寫這本書的目的，是想透過展現經濟學的作用來討論什麼是經濟學。我並不認為現代經濟學很完美，畢竟許多理論尚有改進之處。我當然也不是在為表現不符預期的這些經濟學專家護航。

　　「經濟學是一門可以造福人類與地球的科學」是我想在本書中捍衛的核心觀念。如果將它置之不理，會在不知不覺中損害自己的利益。只要理論、運作與專家的表現得以改善，修復它便成為道德上的當務之急。

　　我並不是在鼓勵更多人去當經濟學家，雖然如果真的有人那麼做，我也會相當開心。相反的，我想做的是去接觸經濟學領域以外、關心人類與地球的未來、選舉會去投票、相信社會變革的普通人，並告訴他們如何利用經濟學的方法、概念與理論來讓世界變得更美好。

　　請讓我來引導你，因為經濟學實在太重要了，不能只留給經濟學家，而你卻不親身參與。

前言

經濟學如何拯救世界

　　2020 年初新冠病毒來襲，這場二、三十年來僅見、最可怕又最具破壞力的全球災難，讓我們熟知的生活型態頓時停擺。所有人都渴望答案與解決方法盡快出現。從政府領導人到普通公民，每個人都在尋找具備相關知識、可以幫得上忙的人。流行病學家、病毒學家、物理學家，甚至工程師都被點名，人們不只希望他們能夠解釋這一切，更希望他們能加快速度讓世界恢復正常。

　　幾乎沒有人想過要問經濟學家。其實他們應該去問才對。

　　事實上，經濟學家完全幫得上忙。經濟學不只能幫助我們了解如今個人或整體社會面臨的許多問題，更棒的是，它還能提供解決方法。它帶給我們希望，讓我們知道狀況不但有可能改善，而且方法近在咫尺。[1]

　　早期的研究報告指出，新冠病毒極可能出自中國武漢的「傳統市場」。[2] 人們在這種市場裡購買活體動物與畜產品，當成寵物飼養、作為食物食用、充當裝飾品，或者是再加工製成

中藥材。為了搞懂新型冠狀病毒是怎麼出現,就得先弄清楚動物與動物器官市場的組織架構、存在原因以及運作方式。人類會想買動物當成寵物、食物、裝飾品與藥材的原因,和個人偏好與當地文化息息相關。人們出售動物的原因,則是和賺錢維生的需求與職業替代性有關。

這就是經濟學。

如果病毒一直留在武漢,就不會引起全球大流行。我們說不定連它的名字都沒聽過。但它沒有留在武漢,所以現在無人不知、無人不曉。病毒無法自行移動,也用不著這麼做,因為它會搭便車。[3] 只有先了解人們如何旅行與遷移,才能了解病毒為什麼會從單一地點傳播到全世界。不論是長期的心願、一閃而過的念頭,甚至是 Instagram 上的熱門照片,都有可能讓人萌生出門旅行的渴望。然而,能不能真的出門旅行,取決於國家戰爭與和平的狀態、人們的富裕程度、財富分配方式,以及油價與政府法規。

這也是經濟學。

於是,政府官員聯合起來預防並控制病毒傳播。他們頒布旅遊禁令,同時部署各式各樣的「非藥物」干預措施,像是:洗手、待在家裡、保持社交距離。[4] 但是,人們並不會百分之百依照規定行事。要了解人們會怎麼遵守規定、什麼時候會遵守規定,需要先了解群眾的行為模式、規則、各種信仰與態度。要確定人們是否遵循規定,就得追蹤移動模式、行為與習

慣，並且進行大規模的即時測量。

這也是經濟學。

人們想要採取行動去阻止疾病傳播、鼓勵良好行為、分配疫苗，並補償沒有犯錯卻遭逢損失的人。弄清楚可以做什麼、應該做什麼之前，需要先弄清楚如果採取行動或是什麼都不做，各別會發生什麼狀況。這不僅涉及預測群眾的反應，還得判斷每一項備選行動方案的優點。想要做出全面的判斷，則需要以系統化的方式去比較優劣。我們可能會想在衡量選項時加上數字，或者是美元或英鎊等幣值。但是，我們不一定要用數字或金額來衡量，幸福的單位或「效用」也可以拿來比較。我們可以把它稱為成本效益分析，因為我們在衡量的就是成本與效益。

沒錯，這就是經濟學。

一旦病毒逐漸得到控制後，人們便會希望放鬆限制，恢復正常生活。許多人意識到，我們還是可以像以前一樣改進現況。新冠病毒的全球大流行不僅引發新的問題，同時讓現存的貧富差距、健康不平等、不良的住房條件、無法獲得醫療照護等問題更加惡化。現存的問題降低我們的抵抗能力，讓我們更加脆弱。而這些問題早就應該得到適當的處理。為了重建更好的世界，就需要了解它呈現的機會與擺脫不了的限制。一個極其複雜的經濟體系需要讓數百萬人的活動互相協調配合，至少得達到這項條件，生產者才會想要生產消費者想要消費的商

品。要了解如何讓經濟體系順利運行，需要先弄清楚如何讓整個經濟活動彼此協調。

這全都是經濟學。

這本書的主旨是，經濟學可以如何幫助我們把世界變得更美好。

經濟學不僅可以用來應付全球大流行，更可以幫助我們處理極大範圍的問題、挑戰與危機。經濟學探討的是個人的行為與社會的後果。人類面臨的巨大挑戰，在某種程度上都是由個人或群體的行為所引起。戰爭、氣候變遷、汙染、歧視等，都是人為的結果。即便是非人為的問題，解決方法也一定會涉及人類的行為。想要解決問題，就需要讓人們採取不同的行動，比如停止打仗、停止歧視不同背景的人、停止燃燒化石燃料等。尋找最佳解決方案的過程，需要評估成本與效益，進一步實施解決方案，則需要非常多人的相互協調。

每一個重大的問題都有潛在的物理現實要克服。物理現實會限制發展的途徑與解決方案的範圍，這方面的現實自有其他科學家做研究，我們應該聽從他們的意見；還有其他科學家會研究社會與政治現實，我們也應該聽取他們的意見。（我並沒有說我們應該只聽從經濟學家的想法。）但是，不管是物理學、醫學或政治科學，都無法單獨解決重大問題。了解人類面臨的挑戰怎麼會出現、試圖預測接下來會發生什麼事，並且預防未來的大災難等，這些全都隸屬經濟學的範疇。

什麼是經濟學？

　　經濟學一直盡全力在修復世界，想讓它變得更好，讓人類能夠更加繁榮發展。

　　聽我這麼說，許多人可能會大感驚訝。因為他們以為的經濟學，說好聽一點就是拿來預測股市，說難聽一點則是用來增進統治階級的利益。雖然也真的有經濟學家是在做這些事，但總體而言，這樣的看法並不正確。經濟學的範疇很廣。做出預測並不是它唯一的作用，甚至不是它主要的作用。經濟學不只和股市、失業指標有關。經濟學家是一群沉默而激進的改革者，往往專注於改善最不富裕階層的生活，以解放窮困者與受壓迫者為己任，使他們更容易養活自己、未來更加光明。

　　什麼是經濟學？它從哪裡來？能帶來什麼好處？

　　劍橋大學經濟學家亞瑟・塞西爾・皮古（Arthur Cecil Pigou）被稱為「幸福經濟學之父」。他在一個世紀前曾經試圖回答上述三個問題。皮古說，有些科學的目標是帶來啟發；有些科學的目標是孕育結果。有些給了我們想要的知識；有些則給了我們可以派上用場、讓世界變得更美好的知識。有些則能滿足單純的智識渴望；有些則是滿足改進社會或其他方面的渴望。對皮古來說，經濟學完全屬於第二類。他寫道：「它不是奇蹟，而是為了反抗骯髒的街道與荒蕪慘淡的生活所綻放的社會熱忱，這就是經濟科學的開端。」[5]

正如皮古所強調，經濟學源於對苦難與貧窮的挫敗感，驅動它的是人們對社會進步的渴望。它從人類福祉（welfare）的角度思考改進之道；從這個層面來看，福祉的定義是：你在生活順遂時擁有的條件。福祉對人有益；它是你擁有的事物，而不是讓你使用的物品。因此，從根本上來說，福祉是經濟學的重要主題，也是經濟學的意義所在。改善經濟福祉（economic welfare）是經濟學的核心任務，經濟學家也在政策建議中不遺餘力的提倡這一點。每當進展順利時，它是經濟學家的勞動成果，而人類的福祉則是評量的標準，是衡量經濟學成敗的標準。在皮古的眼中，經濟學是一項深具道德感的事業。

皮古熱衷於強調經濟學是一門「科學」，就像物理學與生物學一樣，它會告訴我們什麼是什麼、什麼不是什麼；而不是像神學那樣抽象，只會告訴我們什麼應該是什麼、什麼不應該是什麼。經濟學本身並沒有告訴我們苦難與貧窮是壞事，儘管實際上它也做不到這件事。皮古曾經引用偉大的法國實證主義思想家奧古斯特・孔德（Auguste Comte）的名言：「心靈發現問題，智識解決問題。」[6] 一旦內心理所當然的開始反抗骯髒的街道與荒蕪慘淡的生活，經濟學就能告訴我們應該如何解決問題。皮古將經濟學比喻為醫學。它是一門科學，由當下實際問題的相關性所引導，尋求的是「有助於帶來治療知識的知識」。[7] 他相信，經濟學可以治癒人類社會的疾病，如同醫學可以治癒人類身體的疾病。皮古在第一次世界大戰剛結束時寫下

這句話，當時所有人都認為，不管是整體社會或個人，都需要療傷恢復健康。

奧地利經濟學家佛烈德利赫・海耶克（Friedrich A. Hayek）對此深表贊同。他曾寫道：「大抵上，經濟分析從來都不是知識份子抱持智識上的超然好奇心、而對社會現象的成因追根究柢所產生的成果，而是他們懷抱深刻的不滿、想要重建世界的強烈衝動下的產物。」[8]想要修補不完美世界的這股雄心壯志，可以解釋為什麼經濟學的範圍如此廣泛。我的意思是，行為與現象都是經濟學家研究的範圍，它所關心的可不只是追求財富，或是讓人追求財富的制度，如股票市場。經濟學的範疇非常廣泛，就和為了讓世界變得更美好所需要的範疇一樣廣泛。經濟學確實是一門科學，但它卻源自於一股強烈的渴望，致力於改善顯然非常不完美的世界。它的任務是重建世界，讓它變得比以前更好。不管是左派還是右派的經濟學家都懷抱同樣的心態與觀點，就像卡爾・馬克思（Karl Marx）曾經表示，重點不在解釋世界，而在**改變世界**。[9]

皮古的前輩阿爾弗雷德・馬歇爾（Alfred Marshall）稱經濟學是「對人類日常事務的研究」。這句話提醒我們，經濟學不只是偉大的抱負與志向，也不只是一時的衝動，它不僅僅和金錢財富有關，儘管兩者確實脫不了關係。在馬歇爾眼中，經濟學就和人類福祉相關的所有欲望、行為與活動。透過適當的努力，他希望不只可以消滅貧窮，連無知都會逐漸消去：

> 現在我們終於開始認真探討所謂的「下流階層」是否
> 真的有存在的必要：換句話說，是不是真的需要讓這
> 麼多人打從出生就注定要做牛做馬，來提供他人過上
> 高雅精緻的生活，而他們卻因為貧窮與過勞的阻礙，
> 完全無法參與那種生活。[10]

馬歇爾認為貧窮與無知可以被消滅。他認為，只要明智的應用經濟科學，人人都可以獲得幸福。

最具影響力的經濟學觀點之一是由倫敦經濟學院（London School of Economics）的萊昂內爾・羅賓斯（Lionel Robbins）所提出。他在1932年首次出版的《論經濟科學的性質與意義》（*Essay on the Nature and Significance of Economic Science*）大概是有史以來最著名的經濟學方法論著作。他寫道：「經濟學是一門研究人類行為的科學，研究的是人的目的和具有多種用途的匱乏性資源之間的關係。」[11]

經濟學研究的是人類面對匱乏性資源時的行為。所謂「匱乏」指的是東西的數量比人們想要的還要更少，例如金錢就是匱乏性資源。你付完房租，可以花在食物上的錢就少了。當你把錢拿來買食物，就沒有那麼多錢可以買禮物給媽媽或太太。即使對超級富豪來說，錢一樣還是匱乏性資源。不論是馬斯克夫婦或貝佐斯夫婦，都不能將所有金錢同時留在手上、捐贈出去，或是購買另一個毫無意義的奢侈品。時間是匱乏性資源。

工作一個小時，那段時間就不能睡覺。睡了一個小時，那段時間就不能去看電影。注意力也是匱乏性資源。我們擁有的注意力有限，而且不管怎麼樣都必須決定要如何分配它。政府同樣面臨資源短缺的問題。政府也和個人一樣，當他們將錢花在購買武器時，能花在購買食物上的錢就受到限制了，反之亦然。雖然政府還可以用你我辦不到的方式借錢來度過赤字，但是只要東西有限，就會有匱乏性。

在資源匱乏的情況下，個人或國家都無法得到他們想要的一切事物。他們必須做出決定，而這樣的決定需要取捨：為了得到甲，就必須放棄乙。如果你決定賴床，那麼這段時間就必須放棄其他選項，你不能上班、讀完正在閱讀的小說，或者享受日出美景。應該如何取捨，取決於你的金錢、目標與目的，經濟學對此幫不上什麼忙。你的目標可大可小、可能是物質的或非物質的。不論性質與規模，唯一讓選擇和經濟沾上邊的是，你一定要做出取捨，也就是說，你必須犧牲一樣東西才能獲得另一樣東西。當你在社群網站或網際網路上不斷瀏覽負面消息時，就犧牲掉原本可以用來讀書的時間。當一個國家的國防支出像美國政府一樣，占聯邦總支出達 10％ 的時候，就負擔不起其他許多事物了。[12]

由此可知，經濟學的範疇不只包括金錢或物質等問題。在羅賓斯眼中，藝術與文化、戰爭與和平、勞動與休閒都是經濟學的實例。當藝術家創作藝術品時，他們犧牲的是時間、精力

與注意力。當政客發動戰爭時,他們是拿別人的性命當作犧牲品。當許多家庭決定讓父母當中的一個人留在家裡照顧新生兒時,他們犧牲的是部分收入,以及雙薪家庭狀態所提供的平等。這些選擇的結果將會反映出特定犧牲帶來的影響。羅賓斯特意指出,經濟學甚至涵蓋他所謂「一般會被視為違反宗教或道德的放縱罪行」,基本上,他指的是性、毒品以及搖滾樂。[13] 決定涉入賣淫、吸毒,以及享受或練習搖滾樂,都是在匱乏的狀況下所做的選擇。社區面臨是否將賭博與大麻合法化的決定時,狀況也是如此。這些全都是經濟學。

皮古、海耶克、馬歇爾與羅賓斯的看法,奠定現代經濟學的基礎。經濟學研究的是在匱乏的狀況下所做的個人選擇,但也研究這些選擇對整體社會的影響。經濟學和瑣碎的小事有關,涉及人們每天在生活、工作與娛樂方面做出的瑣碎決定。但它也關心大事,比如為什麼有些國家貧窮、有些國家富裕,以及如何應付氣候災難風險才是上策等。經濟學始終在探討什麼事對人類最有益,如何讓他們的人生過得美好又值得,以及如何改善他們生活的世界。經濟學專注於改善世界的意圖,使得它和許多其他學科大不相同。

重要的是,經濟學不單想要了解世界如何運作,更想進一步改變它。經濟學不是冷漠、冷靜、精於計算的科目,它起源於對世界現狀的深深失望,以及改善它的強烈渴望。和技術官僚致力修補經濟體系邊緣的努力方向完全不同,經濟學希望能

重建世界，將它變得更美好，順帶消滅貧窮與無知。它著重的並不是對金錢與財富的狹隘追求，而是人類想要與需要的一切事物。它和幫助人類過上滿意、有意義、充實的生活的一切事物相關，可以讓人生過得美好又值得。

經濟學之道

　　這本書講的是經濟學如何幫助我們建立一個更美好的世界，一個讓人們過得更好、生活更有意義的世界。經濟學有足夠的能力，可以為重大的問題提供真實、可行並經過驗證的解決方案。它的建議可以用在個人生活、社區、商業與政治上。它提出的解決方案不但獨特、創新，而且通常和預期相反，和其他社會科學與行為科學等來源提供的方法完全不同。

　　我並不期望你會就這樣相信我所說的話。書中的每一章都聚焦在一個群體或個人面臨的重大挑戰上，概述經濟學家建議我們應該怎麼因應這些挑戰。我將在書中討論如何以經濟學的方法，終結貧窮與減少不平等、在不傷害自己的情況下改善育兒方式，處理反社會行為、拯救生命、建立社區並節省資源，以及變得快樂、謙虛與富有等多項議題。

　　這些解決方案無法如同魔法一般的讓世界變得更美好，也無法單靠自己就達到目的。如果你想要魔杖或靈丹妙藥，我建議你改到小說區看看。（在此聲明，我並沒有詆毀小說的意

思。）能夠一夕之間解決問題當然最好，可惜我們做不到，只能退而求其次，在現實中尋找經過驗證的可行解決方案。而這就是經濟學能夠提供的幫助。證據可以讓我們有依據的採取行動，並且有理由相信這些行動會看到成果。經濟學的建議顯然需要小心謹慎的執行；最重要的是，它需要和正派的道德規範相結合。這牽涉到人們對美好生活與美好社會的願景。另外，我想指出，在執行時也需要配合美學。畢竟我們無論如何都想建設一個更美好的世界，那麼為什麼不在詩人、畫家與藝術家的協助下，讓它變得更光彩奪目、美麗動人？

　　解決方案可能會讓你大吃一驚。有些人期待經濟學家透過私有化、放鬆管制或自由化等方法，來「解決」所有問題。經濟學家確實有時會建議這些措施，但有時他們也會積極反對。要提出什麼建議，取決於要解決的問題以及問題出現的背景，包括相關人員的價值觀都得考慮在內。面對部分的問題，經濟學家希望透過提高稅收、捐款給窮困者、促進平等、提高人權或是賦予社區權力來解決。這些解決方案都有一項共同點：它們都不屬於保守的做法，不講求維持現狀。經濟學家提出沉默而激進的改革方案，而且往往束縛少、甚具解放特性。它們最想做的是，為窮困者雪中送炭，而非為富人與有權有勢者錦上添花。

　　你可能會問：「這真的是經濟學嗎？」經濟學家關注的問題範疇和提出的解決方案確實很廣泛，但這道問題的答案絕對

是：「沒錯！它就是經濟學！」你必須提醒自己，經濟學廣納所有和人類幸福相關的一切事物。人們有時會抱怨經濟學家的「帝國主義」，意指他們在既不受歡迎、又沒人邀請他們來的地方亂搞。但是，在很大程度上，所謂的經濟學帝國主義，不過反映出它廣泛的範疇。這是它的特點，而非它的缺陷。話說回來，當今最令人興奮的經濟學，莫過於跨領域經濟學。它是經濟學，但不只是經濟學，它吸收心理學、神經科學，甚至文學與神學的廣泛影響，進一步將研究範疇擴展得更大了。

經濟學的工具

　　經濟學家怎麼知道哪些東西可行？這樣的疑問合情合理，尤其現在社群媒體與傳統媒體上充斥著各種「專家」，口沫橫飛的對任何你想得到的話題指手畫腳。讓我來告訴各位，嚴謹的經濟學為什麼和那群人信口雌黃的說法大不相同。因為經濟學家所提出的每一個解決方案都不是憑空而來。雖然我無法一一查看所有解決方案背後的驗證紀錄，[14] 但我會在書裡說明經濟學家的解決方案從哪裡來，以及他們為什麼相信自己的建議行得通。

　　了解經濟學家用來調查、改善經濟現狀的工具就是關鍵。這類工具有很多種；經濟學家透過實驗室實驗、現場研究、實地實驗與考察探勘，蒐集人們在各種狀況下的信念、偏好與行

為的數據資料。被稱為「經濟學家的統計學」的計量經濟學（econometrics），就是專門在挖掘數據背後的真正意義。理論與模型幫助經濟學家勾勒出世界的樣貌，為實證數據提供架構，並在進行推論時提供引導。經濟學家用來研究世界的工具，不管是在數量上，還是複雜程度上，皆與日俱增。現在的標準工具箱裡，甚至包括從神經科學借用而來的前衛腦成像技術，讓我們可以在大腦做選擇時窺探它的運行情況。

　　經濟學家的工具箱裡還包括一種看待世界的特別方式，也就是「經濟思維視角」（economic way of thinking）。[15] 經濟思維視角是捷思法（heuristic）* 與經驗法則的集合體。捷思法本身並不能告訴我們關於這個世界的任何事情，不過它可以告訴我們應該如何破解問題。有一項主要的捷思法告訴我們，要將社會現象視為個人選擇累積下非刻意、甚至是意外的結果。有些人覺得陰謀無處不在。陰謀論者堅信發生的一切事物，都反映了不正當的設計或陷害；但經濟學家知道，許多社會現象會浮現，根本不涉及任何設計。其他捷思法則告訴我們，將所有人一視同仁，考慮邊際問題，尋找機會成本，做長遠的打算，解決均衡問題等。我們之後還會討論這些捷思法在實施時的意義，為什麼面對許多當前的挑戰時，它能提供正確的思考方法，以及它告訴我們的最佳解決方案是什麼。

---

* 譯注：根據不完整的資訊在短時間內找到問題解決方案的一種思考法。

　　經濟學的眾多工具，尤其是經濟思維視角，有助於解釋經濟學是什麼、經濟學家做什麼，以及為什麼經濟學家的解決方案卓然出眾。你可以將學習經濟學視為熟悉工具箱裡的工具的過程；也可以將受過完整訓練的經濟學家視為精通這些工具的人。因為經濟學家持續使用這些工具，所以他們提出的建議才會被視為經濟學，而不是心理學、社會學、文學或其他學科。當你讀完這本書的時候，你也將走上經濟學家的養成之路，我指的是，如果你尚未開始，也可以有所進步。（別擔心，這不是什麼壞事。）

為什麼要關心經濟學？

　　我們為什麼要關心經濟學？到底為什麼要關注經濟學？最明顯的原因自然是我們關心自己、關心他人、關心人類社群，也關心我們生活的世界。經濟學並不能回答所有問題、解決一切困難，單靠它絕對做不到。我不認為它能改善你的感情生活，也無法去除沾在你皮革短褲上討人厭的皮爾森啤酒（pilsner）酒漬；但是，經濟學可以幫助我們改進自己，改善我們的生活、社群與周圍的世界。它確實有這個能力！只要你還關心，就該好好學習經濟學教導我們的知識。

　　你可能一點都不在乎我在書中談到的任何一項挑戰。也許你有其他的目標與追求，對幸福或富裕沒有絲毫興趣。那也無

妨。我並不是要告訴你人生的目標與目的應該是什麼,但我很確定在這麼多挑戰當中,你一定至少會關心其中幾項挑戰。如果你關心其中任何一個問題,那麼就該關心經過驗證、可行、真正的解決方案。如果你真的什麼都不關心,不關心氣候變遷、不關心幸福、不關心社群,那麼我相信你大概有更嚴重的問題,絕不是任何一本書可以解決。

　　在這個時代裡,和人類面臨的問題有關的資訊泛濫成災,事實上經濟學不僅可以詮釋問題,還能提供解決方案,就顯得更加重要。經濟學可以在希望的供給量極為短缺時,提供某種程度的希望。有一個術語叫作「氣候絕望」(climate despair),專門形容人們聽到氣候變遷的實情後,心頭產生的慌亂與無助。有些人表示,在閱讀關於飢餓、不平等、汙染、歧視等內容時,也會產生類似的沮喪感。這著實叫人震驚。進一步了解我們所面臨的問題,不應該讓我們失去尋求解決方法的動力。如果科學家教育大眾的方式反而會降低人們解決問題的可能性,那麼這些科學家毫無疑問就是失敗者。我並沒有要大家停止討論問題的意思,我想表達的是,如果可能,我們應該組織一種能激發大眾採取行動的討論方式。各位大概從來沒想過經濟學可以振奮人心。然而,作為以政策為導向、以問題為核心的學科,它確實可以鼓舞我們的精神。

　　進一步了解經濟學還有另一個好處:它可以讓你找出更好、更符合人類需求的解決方案。經濟政策需要社群與其他利

害關係人的投入。經濟學本身並不能告訴我們什麼是最緊迫的問題，畢竟只有我們的內心（與哲學反思）才會知道答案。經濟學也不能告訴我們哪種解決方案不違反道德；它無法告訴我們哪些價值觀最重要；也不能決定應該在成本效益分析中考慮哪些因素。為了盡可能完善解決方案，經濟學需要社會大眾的投入。如果接受政策的群眾沒有一定程度的支持，即使是經過深思熟慮的經濟政策也無法妥當實行。更何況，沒有得到政策制定者與他們背後民眾的認可，根本不可能走到實施這一步。

不管你的政治立場為何，學習經濟知識都會對你有幫助。如果你認為自己是右派人士，你會學到和原有觀點相符的建議，也會學到捐款資助窮人等偏左派的干預措施。如果你是左派人士，情況也差不多。一個運作良好的左派社會不能建築在空中樓閣上。生產問題與分配問題仍然需要解決。幫助窮人與受壓迫者需要資源，自然就必須有人負責生產資源。要管理一個讓你會為自己生活在其中而自豪的優良社會，經濟學不可或缺。

好消息是，考慮眼下的狀況，我們只需要稍加學習，就能大幅增進理解。如果你還沒有機會了解經濟學家的研究成果，那麼你將會有一段極為陡峭的學習曲線。即使只投入少量的時間與精力，也能為你帶來很多新知識。以經濟學家的話來說就是：運用邊際（margin）的力量，你的投資報酬率將非常可觀。

現在來談談你應該關心經濟學的最後一個理由。了解經濟學的作用讓我們能夠將它視為一門學科加以評估。經濟學向來受到太多言過其實的批評。打從一開始，它就一直無法擺脫惡意的詆毀，批評它的參與者、攻擊它的假設、拒絕它的結論、抗議它的影響。[16] 經濟學歷史學家威廉・奧利弗・科爾曼（William Oliver Coleman）將這些行為稱為「反經濟學運動」（anti-economics）。反經濟學的人不只是不同意或批評經濟學中的特定理論或做法，他們想要的是廢棄整門學科，讓它從零開始。然而，問題來了，經濟學是好是壞，要看功用：它能迎接什麼挑戰？又能解決什麼問題？在找到這些問題的答案之前，我們沒有立場評判經濟學是好是壞。

你要回答的問題是：「經濟學能做什麼？又能提供什麼？」而我則會挺身為它辯白：「它能做非常多事」。

展望未來

本書一共有十章，你將學到經濟學如何幫助世界變得更美好、更適合人類發展繁榮。你將學會方法來解決大大小小的問題。你會看到經濟學可以透過近似藥物治療身體的方式來修復世界。你會明白為什麼反經濟學的人實在大錯特錯。你會學習使用經濟學的工具，並且在過程中培養自己成為一名經濟學家。為了幫助你掌握內行人使用的術語，你可以在本書第 309

頁找到詞彙表。（至於我們這一行特殊的握手手勢，只能等我們見面時，再親自教你。）

　　皮古和他的同伴沒有錯。經濟學並不完美，但有它可以依靠總比沒有強。沒錯，經濟學和物理學一樣，是一門不折不扣的科學；稱它為「道德科學」（moral science）並不矛盾。它有助於解釋、預測原本令人費解的事情，除此之外，它信守承諾，幫助我們改善自己的生活，讓我們與我們的孩子所在的世界成為一個更幸福、更公平、更美好的地方。對於窮困者與受壓迫者來說，經濟學尤其能夠有所幫助，因為就是看見他們的苦難，皮古與他的同伴才會在一百多年前揭竿起義。

　　經濟學真的可以拯救世界。

如何消滅貧窮

我的外婆很窮。她出生於第一次世界大戰期間,是六個孩子裡的老五,十六歲就被診斷出肺結核。這種疾病是當時的主要死因之一,尤其在不大富裕的階層當中,更是造成嚴重的影響。她的母親與祖父都因肺結核而死,但我的外婆活了下來;她從沒想過自己居然能活到九十二歲。然而,這個病造成她永久殘疾,需要持續住院治療。她在我接種結核疫苗時哭了,因為她知道我絕對不會承受她經歷過的折磨。

我的外婆幾乎沒有接受過正規教育,也沒受過任何專業訓練。在不得不輟學前,她一直名列前茅。她一輩子都熱愛學習,會從跳蚤市場與二手商店買回許多字典與百科全書,所以不管什麼艱深的詞彙或歷史事件她都略知一二。閒暇之餘,她還學會多種外語。雖然她從來沒有抽出時間學過法語,但卻能根據其他語言的知識與詞源學原理推斷,幫助我寫完法文課作業。她天天以勤勉認真的態度閱讀報紙、勤做筆記,不時打電話和我討論。我念研究所時和她住在不同時區,她可以高高興興的在她那兒的凌晨 3 點打電話給我,大談國際政治或是她剛在英國廣播公司國際頻道(BBC World Service)上聽到的議題。

造成她貧窮的原因顯而易見。她和其他家庭成員一樣聰明、好奇、具備創業家精神。她很窮,因為她沒有錢;她沒有錢,因為她的父母也沒有錢,而她的健康狀況讓她幾乎無法工作。我的母親出生於第二次大戰期間,每當有限的社會福利資源將她排除在寄養系統外,她便只能斷斷續續的過著遊民般的

生活。我的外婆顯然需要借助外力來減輕她的貧窮狀況，才能改進生活品質，並供養她的女兒。她需要錢才有食物吃、有房子住、讓孩子受教育。如果有更多錢，一定能大大提高她們的生活水準。

在一次傳說中的聚會上，美國小說家法蘭西斯・史考特・費茲傑羅（F. Scott Fitzgerald）說：「富人不一樣。」大文豪海明威（Ernest Hemingway）回答：「是的，他們比較有錢。」[1] 其實，這段對話在真實世界中從未發生，不過這不是重點。這項原則也適用於我的外婆，她最缺的就是錢，而不是更好的品格、道德或基因。如果她不是窮了這麼久，誰也不知道她能達到何等成就。

碰巧的是，這項原則同樣適用於經濟學解決貧窮的方法。打從一開始，經濟學關注的核心問題就是貧窮與匱乏。經濟學解決貧窮的方法，基本上就是給窮人錢。如果不是直接給錢，也會提供其他種類的資源與機會。經濟學方法的出發點始於一項假設，認為窮人和其他人除了金錢之外，在本質上都一樣。他們的問題並不在於個性不好、道德低落或基因不良。經濟學家認為，窮人在理財方面的技能和其他人差不多，沒有比較好、也沒有比較差。只要給窮人錢、資源與機會，就能解決貧窮問題。

本章描述經濟學解決貧窮問題的方法。我將討論這些工具是什麼、怎麼來的，以及有哪些為它們背書的證據。我們將了

解經濟學家如何使用隨機對照實驗的方法進行研究。我們也將看到，經濟學對科學發展與經驗證據的反應速度，比許多人以為的更快。我們還將了解為什麼經濟學受到歧視，被毀謗為「陰沉黑暗的悲觀科學」（dismal science）。我很確定，使用這個詞彙的人並不知道它最原始的起源；他們通常是對經濟學抱持懷疑態度的改革派人士。正如我將會解釋，這個詞百分之百源自種族主義，原先被用來抨擊和道德改革者合作推動廢除奴隸制的經濟學家。奴隸制的擁護者聲稱，黑人從本質上就低人一等，因此只配在「行善」的鞭子下生活。經濟學家卻主張人人生而平等，應該享有同樣的自由與權利，當然受到奴隸制擁護者的深惡痛絕。

　　經濟學解決貧窮問題的方法讓我們得以一窺經濟學的靈魂，了解它是什麼，以及它想實現什麼。在歷史背景下，解決貧窮的經濟學方法會讓我們明白為什麼將經濟學稱為「道德科學」一點都不違和。

給他們錢

　　英國首相瑪格麗特・柴契爾（Margaret Thatcher）感到非常不耐煩。一位同僚爭辯保守黨應該走到政治中間的道路，在資本主義與社會主義之間穿針引線。柴契爾完全不認同。她將手伸進公事包，拿起海耶克的《自由憲章》（*The Constitution of*

Liberty），重重拍在桌上，堅定的表示：「這才是我們的信仰。」[2] 海耶克以強力主張由自由市場作為商品與服務的分配工具而聞名。他於 1974 年獲得諾貝爾經濟學獎，[3] 至今仍是自由主義者與保守主義者的偶像；柴契爾夫人是他的粉絲，美國前總統羅納德・雷根（Ronald Reagan）也是。

海耶克認為政府應該給窮人錢。他寫道：「（政府）為所有人提供一定程度的最低收入保證是『完全正當的』。」[4] 他所指的最低收入就是，如果一個像我外婆這樣的人在無法自給自足的情況下，也不應該被允許以低於這個水準的收入過活。海耶克並不認為每個人都應該同樣富有，他只是想要每個人都能獲得所需的收入，過上最低限度、有尊嚴的良好生活。他認為即使政府必須從富人手裡拿錢，還是應該分派現金給窮人。海耶克認為這種資源再分配的做法可以和自由市場相容，兩者能夠並存。人們甚至可以主張，如果大家手上都有一點錢可供消費，自由市場就能運作得更好。畢竟如果有些人窮到連進行市場交易都做不到，那麼市場也就失能了。

我不知道柴契爾與雷根是否讀過海耶克這部分論述的著作。不過，就經濟學家而言，海耶克的觀點並沒有什麼不尋常。

貧窮經濟學是經濟學當中一個充滿活力的分支。2019 年諾貝爾獎得主阿巴希・巴納吉（Abhijit V. Banerjee）與艾絲特・杜芙洛（Esther Duflo）的兩本巨著便是這個領域的最佳入門書；他們兩人都是麻省理工學院的經濟學教授。這兩本書分別是

《窮人的經濟學》(*Poor Economics*)與《艱困時代的經濟學思考》（*Good Economics for Hard Times*），都是非常棒的讀物。[5] 這個分支學科當然涵括非常多內容。但在這裡，我只能談及其中很小的一部分。

他們的研究有相當多證據都支持，我們應該直接給窮人錢。在《艱困時代的經濟學思考》中有一章名為「發放金錢與關心在意」（Cash and Care），巴納吉與杜芙洛引用將近兩百個開發中國家的數據，這些國家的政府都直接發錢給窮人。[6] 它們實施的大多是「無條件限制」（unconditional）的現金發放計畫，也就是說，在這套制度之下，只要符合基本資格的人都能領取一定數額的現金。而且，沒有任何附加條件。領取現金的人可以把錢花在任何他們想要的事物上。總共有十億人參與這項研究相關的現金發放計畫。那是很多很多人，很多很多數據。

正如巴納吉和杜芙洛明確指出，沒有附加條件的向窮人提供資金的計畫具有明顯優勢。這樣的制度不但便宜，而且易於管理。發放現金比分發穀物、牛奶或其他體積大又容易腐爛的農產品更容易。而且，沒有條件限制的發放機制幾乎不需要篩選或監控。查核接受補助者是否負責任、是否應該得到資助並不容易，並且有可能不小心將需要幫助的人排除在外。再者，沒有條件限制的發放現金讓人們可以將錢花在最需要的地方。有些人需要食物；有些人需要藥品。有些人需要住房；有些人則需要投資家裡的生意。當補助金用途不受限制時，每個人都

能自由選擇對自己最大的效益。無條件發放現金可以說相當公平，因為每個人都能得到同樣的好處。沒有條件限制的發放現金也不會像某些針對性干預政策一般，反倒造成汙名化。允許窮人做出自己的消費決定，代表國家尊重他們的自主權與尊嚴。

當然，沒有附加條件的發放現金自然有危險，可能被魯莽、不負責任的浪費掉，或是花在不道德的用途上。我們不能夠阻止領取現金的人將錢拿去買菸酒，而不是花在食物、藥品與住房上。沒有條件限制的發放現金也可能產生其他不良影響。平白獲得金錢可能削弱人們的工作意願，如此一來，就有可能出現風險，導致人們依賴救濟並限制經濟發展。這樣的結果可能引起麻煩，造成比當初發放現金想解決的問題還要大的傷害。一般來說，經濟學家對這類意外與不良後果的可能性非常敏感。眾多學者當中，海耶克尤其以這個主題的相關著作而聞名。我們對這些不良影響的恐懼，勢必要認真對待。

為了釐清狀況，巴納吉與杜芙洛等經濟學家開始研究數據，而且是極為大量的數據。結論是，這樣的恐懼沒有根據。他們表示：

> 所有實驗資料都非常清楚顯示，沒有證據顯示窮人會將錢花在欲望上、而非需求上。如果真的有值得注意的事，應該是領到現金補助的人們，花費在食物上的總支出比例提高了……營養因此得到改善，而且，相

同的情況也發生在教育與健康上。同時，也沒有證據顯示，發放現金會導致領取現金的人在菸酒上產生更高的支出。發放現金通常會像食品配給一樣，增加家庭在食物上的支出……沒有證據顯示發放現金會減少人們的工作量。[7]

　　研究報告的數字是以平均值呈現。我們可以保守假設，這十億人當中必定有許多不負責任、不道德或是懶惰成性的人。這些國家裡可能有許多家庭無法因為這些計畫受益，而且無論一項計畫實施得多麼謹慎，也不能保證發錢給一個家庭或一個村子一定會有所幫助。巴納吉與杜芙洛的觀點是，平均而言，這些計畫看起來做得很好，幾乎沒有缺點。沒有條件限制的發放現金計畫當然需要花錢，現金必須有出處。但資料顯示，這種做法有很多好處，幾乎沒有造成浪費或傷害。如果海耶克知道，相信他也會很開心。

　　班納吉與杜芙洛在仔細觀察全世界人民的生活與選擇後發現，即使是最窮困的人其實也和其他人非常相似。窮人比較沒有錢，有些人的錢更是少的可憐，但除此之外，和其他人相較之下，他們並沒有比較不理性。如果硬要舉出區別，事實剛好相反。巴納吉與杜芙洛寫道：「正因為他們擁有的很少，我們經常會發現，他們在做選擇時會非常慎重的思考，可以說，他們必須成為老練的經濟學家才能生存下去。」[8]窮人並不缺乏

智慧、好奇心、良好性格或求生欲。他們缺乏的是金錢、資源
與機會。一旦明智的政策滿足他們的需求，他們就能過上更好
的生活。當窮人的生活得到改善，我們所有人都會生活在一個
「更美好、更健全、更人道的世界」。⁹

隨機化

　　然而，你又是怎麼知道上述結論沒有問題？假設你注意到
在鸛鳥出現的時節有很多嬰兒出生。你知道不應該假設是鸛鳥
帶來嬰兒，但你也知道這兩件事可能有共同的起因，比如說季
節的規律循環等。根據原則，這兩件事也有可能是反向關係，
說不定是嬰兒引來鸛鳥。重點是，你不能因為兩件事往往同時
發生，就推斷一件事是造成另一件事的主因。正如經濟學家所
言，相關性並不表示因果關係必然存在。

　　我剛才舉的例子是有點蠢，但它所呈現的問題卻是經濟學
探討的一大主題。假設你注意到有兒女的女性最終職業生涯都
不會光芒萬丈。為什麼？一個明顯的假設是，生兒育女會拖慢
升職的速度。也許工作環境對職場媽媽有歧視，也許勞動市場
對她們並不友善。但是，這兩件事可能有個共同原因。也許比
較沒那麼雄心壯志的女性更願意生養下一代，也因為沒有雄心
壯志，工作表現自然不會太出色。如果是這樣，那麼導致她們
職涯成就較低的原因主要是缺乏雄心壯志，而不是生兒育女。

我們也可以反過來想,或許是因為職涯發展較緩慢,她們才會生兒育女。一位女性如果覺得自己未來不大可能升職,比起沒有這種感覺的女性,她們可能更有意願生養小孩。只看到相關性並不能說明到底是什麼原因導致什麼結果。

假設你注意到,實施無條件限制發放現金計畫的國家的窮人,比其他國家的窮人過得更好。一個顯而易見的解釋是,國家發放的錢幫助他們過上更好、更有意義的生活。但是,這個狀況也可能源於另一項共同的起因。也許實施無條件限制發放現金計畫的國家,擁有更好的政府、更誠信的政治家、更少腐敗的公務員、更棒的教育體系、更多的社福資金,以及更可靠的法治制度。如果真的如此,這些因素形成的任何組合都足以解釋,為什麼這個國家的窮人比其他國家的窮人過得更好。我們也可以反過來想,也許某個國家的窮人過得比其他國家的窮人更好,會激勵當地的政治家透過發放現金來幫他們一把。

這個問題並非經濟學獨有,同樣的問題在醫學上也很常見。假設你給病人藥物、治療、手術或是聖水,而且經過一段時間病人的狀況好轉了。也許是人為的干預起了作用,不管是藥物還是聖水的功效,我們都沒辦法只透過追蹤病人恢復的情況,就推斷出到底是哪一項療法有效。這個問題在醫學領域早就在隨機對照實驗的幫助下得到解決。[10] 這套備受推崇的方法稱為「黃金標準」(gold standard),原理如下所述。你招募到一群參與者,在理想的情況下,你希望參與的人數很多,並且

還能代表一些主要的相關群體。然後你將參與者隨機分成兩組。「測試」組受到干預，「控制」組則沒有。如果隨機化做得正確，兩組參與者在統計上會呈現相同的樣貌。不論你用什麼標準測量，在進行干預之前，兩組之間不會有任何差別。如果進行干預之後，測試組的成果比對照組的成果更好，那麼你就有證據認為是干預造成差異。反之，則不是。

　　經濟學家滿腔熱情的開始採用隨機對照實驗。從表面上看，經濟學似乎龐大統一、永遠不變，可是一旦經濟學家開始嘗試隨機對照實驗，很快就將它納入標準工具箱。採行「黃金標準」的方法為他們提供一條新門路，得以弄清楚是什麼原因造成什麼結果。他們因此能夠回答許多不同類型且存在已久的經濟問題，包括：工作場所歧視與減少貧困等。隨機對照實驗的結果不僅有助於經濟學家找到老問題的答案，同時也激發出新的問題。

　　經濟學家可能無法將群眾隨機分為測試組與控制組。這麼做未免太過不切實際，而且也可能涉及道德問題。假設你想研究生孩子對女性職涯的影響，出於我剛才解釋過的原因，將剛好生過孩子的女性和沒有生過孩子的女性進行比較顯然不夠。你也不能弄到幾百名嬰兒，隨機分發給職場上的女性。

　　然而，聰明的經濟學家還是找到變通的辦法。運氣好的話，說不定大自然已經為你完成隨機化，讓你可以跳過這個步驟。彼得・藍德保（Petter Lundborg）、艾瑞克・魯洛格（Erik

Plug）與阿斯特麗德・武爾茨・拉斯穆森（Astrid Würtz
Rasmussen）在幾年前做的生育治療研究就是個好例子。經濟
學家搜集到一萬八千五百三十八名做過試管嬰兒治療的丹麥未
生育婦女的數據。治療有時成功，有時失敗；成功幾乎是隨機
出現的結果。至少，沒有理由認為成功與否和婦女之前的職業
軌跡有任何關係。經濟學家能夠比較兩組在統計上完全相同的
女性，只不過其中一些人之後有了孩子，另一些人則沒有。經
過比較後發現，生孩子確實會影響女性的收入。它同時也顯
示，事實上，生過孩子的女性在職涯發展上確實沒有那麼輝
煌。這幾位學者將這種影響描述為「負面的、重大的且持久
的」。即使丹麥父母享有寬裕的產假、高額的育嬰補貼，情況
也是如此。[11] 這幾位學者試圖解釋生孩子造成的影響，他們的
主要發現為：有了孩子後，媽媽會轉而選擇薪水較低但離家較
近的工作。這項研究為生兒育女會導致職業發展停滯的假設，
提供確鑿的證據，同時也提供合理的解釋。

　　因此，即使現實與倫理上的阻礙依然存在，自然發生的隨
機對照實驗還是提出解釋，回答這個長期存在又對經濟非常重
要的問題。

　　對研究貧窮問題的經濟學家來說，執行隨機對照實驗相對
容易。和嬰兒不同的是，只要你願意，隨意分發金錢給他人完
全是可行的做法，沒有不可逾越的現實或道德阻礙。我的同事
約翰尼斯・豪斯霍弗爾（Johannes Haushofer）就這麼做了。

他與另一位經濟學家傑若米・夏皮羅（Jeremy Shapiro）和名為「直接給予」（GiveDirectly）的非政府慈善組織合作。[12] 這個組織負責提供沒有附加條件的資金給開發中國家的貧窮家庭，三組人馬一起在肯亞農村進行隨機對照實驗。在隨機選擇的村莊中，隨機選擇的家庭會收到錢，其他家庭則沒有。被隨機選中的家庭只要滿足基本標準就能取得領錢的資格。而且發放的金額相當可觀，相當於普通家庭好幾個月的開支。

　　接下來發生了什麼事呢？研究人員在九個月後回去檢視成果。他們發現，獲得無條件限制發放現金的家庭，不只消費增加了，儲蓄也增加了。他們花更多錢購買食物；他們提高了糧食安全，這表示他們能夠以更可靠的方式取得食物，並同時滿足需求與偏好。收到錢的家庭將錢拿去投資，像是搭蓋金屬屋頂、購買牲畜等。這些投資得到回報，帶來更多商業與農業上的收入。收到的現金強化他們的心理狀態，並且看似提高女性的地位。與此同時，收到現金的家庭並沒有把錢花在菸酒之類的「誘惑性商品」上。[13] 整體而言，結果非常令人滿意。人們一直以來擔心的不良影響完全沒有發生。

　　隨機對照實驗為無條件限制發放現金的有效性提供確鑿的證據。但是同樣的，實驗的結果是以平均值來呈現。幾乎可以肯定，的確有家庭雖然收下現金，實際上卻沒有因此受益。豪斯霍弗爾與夏皮羅的所有結論都表示，平均而言，結果令人滿意。此外，發放現金在肯亞農村地區有效，並不意味著在孟加

拉或斐濟也一定行得通。但是,沒有任何科學證據可以做到百分之百無懈可擊。成果總有可能無法持續,或者不能套用在別的地方。豪斯霍弗爾與夏皮羅提供的分析可說是相當好,至少足以當成評估或選擇反貧窮政策時的堅實基礎。

「單靠良好的經濟學方法無法拯救我們,」班納吉與杜芙洛評論:「但是沒有它,我們注定要重蹈覆轍。無知、直覺、意識形態與惰性結合在一起,給了我們看似有道理、有前途、但是在預料之內最終會背叛我們的答案。」[14] 如果我們想要解決貧窮問題,有經濟學可以依靠總比沒有更好。當然,無條件限制的發放現金不能幫助所有人,而且也無法神奇的自行解決每一個問題。套用巴納吉與杜芙洛的話來說,現金需要結合「關懷」(care)措施。如果給錢之後便一走了之,結果可能不如預期。那麼,到底還需要額外做些什麼呢?

匱乏感

行為經濟學家森迪爾・穆蘭納珊(Sendhil Mullainathan)與埃爾達・夏菲爾(Eldar Shafir)從另一個角度剖析持續存在的貧窮問題。他們在 2013 年出版的《匱乏經濟學》(*Scarcity*)中,主要便是探討貧窮問題的心理層面。[15] 穆蘭納珊出生於印度的小農村,先後在哈佛大學與麻省理工學院任教,如今是芝加哥大學的教授。夏菲爾是美國經濟學家,長期以來一直是行

為決策研究與行為經濟學家的領頭先趨，目前在普林斯頓大學任教。兩人聯手創立非營利組織 ideas42，總部位於紐約，致力於為棘手的社會問題設計出行為解決方案。

　　穆蘭納珊與夏菲爾指出，許多扶貧計畫都是以「窮人只是不夠努力」為基礎而發展出來。[16] 這些計畫認為，窮人需要激勵或外在誘因驅使，才會去餵飽與教育他們的孩子、找工作，或是擺脫貧窮。限制領取現金的人一生中可以領取救濟金的年數便是其中一個例子。也有些扶貧計畫設有附帶條件或限制，不允許窮人依照他們認為合適的方式花錢。舉例來說，美國的食物券就不可以用來購買熱食。政策制定者的想法是，條件與限制可以塑造個性，或者至少可以防止人們過度花費，或是不負責任的消費。

　　穆蘭納珊與夏菲爾認為，事實上這些計畫和它們的本意背道而馳。從他們的角度來看，窮人並不缺動力或責任感；問題根本不在這裡。穆蘭納珊與夏菲爾認為，窮人無法只靠自己的力量振作起來是受到心理因素的影響。解決辦法是讓窮人能夠活得更輕鬆，而不是更艱難。

　　穆蘭納珊與夏菲爾在這裡說的「匱乏」（scarcity）和其他經濟學家所說的「匱乏」略有不同。各位都知道這個詞通常指的是：比起人們想要的數量，實際上可以分配的數量卻更少的情況。相較之下，穆蘭納珊與夏菲爾感興趣的是匱乏的「感覺」，指的是當你擁有的東西不夠時所產生的主觀意識。他們

寫道:「我們所說的匱乏,是指擁有的東西少於你覺得自己所需的數量。」[17] 匱乏感可能是、也經常是因為缺錢而產生,但不一定只有缺錢會形成匱乏感。它也可能來自於缺乏食物、時間、精力、健康、工作、人際關係,或是一個人在意並且想要更多的任何一種東西。就這個意義來看,你不必是窮人也會有匱乏感。然而,再明顯不過的是,貧窮會使人很容易產生強烈的匱乏感,因為他們缺乏很多讓生活值得過下去的東西。

　　根據穆蘭納珊與夏菲爾的說法,匱乏感是一種強烈的精神力量,會對我們的思維與行為方式產生極為重大的影響。他們寫道:

　　當我們經歷任何一種匱乏的時候,就會受到它的吸引,大腦會自動、強力的轉向沒有被滿足的需求。對於飢餓的人來說,需要的是食物……對於囊中羞澀的人來說,需要的可能是這個月的房租;對於感到孤獨的人來說,需要的是陪伴。匱乏不只是因為擁有很少而出現的不愉快感受,它改變我們的思考方式,並且將這種感受強加在我們的大腦裡。[18]

　　匱乏感往往會留在人們的大腦裡,占據最關鍵的位置。因此,它會影響我們注意到什麼、把注意力放在哪裡、我們如何思考、重視什麼以及渴望什麼,到最後它甚至會影響我們選擇

如何生活。匱乏感緊緊抓住我們不放。

　　被匱乏俘獲可能是好事。[19] 它可以讓我們更專注、更有效率。當時間或其他資源即將耗盡時，匱乏感可以讓我們的注意力更集中，更全力以赴。匱乏感是讓會議愈接近尾聲效率愈高的原因。這也就是為什麼有些人在截止日期前行動會更俐落、更有創造力，也變得更有生產力。（我對這種事的經驗可豐富啦！）它也可以讓我們變得更謹慎，降低犯下愚蠢錯誤的機率。

　　被匱乏俘虜也可能是件壞事。一旦匱乏感上升至夠高的強度，就可能會壓垮我們。它會壓縮我們的注意力，讓我們難以專注，減損深思熟慮與做選擇的能力。穆蘭納珊與夏菲爾以「頻寬」（bandwidth）這個詞來描述我們的心智能力。匱乏感會降低頻寬，有時甚至影響非常顯著。匱乏感會干擾我們的流動智力，也就是影響我們處理資訊以及做決定的能力。它會干擾執行控制的能力，讓人思慮不周、衝動行事。它會降低我們的洞察力、前瞻性思考與控制力。

　　學者如何研究匱乏性？聽完下面例子，你就會多少有概念了。勞雷爾・艾恩・庫克（Laurel Aynne Cook）與萊卡・薩德海因（Raika Sadeghein）對於匱乏感如何促使人們申請發薪日貸款（payday loan）* 很感興趣。[20] 這些利率極高的發薪日貸款

---

* 譯注：指一週至兩週的短期信用貸款，借款人承諾在下一個發薪日償還貸款、費用與利息。

對於應付偶發的危機很有用，但成本極高。顧客很常借貸超過需求、也高過自身償還能力的金額。然後，他們可能會發現自己陷入惡性循環，必須借用第二筆發薪日貸款才能還清第一筆貸款。這樣的循環很難逃脫。發薪日貸款的目標市場是感到非常匱乏的那一群人。（沒有經歷過匱乏的人通常連想都不會想到要以這種條件借錢。）

　　庫克與薩德海因在網路上招募美國成年人進行研究。所有參與者都被告知他們需要 500 美元來支付開銷，但參與者會被隨機分配到不同組別。有些人被告知想像他們即將身無分文；有些人被告知想像他們剛領到薪資。有些人被告知他們即將失去重視的東西，比如他們的汽車；有些人被告知，他們現在買不起原先一直打算要買的東西。有些人被告知發薪日貸款是他們拿到現金的唯一機會；其他人則被告知他們可以從其他來源獲取現金，但還是可以選擇申請發薪日貸款。

　　研究人員預測，愈覺得自己匱乏的人愈有可能申請發薪日貸款。他們預計，在面臨身無分文、慘遭損失、別無選擇，也就是所謂「三重威脅」（triple threat）情況下的人，匱乏感的影響力會特別大。事實證明，面臨三重威脅的參與者過度借貸，甚至會借超過開銷所需的金額。為了支付 500 美元的費用，這些人平均借貸高達 725 美元。[21] 研究人員得出結論，匱乏感愈高的消費者愈有可能做出錯誤的決定，而且事後證實這項決定不僅代價高昂，還會進一步加劇原本就陷入困境的危險

財務狀況。

　　順便說明，社會科學與行為科學最近受到所謂「再現性危機」（replication crisis）的衝擊；再現性是指再次進行同一項研究，希望得到相同的結果。再現性是品質控制的一種形式，獨立研究人員可以藉此檢查原始研究學者的實驗成果。而危機在於，數量驚人的著名研究都失敗了。失敗的再現性不僅讓原始研究學者感到尷尬，也導致他們的論文品質受到懷疑。儘管經濟學的紀錄並不完美，至少看起來比其他相關學科要好。[22]幸好，實際上，庫克與薩德海因的研究已經被成功再現了。[23]

　　匱乏與持續存在的貧窮有什麼關係？答案是匱乏本身就有持續存在的趨勢。如果匱乏損害你正確思考與理性行動的能力，你很可能會什麼事都做不好。你可能不會注意到問題即將發生的前兆，你可能會誤解這些徵兆，你可能無法仔細思考，因此你可能無法採取適當的行動。甚至在事後，你可能根本沒意識到自己搞砸了什麼事。在管理有限資源的時候出錯，將會導致更大的匱乏，並且反過來更加縮減你的頻寬，也就是說，它會進一步損害你正確思考與理性行動的能力。正如穆蘭納珊與夏菲爾的評論：「匱乏會自掘陷阱。」[24]

　　為了研究匱乏帶來的一連串過程，庫克與薩德海檢視美國消費者金融保護局（US Consumer Financial Protection Bureau）建檔的投訴資料。[25]他們分析兩百份隨機選取、來自向發薪日貸款借錢的人的投訴，許多投訴者都經歷過三重威脅。他們需

要現金,而且是迫切的需要,因為他們面臨即將失去健康、住房或交通工具的威脅,已經到了幾乎沒有其他選擇的地步。許多投訴者都表示,他們不得不向發薪日貸款借錢才能還清之前的貸款。投訴資料中還描述,向高利貸借錢所造成的巨大情緒傷害。有些放款人甚至時常打電話到他們家裡和辦公室騷擾,放話恐嚇,讓心理負擔更是雪上加霜。投訴者還描述,放款人隱瞞貸款金額、利率、付款歷史紀錄之類的訊息,使得借款人更加難以按時償還貸款。而沒有準時付款會產生額外的費用與手續費,使得他們壓力更大,甚至做出更糟糕的決定。因此,本就脆弱的人們發現自己陷入匱乏導致更嚴重匱乏的惡性循環,衍生出其他更多問題。

穆蘭納珊與夏菲爾特意強調,窮人和其他人並沒有什麼不同。[26] 他們不是生來頻寬就比較小,他們的視覺系統、認知裝置、處理能力等都和其他人一樣。窮人和富人的區別在於,窮人更容易經歷多方面的匱乏。匱乏感降低他們的頻寬,干擾他們清楚思考與聰明行動的能力,使他們更容易做出不明智的決定,尤其是在金錢方面,於是導致他們更加匱乏,甚至頻寬縮減得更小。他們一直很窮,部分原因是生活在物質匱乏的世界所承受的心理壓力,而不是因為基因缺陷或其他先天的差異。

了解匱乏之後,我們才能提出實用的想法,幫助人們擺脫貧窮、孤獨與絕望,並且幫助他們從一開始就避免陷入這種困境。[27] 頻寬不足的人不大可能因為資訊宣傳活動得到好處,或

是從激勵措施當中受益。因為人們只有在有能力接受資訊，並且因此合理改變自己的行為時，這類的干預措施才會有效果。窮人需要的是擴大頻寬。干預措施必須聚焦在減輕匱乏感上，換句話說，要想辦法讓他們的生活過得容易。這也表示我們設計出的計畫，對犯錯的人包容性應該更大。解決方案可能包括金融產品、後勤援助，以及改善工作條件等。此類干預措施可以幫忙減少窮人經歷金錢上的波動，緩解最強烈的匱乏感，並且將所需的頻寬還給他們去改善生活。

　　發放現金顯然可以起到緩解匱乏感的作用。透過給予窮人購買力與頻寬，發放現金有助於強化他們的權力，提升他們的自主權。不過，有時候最好只給窮人他們需要的東西。例如，對於有工作的窮人而言，要讓他們回歸正常生活，托兒服務至關重要。[28] 如果你給他們錢，他們可以從市場上購買托兒服務，但是這就牽涉到貨比三家的必要性，他們得分析各種選擇，釐清不同的成本，並且嘗試評估哪個地方最適合哪個孩子。過程當中可能帶來壓力，因為做這些事需要頻寬。對於匱乏感十足的人來說，直接由政府提供高額補助且品質有保障的托兒服務可能更合適。

　　你是不是在懷疑，幫助窮人活得更輕鬆，不是等於在削弱個人應該負擔的責任嗎？穆蘭納珊與夏菲爾卻認為事實恰好相反。[29] 獲得更多頻寬可以讓人們即使偶爾踩進匱乏的陷阱，依舊能夠對自己的生活負責，走上成功之路。

　　我想再次強調，我們無法單靠這些干預措施就神奇的解決貧窮問題。它們不能幫到每一個窮人。但是，平均而言，幫助人們擺脫匱乏陷阱將改變他們的生活，擺脫長期存在的貧窮問題。

陰沉黑暗的科學

　　「它不是『令人愉快的科學』，而是悲傷的……不，它是沉悶、淒涼、非常卑鄙且令人沮喪的科學；我們可以概括的稱它為『陰沉黑暗的悲觀科學』。」[30] 19 世紀的英國歷史學家湯瑪士・卡萊爾（Thomas Carlyle）反對經濟學。長久以來，「陰沉黑暗」（dismal）這個詞都和魔鬼有關聯。[31] 在現代的英文用法中，「陰沉黑暗」則是和不幸與災難有關，代表厄運與沮喪，也代表沉悶、黑暗、陰沉、悲慘與無趣。他誹謗經濟學是「陰沉黑暗的悲觀科學」，這個說法已經深入人心。

　　為什麼卡萊爾如此討厭經濟學？是經濟學家不夠優雅、不夠有文化素養嗎？還是因為經濟學聚焦在粗俗的物質上，太過看重財富與有錢人？還是經濟學家取代傳統的權威，迫使宗教人士等傳統特殊階級不再那麼受到重視？

　　以上的答案全錯。其實全都是因為奴隸制度。經濟學家反對奴隸制度，而卡萊爾大力支持。因為經濟學家為黑奴的人權發聲，才被他抹黑成陰險的惡魔。

在哲學和經濟尚未完全分道揚鑣前，約翰・史都華・彌爾（John Stuart Mill）是兼跨兩個學科的佼佼者。他因為著作《效益主義》（*Utilitarianism*）以及捍衛「最大幸福原則」（Greatest Happiness Principle）的價值觀而聞名於世。[32] 彌爾認為，每一項行動、每一個組織都應該以它產生的幸福量來評估。我們所做、所說的一切，都應該以「最多數人的最大幸福」為指導理念。這些說法應該歸功於彌爾的哲學家暨經濟學家同儕傑瑞米・邊沁（Jeremy Bentham）。[33] 彌爾與邊沁等效益主義者囑咐，我們應該利用微積分，計算如果以不同的方式行動會帶來多少幸福，並依據計算結果來做選擇。

這種效益主義的微積分計算有一項關鍵特徵，它認為每個人都同等重要。你的幸福和我的幸福一樣重要，不論是牧師或乞丐、國王或流浪漢，全部一視同仁。不管你是誰、從哪裡來，無論你和卡萊爾一樣出生在蘇格蘭、和邊沁與彌爾一樣出生在英格蘭，還是出生非洲、印度或西印度群島。「平等的社會，」彌爾寫道：「只有在所有人的利益都得到平等對待的信念下才能存在。」[34]

效益主義的微積分計算促使彌爾與邊沁大力鼓吹激進的社會改革，並且提倡各種解放活動。彌爾是婦女權利的堅定捍衛者，厭惡「一種性別對另一種性別的法律從屬關係」，因為這賦予丈夫對妻子的所有權以及對她財產的控制權。[35] 彌爾想要的是「完全平等」。邊沁則寫了一篇論文來捍衛我們現在所謂

的同性戀權利。當時，性悖軌（sodomy）被視為違反自然的罪行，最重可判處死刑。邊沁主張，同性伴侶之間的自願行為應該合法化，因為它不僅不會產生痛苦，反而帶來很多歡愉。彌爾與邊沁都反對奴隸制，邊沁甚至悲嘆「奴隸制的罪惡」，並認為奴隸的苦難怎麼樣都不可能被主人的任何相對利益抵消。[36] 他們所有的論點都把被剝奪權利者、被壓迫者與弱勢群體的幸福看得和其他人一樣重要。

彌爾和卡萊爾在 1830 年代是非常要好的朋友，雖然他們後來因為顯而易見的理由漸行漸遠。[37] 彌爾支持卡萊爾拓展文學事業，建議他撰寫法國大革命的歷史，並提供許多重要的原始資料給他。即使彌爾將卡萊爾的文稿隨手放在屋裡，導致所有手稿因為不幸的意外而幾乎都被焚毀之後，他們的友誼仍然頑強的撐了過來。

卡萊爾很清楚彌爾對於平等與解放的觀點，只不過他一點都不支持。他在 1849 年的《費雪的城鄉雜誌》（*Fraser's Magazine for Town and Country*）上，以筆名菲林・恩奎爾克博士（Dr Phelim M'Quirk）發表一篇論文，對「供給與需求的科學」展開全面攻擊。四年後，卡萊爾以自己的名義再版文章。這篇長達五十頁的論文充滿種族主義的惡意，根本不應該公諸於世。論文的目的是捍衛西印度群島的奴隸制度，用字遣詞相當惡劣，將奴隸描述為非人類，稱他們是「兩條腿的牛」，（理所當然）為了他們好，必須採用「行善的鞭子」。彌爾等經濟

學家則主張，有些國家富裕、有些國家貧窮，是因為歷史與習俗不同，但卡萊爾不這麼認為。對他來說，一切都和種族有關。他曾表示，廢除奴隸制絕對行不通。解放奴隸只會讓西印度群島變成「黑色愛爾蘭」，就像那些「臉色蠟黃的愛爾蘭白人」，只會「懶惰的挨餓」。這些惡魔不思上進，無所事事。卡萊爾得出結論，白人有權利，「不對，白人有義務！」，要讓鞭子飛舞起來。

經濟學家和經常聚集在倫敦艾希特大廳（Exeter Hall）的福音派基督徒攜手合作，更是讓卡萊爾火冒三丈。福音派反對奴隸制，因為他們相信所有人都是依照上帝形象所創造。卡萊爾在指控經濟學是「陰沉黑暗的科學」後，繼續大放厥詞：

> 艾希特大廳的博愛主義與陰沉黑暗的科學，在以解放黑奴為名的神聖事業牽線下，墜入愛河並結為連理。它們將孕育出世界上迄今從未出現過的不正常後代；醜得難以形容、猶如大型流產畸胎、蜷縮盤繞的黑皮膚妖怪！

卡萊爾的毀謗言論多到令人髮指，但至少他很清楚的表達了憤怒。他認為平等對待黑人、白人以及根本不算是白人的愛爾蘭人，會導致異族雜交、憎惡、怠惰、恐怖與混亂。經濟學家支持那樣的世界？那麼，經濟學確實是一門陰沉黑暗的科學。

分析式平等主義

　　兩位經濟史學家桑德拉‧佩爾特（Sandra J. Peart）與大衛‧利維（David M. Levy）為「應該將人類一視同仁」的概念取了一個相當花俏的名字「分析式平等主義」（analytical egalitarianism）。[38] 稱為「分析性」是因為它告訴我們如何分析事物；稱為「平等主義」是因為它告訴我們要平等對待底層人民。它並非自然法則，而是一種經驗法則，告訴我們如何著手研究這個世界與世上眾生。

　　長期以來，分析式平等主義一直是經濟學思維方式的重要組成元件。佩爾特與利維追溯這個概念的歷史根源，一直追溯到這門學科剛發源的時期。亞當‧斯密（Adam Smith）的《國富論》（*Wealth of Nations*）可譽為現代經濟學基礎，他在書中表示：

> 不同人之間的天賦差異，實際上遠比我們以為的還要小；長大成人後，從事不同職業的人所表現出的不同天賦，在許多情況下，與其說是形成勞動分工的原因，不如說是勞動分工導致的結果。最不相似的兩個人，比如哲學家和隨處可見的搬運工，他們之間的差異與其說是天生所致，不如說是習慣、風俗與教育的累積。當他們來到這個世界時，在剛生存下來的頭六

年或八年當中，他們可能非常相似，他們的父母或玩
伴都看不出他們有任何顯著不同。差不多在那個年
紀，他們開始從事截然不同的日常活動與消遣。天賦
的差異因此受到注意，並逐漸擴大，直到最後，哲學
家的虛榮心不願意再承認兩人之間有任何相似之處。[39]

　　亞當・斯密相信人人生而平等，他堅持我們的分析應該在
這樣的前提下運作。他不否認高尚的哲學家和卑微的街頭搬運
工之間確實有差異，但他的觀點是，造成差異的主要原因是
「習慣、風俗與教育」不同。如果我們要解釋為何一個人是這
樣，而另一個人是那樣，卻只提到先天差異，顯然無法令人滿
意。亞當・斯密認為，這樣的說法除了撫慰上流社會的自尊心
之外，根本沒有什麼用。相反的，我們必須探索，到底是什麼
習慣、風俗與教育的差異，會使人們成為這樣的人或那樣的人。
　　彌爾同意他的看法。他對人們應該被同等對待的想法非常
堅持，從他對卡萊爾的回覆中可見一斑，而這段文字也同時出
現在《費雪雜誌》上。[40] 彌爾表示，從來沒有比「一種人生來
就是要當另一種人的僕人」的觀點更「可惡的學說」。對彌爾
來說，認定人類之間任何一種可觀察到的差異都是源於某種
「天生的原始差異」，完全是一種「低俗的錯誤」。如果一棵樹
長得比另一棵樹高，我們就一定會推斷這顆種子一定比另一顆
種子更強韌嗎？土壤、氣候、濕度、日照、害蟲、放牧動物、

愛管閒事的人類，以及純粹的機率，難道不會造成任何影響嗎？對彌爾來說，這種想法太過荒謬。雖然表面差異確實存在，但人人生而平等，應該得到一視同仁的對待。如果一個人窮困，另一個人富有，並不代表前者天生就不如後者。黑人和白人、富人和窮人之間的差異一定可以用「外部影響」解釋。如果我們可以控制這些影響當中的任何一項，那麼不僅可能改善人類命運，最後的成果也很值得期待。對彌爾來說，正如佩爾特與利維所強調，種族差異「在做分析時根本無關緊要」。[41]

在彌爾的作品中，道德和方法論交織在一起。他的起始點是一項道德原則，根據這項原則，每個人都有同等的價值。這就是效益主義原則。道德原則啟發一種方法論的經驗法則，使得科學家在做分析時將所有人視為平等。這就是分析式平等主義。方法論的經驗法則有助於集中焦點，將目光放在決定一個人幸運而另一個人不幸的外部影響。知道這些外部影響是什麼，科學家就知道怎麼做可以改善人類的命運。當他們受道德原則指引時，他們便會這麼做。道德原則與方法論經驗法則融合在一起後，便能幫助科學家修復世界，改正錯誤，其中也包括廢除奴隸制度。

自亞當‧斯密與約翰‧史都華‧彌爾的時代以來，人人生而平等的觀念一直是經濟學中重要的組成元素。直至今日，它仍然對經濟學家理解世界的努力與改善世界的工作，產生極大的影響。

今日的反平等主義

　　有些科學家並不認同人人生而平等的觀念，他們一看到不平等的現象，會立刻去尋找個體差異。理查德・赫恩斯坦（Richard J. Herrnstein）與查爾斯・默里（Charles Murray）合著的《鐘形曲線》（*The Bell Curve*）便是其中一個特別有名的例子。[42] 這本書在 1994 年首次出版時就引起軒然大波，爭議至今都沒有平息。不過，這兩位作者不是經濟學家，他們一個是心理學家，另一個則是政治學家。

　　赫恩斯坦與默里首先指出，美國社會的分層愈來愈嚴重。已經擁有很多的人得到的愈來愈多，而擁有很少的人得到的卻愈來愈少。分層會導致隔離，較富裕的階層在物質世界上距離較貧窮的階層愈來愈遠。[43] 他們主張，要理解分層與隔離就需要勇氣接受人們生而不同，尤其是在智力方面。如果我們沒有這樣的認知，壞事就會接踵而至。他們認為，「在不了解智力的作用的情況下試圖解決國家問題」是「探尋症狀而非探尋原因，將困於陷入預期有效但注定無法發揮作用的補救措施」。[44] 兩位作者表示，人們必須理解，分層與隔離是因智力差異而起，認知差異是「決定性的分水嶺」，因此「在某種程度上，社會地位必然是由遺傳差異決定」。[45] 富人一定比窮人聰明，因為智力的天生差異幾乎無法補救，所以當我們試圖消除分層與隔離的時候，如果運氣好，不過是徒勞無功，要是運氣差，

甚至會對社會有害。

　　事實上，個體之間確實存在差異，至少其中一部分牽涉生物學的基礎，其中更小的一部分甚至是遺傳所造成。個體差異會對整體社會造成影響，所有這些現實都可以經由科學進行研究。承認這一點，或是對相關現象的科學研究感興趣，不代表你就是種族主義者或是任何一類的壞人。

　　我想強調的是，方法論的選擇會帶來後果。科學家用什麼方式來研究世界，會直接影響他們的發現。不同的方法適合分析世界的不同面向，有多種方法可以選，代表可以提供更好的結果。他們觀察到的事物會反過來影響他們提出的解決方案。如果科學家像赫恩斯坦與默里，以及他們的前輩卡萊爾一樣，將精力集中在尋找先天差異上，即使真的找到，也不值得一提。依照這種做法，如果這些科學家最後推論出，除了保護富人免受窮人的希望與抱負影響之外，沒有任何干預措施可以改善世界，我們也不必感到太驚訝。

道德科學

　　經濟思維視角反映出深切的道德衝動。認為窮人、被奴役者、被剝奪權利者與弱勢群體應該和其他人一樣重要的想法，可以追溯到經濟學的萌芽時期。這個想法幫忙塑造了經濟學家研究世界與民眾的方法。直到今日，它仍深植人心，不僅反映

在經濟學家為理解世界所做的努力之中，也反映在他們的改進建議裡。窮人與富人生而平等的觀念也是經濟學取得的成果。這是經濟學家在面對貧窮以及造成貧窮的原因與後果，進行長達數十年、甚至上百年的研究後得出的結論。

　　經濟學家確實有理由為這段歷史感到自豪。卡萊爾是惡毒的種族主義者，他所捍衛的制度既不人道，也不公義。無論是捍衛婦女權利、同性戀權利，還是廢除奴隸制，邊沁與彌爾都站在歷史上正確的一方。你不必是經濟學家，也可以認同人人應該受到同等的對待；你不用是個壞人，也能研究個體差異，批評經濟學。我只能假設那些贊同卡萊爾「陰沉黑暗科學」誹謗的人，並不知道它背後的惡毒種族主義歷史。

　　這段史實應該被大力宣傳，讓它廣為人知。對經濟學來說，它背後的故事鮮為人知，其實讓它失去為自己發聲的機會。了解經濟學萌芽時最初的道德衝動可以告訴我們很多事，包括這是一門什麼樣的學問，以及它為什麼和其他研究世界的方法那麼不同。經濟學對人們一視同仁的立場不幸激起「陰沉黑暗科學」的誹謗，然而正是這種一視同仁的承諾，幫助經濟學家明白阻礙人們過上好日子的原因。它提出許多改善現況的方法，尤其著重扶助最弱勢的群體。經濟學並不是一門了無生氣、冷漠、技術官僚的學科，它向來是一門深具道德感的科學。在最好的條件下，它可以激發大眾對窮人與被剝削者的同情心，渴望採取行動來改善他們的處境，提出切實可行的策略

來解決問題。

　　貧窮經濟學沒有一處陰沉黑暗。事實上,它不僅能鼓舞人心、振奮士氣,而且非常實用。

02

如何教養出
快樂的孩子，
並且保持理智

我們的大女兒三歲時睡眠時間很少；我們也是。她在夜裡很難入睡，而且淺眠易醒。我倆一天比一天疲憊。睡眠不足是一件很可怕的事，它會影響你的思考能力和注意力、記憶力與情緒，甚至影響你的免疫系統。夜晚無法入睡造成白天大腦無法正常運轉。而當住在一起的兩個人都煩躁不安、無法正常思考，氣氛就很容易緊繃。（如果你還年輕，認為自己的父母既愚蠢又無聊，你可能想得沒錯，而這一切說不定都是你的錯。）

　　一定要做點什麼事才行，我們已經累得快死了。由於我和妻子都是社會科學家，兩個人加起來有三個博士學位，所以我們依照之前所受的學術訓練，買下一堆育兒指南和助眠參考書籍，然後一本一本認真讀完。

　　閱讀那些書籍讓我們更加沮喪。我只能假設作者的立意良善，只可惜他們的建議大多沒有用處。首先，這些建議充滿矛盾，[1] 有時候還截然相反。有些書上說，你必須抱著孩子，直到他們睡著為止，如果他們醒了，要馬上把他們抱起來。其他書卻說，你必須在孩子還醒著的時候把他們放下，即使他們夜裡啼哭，也不要抱他們，必須等到隔天早上才可以。但是，相互矛盾的建議卻不是書裡唯一的問題。

　　第二個問題是，這些書提供的證據相當不足。幾位作家的表現只能說是半斤八兩，可惜相似的不是他們得出的結論，而是他們的自信程度。身為社會科學家，我和妻子都很想知道這

些作者怎麼能如此確定。我們想知道數據，但看到的資料卻相當少。作者通常只會說：「根據我身為兒科醫生三十年的經驗」，或是提出諸如此類的論述。我們不禁懷疑，如果兩位同樣傑出的醫生得出完全相反的結論，那麼三十年的經驗又有什麼用呢？

第三個問題可能最糟糕。這些書給我們一種印象，如果不遵循書中提出的「特定方法」，就會對孩子、我們自己或是我們的親子關係造成永久傷害。例如，支持抱嬰兒的專家認為，讓孩子獨自哭泣可能會阻礙他們的情緒發展，削弱父母的情緒反應，並讓孩子從此不再依戀父母。

總而言之，這些書不僅沒有用，還留下副作用。它們猶如在我們腦中下了詛咒，讓我們擔心如果做出錯誤的選擇，很有可能會毀掉孩子的一生。然而，它們卻沒辦法告訴我們正確的選擇是什麼。它們向我們灌輸了可能造成傷害的恐懼，卻沒能告訴我們如何避免這種傷害。

在強烈挫折感的驅使下，我到美國國家醫學圖書館（US National Library of Medicine）維護的龐大生物醫學公共資料庫「PubMed」上進行搜索，找到一篇最近發表在著名期刊《兒科醫學》（*Pediatrics*）上的論文。[2] 這份論文完完全全符合我的需求，主題是關於一項研究，探討父母可以採取哪些措施來幫助孩子在夜晚入睡，並且整晚好眠、不被驚醒。它告訴我們所有我們想要知道的事。

　　這項研究採取隨機對照實驗，和我們上一章說明過的方法相同。研究人員招募家有新生兒的家庭參與實驗，並隨機將他們分為三組：

1. 沒有被告知要特別去做哪些事的對照組。研究人員只給他們一本宣傳手冊，內容是關於嬰兒的睡眠模式，以及照顧難以入眠孩子的一些技巧。（其他組也收到同樣的資料。）

2. 第二組得到指示要試著使用「法伯法」（Ferberization）；名稱來自發明者理查德・法伯醫生（Richard Ferber）。根據指示，父母要在孩子還醒著的時候將他放下，即使他哭了，還是要讓他在預定的一段時間內獨處。時間到了，父母才可以回到孩子身邊，短暫安撫但不要抱起來，也不要開燈，然後再留他獨處。重複幾次直到孩子睡著為止。第一天晚上，父母應該一次只讓孩子獨處幾分鐘。在之後的夜晚，父母讓孩子獨處的時間就會拉得愈來愈長。一週後，孩子獨處的時間大約長達半小時。這套方法背後的理念是，孩子需要有學習自我安撫的機會。

3. 第三組被要求嘗試「睡眠延遲法」（bedtime fading）。根據指示，父母要在孩子還醒著的時候將他放下，然後測量他需要多長時間才能入睡。如果超過十五分鐘，父母會被告知第二天晚上延後三十分鐘才將他放在床上。如果少於十五分鐘，則第二天晚上提前三十分鐘將他放在床上。重複這個方

法直到找到孩子的最佳入眠時間點，也就是讓他上床後不到十五分鐘就能入眠的時間。這套方法背後的原理是調整孩子的生物時鐘，幫助他在我們相信的正確時間入睡。

　結果很清楚。和對照組（第一組）的嬰兒相比，兩個治療組（第二組與第三組）的嬰兒更早入睡，夜間醒來的次數更少，睡眠時間更長。兩種睡眠訓練法都奏效了。根據研究人員觀察，兩種方法的效果一樣好。那麼，情緒傷害呢？在研究期間，研究人員測量過孩子與父母的壓力指數。事實上，隨著孩子的睡眠品質改善，壓力指數在長達幾個月的研究期間也愈降愈低。父母與孩子之間的感情連結又如何呢？研究人員在一年後進行測試並且發現，不同群體之間孩子對父母的依戀程度沒有差異，孩子的情緒或行為問題也沒有差異。此外，不管是孩子、父母或他們的親子關係，都沒有出現可察覺的負面影響。

　這項研究告訴我和妻子許多睡眠訓練的知識，也讓我們鬆了一口氣。一旦孩子夠大，無論使用哪種方法，睡眠訓練似乎都有效果，也不會產生真正的負面影響。身為父母，你可以選擇任何你想要使用的方法，不必擔心會對你的孩子、自己或你們之間的關係造成傷害。研究結果並不保證睡眠訓練一定對我們有用，或是對任何人奏效。單一的研究永遠無法為這個問題下定論。但是對我們來說，這篇論文勝過一整落幫助嬰兒入睡的相關書籍，給了我們放手嘗試睡眠訓練的勇氣，並讓我們相

信自己正在竭盡所能的幫助孩子和自己。在 PubMed 上免費搜索到的資訊，比我們花上數百美元購買的育兒書籍更加可靠，也更能讓我們放心。

這一章探討的是經濟學如何幫助你成為更好的父母。從餵養母乳到睡眠訓練，經濟學家能夠對每一個問題提出建議。在孩子成長的各個階段，這些建議都可以幫助你制定對孩子有益的可行策略。雖然不能保證這些建議一定會有效，但和你得到的大多數育兒建議不同，至少它們都經過科學驗證。實驗數據讓你有理由去嘗試，有理由去相信它可能奏效。即使在最好的情況下，為人父母多少還是會有壓力，我想這一點永遠無法避免。還好，我們很幸運，經濟學家對育兒提供不少建議，讓父母在輔導孩子走上正路的同時，仍然能維持理智，甚至有機會過得開開心心。不只如此，經濟學還能幫助緩和討論育兒議題時的緊張氣氛。這類對話可能讓人憂慮萬分，討論起來劍拔弩張，以至於人們不帶諷刺意味的稱它為「媽咪戰爭」。經濟學教導我們一個道理：甲之蜜糖，乙之砒霜。環境很重要，個人偏好也很重要。在許多情況下，根本沒有一種放之四海而皆準的解決方案。此外，涉及個人偏好時，我們有充分的理由尊重父母。畢竟最了解孩子的，通常真的是媽媽（和爸爸）。

我會原諒你對我心存懷疑。你可以合理的指出，關於育兒的文獻已經很多，想來經濟學家也沒什麼可以補充。你更可以理直氣壯的評論，兒童問題通常不包括在經濟學家的專業範圍

裡。你可能得出結論，認為他們的建議怎麼樣也不如醫生與護理師的建議好。然而，那些幫助嬰兒入睡的相關書籍卻告訴我們，醫生從臨床經驗中學到的東西，可能並沒有他們以為的那麼多，或者沒有人們希望的那麼多，即使有幾十年經驗，他們的睡眠訓練還是學得不夠好。這就是事實。經濟學家真的在這方面可以做出很多貢獻。

我並沒有說經濟學家或是小孩的父母一定最了解情況。我也不是在鼓吹我們不要再聽取醫生、護理師、公共衛生官員，或是其他醫療專業人員的意見。不過如果你想成為更好、更快樂、不會一天到晚累得要死的父母，說不定這還有額外的好處，讓你避免不必要衝突，那麼不妨來看看經濟學家有什麼見解。我可以向你保證，即使你不信我的話，我也不會覺得受到侮辱。你不必聽我的，真的不必。

育兒經濟學家

艾蜜莉・奧斯特（Emily Oster）是位於羅德島州（Rhode Island）普維敦斯（Providence）的布朗大學經濟學教授。她原本專長的領域是發展經濟學；這是經濟學的一個分支，研究為什麼有些國家貧窮，有些國家富有。但是，她卻以兩本關於懷孕與育兒的書籍聞名於經濟學圈外：《好好懷孕》（*Expecting Better*）與《兒童床邊的經濟學家》（*Cribsheet*）。[3] 這兩本書都

是超級暢銷書，換句話說，不管哪一種類型的父母都認為她的書既有幫助又令人安心。更重要的是，兩本書都是根據實際研究數據，歸納出實用的建議。

為什麼奧斯特覺得她對育兒議題有話要說？她也有孩子，但這不是重點。重點是她接受過經濟學家的扎實訓練，有能力幫助新手父母應付他們所面對的挑戰。[4] 挑戰之一是資訊泛濫，太多來自朋友、家人，甚至網路陌生人的建議；更糟的是，即使每個人都是出於善意，但他們的建議通常互相矛盾且令人困惑。當你已經不知所措且睡眠不足時，這會讓你飽受打擊。你需要過濾所有資訊，去掉沒有用的東西，然後弄清楚剩下的東西到底是什麼意思。這就是經濟學派得上用場的地方了。

經濟學家接受過專業訓練，學習如何分辨資訊是否可信。可信的資訊來自精心設計的研究；不可信的資訊則是缺乏系統的趣聞軼事。經濟學家的訓練還給了他們梳理出數據因果關係的能力，換句話說，可以看出是什麼原因導致什麼結果。舉例來說，當我們查看有關哺乳的資料時，我們不只想要知道吃母乳的孩子是否往往長得更好，我們也想要知道，他們長得更好是否只是因為母乳，還是有其他原因，像是他們的母親教育程度比較高。經濟學可以透過篩除不值得注意的資訊，並從剩下的資訊提取可行的方案，來幫助新手父母對付資訊泛濫的狀況。我們接下來只會舉幾個例子說明，但讀完之後，你應該就會有概念了。

　　餵養母乳好不好？這個問題出乎意料的令人擔憂。非常多相關資訊觸手可及，品質卻好壞參半，往往出處不明。奧斯特想要知道證據顯示出什麼事實。她想找出所有餵養母乳的好處，不管是對吃母乳的嬰兒、對哺乳媽媽，甚至是對整個世界的好處。她發現令人信服的證據顯示，餵養母乳可以降低嬰兒罹患濕疹與胃腸道感染的風險。[5]當研究人員在一項隨機對照實驗中鼓勵父母餵養母乳時，嬰兒罹患濕疹的機率從大約6%降到3%，得到胃腸道感染的機率也從大約13%降到9%。奧斯特還發現強而有力的證據顯示，餵養母乳可以降低母親罹患乳癌的風險達20%至30%。[6]她更注意到奶粉的原料是牛奶，而牛奶的生產過程會產生甲烷氣體，對全球氣候不利。許多所謂餵養母乳的好處並沒有經過系統性研究，有的證據甚至混雜矛盾。然而即便如此，餵養母乳有多方面的好處，這是不爭的事實。

　　這些結論都讓餵養母乳聽起來很棒，甚至不用動腦去想。但是奧斯特卻說，別那麼快下定論。事實上，餵養母乳有好處並不意味這樣做一定適合你。總是還有一些不確定性存在。沒有一項研究完美無瑕，有些甚至可能錯誤百出；有些好處和成本說不定根本沒被研究過。例如，我們不能肯定餵養母乳不會影響嬰兒的性格，或者影響父母的社交生活品質。雖然截至目前為止，我們沒有找到令人信服的證據可以證明它確實會造成影響。要做出一個理性的決定，絕對應該考慮到不確定性。除

此之外，科學證據也不是做出理性決定的唯一重要因素，結合個人偏好的情境因素也至關重要。有些人真的不想哺乳；有些人可能根本做不到。如果你也是這樣，那麼即使不餵母乳，對寶寶、對你或對世界來說，也不是什麼毀天滅地的大災難。

借用一個在經濟學圈外很流行的經濟學術語，我們可以這樣說：餵養母乳是一個很好的「預設選項」（default option）。對於大多數人來說，它是一個很好的起始點，沒有什麼令人信服的理由讓我們不去這麼做。我們有充分的理由為世界上想要哺乳的人創造更好的環境，提供自由、時間、空間與其他資源，幫助他們在想哺乳時就能哺乳。但是！如果你的狀況不適合餵養母乳，也沒有理由感到有罪惡感，其他人也沒有理由去輕視或羞辱不哺乳的人。不餵養母乳可能帶來的危害，比如得到濕疹與胃腸道感染的機率稍微高一點，並不是特別嚴重的問題。更別說兒童因為沒有吃母乳而真的得到這些疾病的可能性很低。從 6％到 3％，相對下降幅度達 50％，確實很高；但是以絕對數字來看，僅只減少三個百分點，仍然相當低。讓我再強調一次，如果你可以餵養母乳，那真是太棒了！可是如果你做不到，也不是什麼大不了的事。

奧斯特還研究嬰兒是否應該和父母同睡一床的問題。目前專家的建議是避免睡在一起，讓寶寶單獨睡在嬰兒床或搖籃裡。主要原因是被稱為「嬰兒床死亡」（cot death）的嬰兒猝死症（sudden infant death syndrome，縮寫為 SIDS），這是指一

歲以下的嬰兒突然無預期死亡的症狀。奧斯特檢視相關證據後發現，和嬰兒同床共眠的確會增加嬰兒猝死的可能性，除此之外，還有其他因素也很重要。餵養母乳會降低嬰兒猝死的可能性；父母吸菸和／或飲酒，機率則會提高。如果母乳寶寶的父母不菸不酒，但是嬰兒和父母同床共眠，則每一千名活產嬰兒因嬰兒猝死症而死亡的機率從 0.08 人上升至 0.22 人。當又菸又酒的父母和喝配方奶的嬰兒同床共眠時，每一千名活產嬰兒因嬰兒猝死症而死亡的機率則從 1.77 人上升至 27.61 人。[7]

　　考慮到數據，嬰兒不和父母同床共眠是一個很好的預設選項，對父母來說，也是一個很好的起點，沒有什麼令人信服的理由讓我們不這麼做。我們有充分的理由幫助新手父母育兒順利。在芬蘭，所有新生兒父母都會收到一個裝滿嬰兒用品、還能充當搖籃的免費「嬰兒箱」。根據英國廣播公司的報導，芬蘭能成為世界上嬰兒死亡率最低的國家之一，可能是這個箱子的功勞。[8] 奧斯特發現，還是有些父母有特別的理由選擇放棄預設選項，決定和嬰兒睡在同一張床上。計算結果看起來和前一個例子略有不同，但造成傷害的可能性仍然很低。以絕對數字來看，嬰兒猝死的比例還是很低。然而如果運氣不佳，可能對孩子造成的傷害可是非常嚴重。孩子猝死是所有父母最害怕的惡夢。基於這項原因，你應該非常仔細考慮你的決定，並確保你有一個令人信服的理由，不得不和嬰兒同床共眠。除此之外，你還應該採取每一項可能的預防措施。最重要的是，你應

該避免吸菸，並且滴酒不沾。

想要更多孩子的自私理由

將注意力轉向育兒問題的經濟學家並不只有奧斯特。布萊恩・卡普蘭（Bryan Caplan）是位於華盛頓特區郊外的喬治梅森大學（George Mason University）的經濟學教授。他的專長是移民與高等教育相關的重大政策問題，最著名的作品可能是與插畫家扎克・韋納史密斯（Zach Weinersmith）合作、關於移民科學與倫理的圖像小說，[9] 他著有《生個孩子吧：一個經濟學家的真誠建議》（*Selfish Reasons to Have More Kids*）。[10] 你不用是個自私鬼，也不必想要有更多孩子，都能好好欣賞這本書。副書名明白告訴你這本書的內容：為什麼當個好父母要做的事沒有你以為的多，而且比你想像的更有趣。

卡普蘭對於研究基因與環境如何影響行為與態度的行為遺傳學特別感興趣。為了梳理出基因對行為與態度的影響，科學家研究在嬰兒時期就被收養的兒童與成人。如此一來，科學家能夠將親生父母（基因）提供的貢獻與養父母提供的貢獻（環境）分開。以下是卡普蘭的結論：

> 被收養的孩子小的時候，既像天天見到的養父母，又像素不相識的親生父母。然而，隨著孩子長大，故事

出現驚人的轉折：他們和親生父母的相似性仍然存
在，但和養父母的相似性卻幾乎完全消失。[11]

　　孩子的成長環境，包括養父母的教養方式，對孩子當然有
影響。不過，這種影響在很大程度上是暫時的現象。從長遠來
看，行為與態度主要由基因決定。這不僅適用於身高、體重等
面向，也適用在智力、個性、成就、價值觀等。

　　對卡普蘭來說，所有這一切，都意味著我們的育兒方式出
錯了。行為遺傳學的發現，對我們認為應該怎麼撫養孩子才對
的看法影響重大，簡直可以說是將我們放出牢籠，重獲自由。

　　第一，放輕鬆！[12] 父母親通常擔心太多，內疚太多，結果
反而喪失感受應有快樂的能力。當父母的壓力很大，他們認為
必須提供充滿教育玩具與教材的環境，並安排孩子參加許多體
育活動與課外活動。如果你的孩子需要占據你所有的時間、注
意力與金錢才能成功，那麼確實會帶來莫大的壓力。但他們不
需要，你也不該有壓力。孩子不需要愛因斯坦牌的玩具也能長
大成人；也不需要芭蕾舞課、鋼琴課、足球比賽與外語課。很
多父母對於無法提供孩子更多各式各樣的東西而感到內疚，但
其實這些東西多半沒有必要。如果你基本上條件還不錯，你的
孩子未來很有可能基本上條件也會不錯，即使你允許自己稍微
放鬆一點，也不會有太大的影響。卡普蘭的話說得最實在：
「很有可能，你的孩子會毫不費力的繼承你的智慧、成功、魅

力與謙遜。」[13]

　　第二，善待並尊重你的孩子。嚴厲並不會幫助你的孩子變得堅強，溫和也不會讓他們變得軟弱。你對待他們的方式對他們的行為與態度的影響有限，但會影響他們的童年感受以及你留給他們的回憶。你的養育方式在關鍵時刻的當下很重要，可是要將注意力放在過程，而非目的。卡普蘭建議：「用愛養育孩子，控制自己的脾氣，好好享受家庭時光。」[14]

　　第三，你也很重要！[15] 父母是否開心和孩子的未來是否光明之間沒有明確的對價關係。因為你的努力沒有你以為的那麼重要，你其實可以放輕鬆一點。一旦你放棄一定要讓孩子保持忙碌的信念，就會有更多的時間與精力去做自己喜歡的事。不妨從不要去做你們都不喜歡的活動開始。如果你與孩子都喜歡這些活動，那太棒了！如果你們不喜歡，直接扔下吧，不用覺得可惜。然後給孩子更多「自己的時間」（me time），讓他們自在玩耍，如此一來，你也可以擁有自己的時間。只要你想通了，所有的一切都會豁然開朗。正如卡普蘭表示：「一旦你知道現代育兒變得多麼辛苦，想讓父母開心一點簡直像大海撈針一樣困難。」[16] 此外，還有一個額外的好處。你在關鍵時刻當下的快樂會對孩子產生直接的影響，他們會注意到你的壓力減輕了，和你相處起來更輕鬆、更有趣。所以別再煩惱，讓自己過得開心點吧！

　　我必須澄清，卡普蘭並不是在提倡完全放任的育兒態度。

大多數相關研究都是在已開發國家的中產階級家庭進行，結論源自孩子生長在此類家庭的正常條件範圍之內。你需要為你的孩子提供一定數量的食物、飲料、住所、照顧、關愛、情感、時間、注意力之後，才有資格爭論這些研究的結論是否成立。你要讓孩子免受暴力侵害與虐待。對於許多孩子來說，這些都是他們真正面臨的問題。但是很多父母擔心的其他事，例如孩子被陌生人綁架之類，卻是極不可能發生的事。總體而言，當代的孩子生在一個歷史上最安全的世界。卡普蘭表示，如果將嬰兒排除在外，「兒童是全美國最安全的人了」，而且現在的孩子可比之前安全多了，想想 1950 年代吧！[17] 除此之外，由於教養方式還是會產生短期影響，所以你有充分的理由以更積極的態度照顧孩子。如果設下某些規則甚至保持一定的紀律會讓孩子更加守規矩，那麼好好利用它們就能讓你更輕鬆，同時也能讓孩子更輕鬆。

　　第四，生養更多孩子！當你明白養小孩用不著犧牲全部的錢和醒著的每一分鐘，養孩子看起來便成為一筆非常划算的交易。你可以擁有所有軟化人心的小可愛，為生命輪迴出一份力而感到自豪，好處數之不盡，而成本不過是你原本以為的一小部分。卡普蘭強烈聲稱，關於應該生養幾個孩子，並沒有一個特定數量適合所有人；個人情況與個人偏好都在其中扮演非常重要的角色。「我站出來是為了提供資訊，而不是要替你過你的人生。」他說。他的觀點是，如果你有任何想要生養孩子的

念頭，那麼你可以比原本的計畫再多生一、兩個孩子。

　　部分問題出在人們衡量決定的方法有誤。[18] 生養孩子需要大量的前期投資。當他們幼小時，你需要投入大量時間、精力，當然還有金錢。代價高昂，尤其在睡眠方面。很多人因為缺乏遠見，所以短視。前期成本確實帶來不少憂慮。因此在你年紀尚輕時，你會認為自己只有照顧兩個孩子的能力。如果你目光淺短，可能會完全根據這些前期成本做出決定。但是，日子一天一天過去，你想要的孩子數量可能隨之增加。到了中年，當你的兩個孩子進入青春期，喜歡耍酷，不愛上學時，你可能會想要第三個孩子，可以有個小可愛陪你一起玩。而到了晚年，也許你需要有四個孩子，才能增加擁有孫子孫女的機會，也才有足夠的親人會定時回來探望你。若真如此，卡普蘭建議你或許應該取平均值，以三個孩子為目標，雖然短視的你現在只想生兩個。理性思考這個決定需要衡量的不只是前期成本，還得考慮包括孫子孫女在內的終生回報。

　　卡普蘭的研究示範了許多種經濟學方法，都可以幫得上新手父母。它幫助我們篩選資訊，並了解我們可以用得上哪些資訊，其中還包括來自行為遺傳學的數據。如果沒有卡普蘭的說明，我們可能不會意識到它的存在，而且我們肯定不大會去想到它對育兒的影響。經濟學還可以幫助我們根據現有的最佳資訊（即使不夠完整）做出明智的決定。尤其，它教導我們如何在決策背景下考慮長遠利益、避免短視的思考角度。經濟學強

調個人情況與個人偏好的重要性，所以「我們應該尊重（多樣化的）各種養育方式」。[19] 經濟學觀點鼓勵我們放鬆自己，減少罪惡感，盡量享受自己和孩子共度的美好時光，並且減少批判和我們做出不同選擇的父母。這真的相當不錯。

背後的經濟學原理

　　你可能會問，這為什麼是經濟學？奧斯特或卡普蘭的研究，都和你對經濟學的印象截然不同。托兒所和責任有限公司天差地別，育兒和投資更是大相逕庭。然而，馬歇爾定義的經濟學是「對人類日常事務的研究」，育兒當然是日常事務的一部分。對於牽涉其中的人而言，擁有一個孩子可能就像奇蹟。組織家庭、生孩子、撫養孩子是開天闢地以來人類就一直在做的事。考慮到人們在這上面投入的時間、金錢與精力，將育兒視為一筆「大生意」也不為過。

　　用羅賓斯的話來說，養育子女也是匱乏條件下的個人行為。父母可用的資源，不管是時間、金錢或精力，實際上都是匱乏不足。許多父母都非常清楚，一天的時間是多短，養育一個孩子有多麼昂貴。在美國，一個孩子養到十七歲，平均要花 20 ~ 30 萬美元。[20] 如果加上大學的教育費用，金額很容易就會翻倍。父母做出的選擇顯然經過經濟考量，不僅對父母與孩子都極為關鍵，甚至對社會與整個經濟體都會產生影響。

　　從前的經濟學家大多將注意力放在傳統男性追求的事物與活動上。刻板印象中女性追求的事物與活動，包括撫育孩子等，都受到忽視；這是個不幸的事實。然而，即使一項活動在傳統上被認為是女性的工作，並不代表它不具有經濟價值，或者不值得經濟學家深入研究。還好我們很幸運，就像育兒經濟學所說，這種情況正在逐漸改變。

　　事實上，育兒經濟學提供我們一個窺探經濟學內部運作的好機會。我之前提過，經濟學家對處理數字很有一手，我也盛讚過他們梳理數據、提取資訊的能力，而這些全都來自於計量經濟學相關的訓練。計量經濟學是工具箱中最重要的工具之一，也是任何正統經濟學課程的核心要素。計量經濟學研究的是因果關係，在兩件事同時發生時，區分出一件事是造成另一件事發生的原因。缺乏這種知識，我們就不可能有任何進步。當能力與經驗同樣豐富的兩方專業人士提供完全相反的建議時，沒有這種知識，我們就不大可能擺脫困境。你不必成為一名經濟學家也能解讀數據，但具備經濟學基礎還是會有所幫助。

　　經濟學家還可以幫助你根據資訊決定下一步怎麼做；只知道數據說什麼、沒說什麼，並不能告訴我們該怎麼做。氣象學家可以告訴你降雨機率，可以解釋為什麼會下雨。這項資訊和你早上出門帶不帶傘的決定有關，但是知道降雨機率並不能為你做出決定。你應該怎麼做不僅取決於機率高低，還取決於你的目標與價值觀。不帶傘淋到雨會有多難受？在陽光燦爛的日

子帶著傘會有多糟糕？氣象學不會回答這些問題。

經濟學強調，必須根據個人狀況與個人偏好做決定。[21] 個人狀況指的是適用於你，卻不一定適用於其他人，而且除了你之外其他人大概都不知道的現實條件。科學數據對你的決定來說很重要，但個人狀況也是。個人偏好則代表我們想要的東西。父母的偏好往往會將孩子納入考量，希望孩子能得到某些東西，比如健康與快樂；它們很重要。父母的偏好也會將自己納入考量，我們都想要自己擁有某些東西。例如，對許多父母來說，睡眠與心理健康排在首位；它們也很重要。理性自然人（reasonable people）不只是個人狀況不同，可能也會有不同的個人偏好。這種差異意味著，最適合你的方法不一定適合我。這沒什麼好奇怪的，就如同我們在餐廳裡看著同一份菜單，卻點了不同菜，也是一樣的理所當然。

當選擇當中存在不確定性時，要將科學結果轉譯成可行的建議，可能會特別棘手。育兒就充滿不確定性，父母就算有一點概念，也幾乎不會在面對問題時，發現自己知道所有的答案。我們不僅不知道如果這麼做或那麼做會發生什麼事，甚至連各種可能性的機率有多少都不曉得。然而孩子卻無法等待，他們現在就需要我們關心，無論如何，我們都必須做出抉擇。但是，在某些情況下，這些選擇的影響卻極為重大。

幸運的是，經濟學是一門研究個人行為的科學，經濟學家是最適合弄清楚我們該怎麼處理科學資訊的一群人。理性選擇

理論是我們工具箱中的另一項重要工具，每一位經濟學家都研究過這個理論。它會準確告訴你，根據你的信念與偏好，下一步應該做什麼；它也會告訴你如何應對風險與不確定性。如果你想要根據手上所能得到的證據做出最佳決定，那麼理性選擇理論應該可以為你指路。

即使沒有完整及全面的資訊，這項理論也可以幫助我們做出更明智的選擇。它告訴我們該如何充分利用手上的資料，以及如何在缺乏某些資訊的情況下做出決定。經濟學家受過訓練，知道該怎麼處理這樣的狀況。不過，你不必是經濟學家也能做出好選擇。事實上，有些經濟學家做的決定實在糟糕。（我認識的好幾個人都讓我懷疑，他們之所以成為經濟學家，就是因為他們太不擅長做決定。）但是，理性選擇理論仍不失為一項有用的工具。

最後，經濟學可以在尊重個人在環境、目標與偏好差異的前提下，幫助你決定怎麼做對你最好。偏好理論是經濟學選擇理論的核心。將「考慮人們的偏好」視為強制條件，是經濟分析方式的重要成分。不只是在經濟學家試圖解釋人們在做什麼的時候，甚至在他們決定對某個人來說怎麼做比較好的時候，偏好都扮演相當重要的角色。餵養母乳對你和家人比較好嗎？答案取決於很多因素。它不只取決於餵養母乳的科學事實，也取決於個人的具體情況。但是，它同時取決於你的偏好，換句話說，你希望自己和家人得到什麼。餵養母乳對你和孩子而言

有多重要？同樣的，為了餵養母乳，你必須放棄的所有事物，對你和孩子而言又有多重要？

　　舉這個例子不是要說明你的偏好和你的決定有關（雖然兩者確實有關），而是在強調，當你擁有足夠的資訊，你的偏好可以為你決定怎麼做對你來說比較好。而此時所謂的「好」，不過是在資訊充足的情況下，能滿足你的偏好。

　　附帶一提，這套理論解釋了經濟學家所謂的「效用」（utility）是什麼意思。這個詞經常遭到誤解。當經濟學家談到「效用」時，指的是一個人的偏好得到滿足的程度。效用不是你的經歷，也不是你腦海中浮現的想法。「效用最大化」的意思單純指的是「選擇任何你喜歡的東西」。效用愈大對你就愈好，因為你的偏好得到滿足，對你當然比較好。

　　和偏好有關的例子很重要，它至少告訴我們兩件事。

　　第一，它強調對你有好處的選擇，不一定對我也有好處，放之四海而皆準的解決方案通常不存在。對你的幸福至關重要的偏好是你的標準，不是我的標準，你的偏好可能和我的偏好不同。也許你喜歡香菜，而我討厭它。如果你喜歡香菜，將它放進湯裡，你會喝得更開心。如果我討厭它，卻把它放進湯裡，我會因此很不開心。是否餵養母乳、父母與孩子要不要同床共眠，以及想不想生養更多孩子，也是同樣的道理。對你和家人有益的選擇，不一定對我和家人有益。

　　在我看來，許多關於育兒的討論，比如說「餵養母乳好不

好？」這類的問題，都建立在正確答案只有一個的假設之上。奧斯特認為，這類假設可能是引發「媽咪戰爭」的一大推手，也是育兒討論令人如此擔憂的主因。如果世界上的正確答案只有一個，而你和我意見相左，那麼我們之中必定有一個人出錯了。而經濟學可以向你保證，事情可不一定是這樣，你和我都有可能正確無誤。對你有用的東西不一定對我有用，反之亦然。事實上，值得爭吵的地方可能沒有你想的那麼多。

　　其次，這個例子也顯示，能評斷一個人的偏好的人只有他自己。當然也有例外，但說起來會變得太過複雜。不過，在基礎概念裡，沒有人能夠比你更了解你的偏好。對你來說什麼選擇比較好，取決於你的偏好，那麼你就是評判選擇好壞的權威。如果對你來說比較好的選擇，取決於個人偏好以外的因素，比如現實條件，那麼你可能就不是評判選擇好壞的最佳權威人選。然而，個人偏好還是很重要。說到底，誰能決定你的偏好是想要餵養母乳、還是不想餵養母乳？你，就是你。

　　如果我們試著記住這兩項觀點，那又怎麼樣呢？如果我們試著記住適合你的選擇，不一定適合我，那又怎麼樣呢？如果我們試著記住，你是評判自己個人偏好的最佳權威人選，而我是評判我的偏好的最佳權威人選，那又怎麼樣呢？我承認我沒有可靠的數據可以證明，但我相信，許多討論將不再那麼令人憂心、人們會更加尊重彼此，生產力會更高。明白對我可行的選擇，不一定對你可行，或許可以讓我們稍微放輕鬆一點，並

減少對他人的批判。了解個人偏好很重要，可能會鼓勵我們更加尊重他人的需求、目標與目的。信不信由你，經濟學在這個問題上，還真的可以幫得上忙。

進耶魯還是進監獄？

2007 年到 2008 年的全球金融危機是一場大災難。伊麗莎白女王（Queen Elizabeth）事後訪問倫敦政經學院（London School of Economics）時實在難以置信，如果危機如此嚴重，她問道：「為什麼沒有人預見它來襲？」22 這個問題引起廣大共鳴。你可能會想，如果經濟學對人類真的有什麼好處，那應該至少能夠預測重大經濟災難的來臨吧？然而，經濟學家卻無法預見這樣罕見重大的危機。他們就像《白鯨記》（*Moby Dick*）裡的亞哈船長（Captain Ahab），直到船被撞上之前，都沒有注意到巨大白鯨的存在。對許多觀察家來說，這猶如在上演「國王的新衣」。而現實世界的女王更是揭露號稱「社會科學女王」的經濟學的真相，讓所有人都看到她根本沒穿衣服。

育兒經濟學正好可以說明，為什麼這些事其實並不特別尷尬，同時幫助我們明白經濟學是什麼、不是什麼。

首先，你已經知道經濟學不是金融市場。的確有經濟學家研究這個領域，但絕大多數經濟學家並不關注這個領域，因為經濟學的範疇遠不止於此。

　　經濟學主要也不是在預測未來。當奧斯特說餵養母乳和降低孩子的胃腸道問題風險有關時，她的意思其實是：如果你有一大群嬰兒，一半喝母乳，另一半喝配方奶，那麼第一組嬰兒的胃腸道問題比較少。這可以算是一種可能有用的預測，海耶克稱之為「模式預測」（pattern prediction），因為它讓我們預測可能出現在更大群體中的模式。[23] 但是，這和你可以預測某個事件有非常大的不同，舉例來說，你無法預測某個孩子最後會進耶魯大學、還是進監獄服刑，或者任何一個國家是否會在2033 年經歷金融災難。一般而言，經濟學家通常會承認，他們無法做出這樣的預測。

　　在科學領域裡，這些事並不會讓經濟學顯得和其他學科有什麼不同。想想地震學之類的科學，正經的地震學家不會聲稱他知道下一次大地震襲擊舊金山的確切時間。經濟學家與地震學家當然希望自己能夠預測未來的危機與災難，但是儘管事實上他們做不到這樣的預測，並不會讓這兩個學科被科學領域除名。因為除了預測之外，科學還有許多優點；解釋現象是一個，提供決策所需的資訊是另一個。經濟學和地震學一樣，即使無法預測下一次危機何時發生，也能幫助我們建立更美好、更有復原力的世界。

經濟學與包容力

在短短幾年之前，育兒經濟學根本不存在，如今卻頗受矚目，正是奧斯特與卡普蘭等正統經濟學家為它打亮聚光燈。這個主題很有趣，事實上可以說是充滿樂趣。而且它很可能助你一臂之力！和我之前讀過的育兒書籍不同，《兒童床邊的經濟學家》與《生個孩子吧》並沒有告訴你一項適合所有人的策略，也沒有威脅你，如果你不照書中建議去做，後果將不堪設想。這些著作建立在許多數據與證據上，研究主題是關於餵養母乳與親子同床，是關於休閒放鬆與使用螢幕的時間長短，是關於教養出更快樂、適應力更強的孩子，並且享受為人父母的過程。它同時還研究如何建立一個支持大家都這麼做的社會。不過，它不能預測你的孩子最後能不能進得了耶魯大學。

你大概猜得到，自從讀過那一疊幫助嬰兒入睡的書籍之後，我就沒有再讀過其他育兒書籍了。我可能錯過許多金玉良言，希望不會因此對孩子造成永久傷害。我只是發現到，相較於育兒書籍，育兒經濟學可以提供的資訊量更大，也更令人放心。

很多人聽到有育兒經濟學這種東西時都大感驚訝。然而，生育與撫養孩子顯然都屬於經濟學的範疇。研究這個主題時，工具箱裡所有的標準工具幾乎都用上了，包括計量經濟學、理性選擇理論，更別忘了還有個人偏好。這些理論提醒我們，對

你有用的選擇不一定對我有用,還有,有時候只有爸媽才知道怎麼做對孩子最好。

如果經濟學解決貧窮的方法,可以激發某種程度的同情心,那麼經濟學解決育兒問題的方法,也應該可以提高人們的包容力。

03

如何減緩
氣候變遷

「全球氣候變遷是一個嚴重的問題，需要各國立即採取行動。」這出自一封發表於 2019 年的公開信的第一句話。信中表明氣候變遷確實存在，也說氣候變遷是由人類活動所引起。它還說，應對氣候變遷必須採取迅速且全面的行動。

這封公開信看似可能出自任何氣候變遷的激進團體，不過因為兩件事讓它備受矚目。

第一，它是以美國經濟學家的名義發表。標題為〈經濟學家針對碳紅利的聲明〉（The Economists' Statement on Carbon Dividends）。[1] 它是在美國最大的經濟學家年度學術會議結束後兩週，於 2019 年 1 月刊登在《華爾街日報》（Wall Street Journal）上。在我寫這本書時，已經有三千六百二十三名美國經濟學家簽署這份文件，公開信作者將它描述為「歷史上規模最大的經濟學家公開聲明」。似乎沒有什麼原因能引起經濟學家更強烈的反應了，而且簽署人數其實可能更多。如果你好奇為什麼我的名字不在上面，那是因為他們拒絕了我的簽名。身為一名在匹茲堡取得博士學位的歸化美國公民，我以為自己已經夠美國化了。也許是因為我長期在美國境外工作才資格不符吧？無論如何，簽署人數應該至少是三千六百二十四人才對。

這些簽署人可不是什麼無名小卒，其中包括二十八位諾貝爾獎得主和四位美國聯準會（Federal Reserve）前任主席。然而，這個群體最引人注目的還是意識形態的多樣性，簽署人不僅有全美各地的經濟學家，更有極富影響力的經濟顧問委員會

（Council of Economic Advisers）十五位前主席，他們不只服務過共和黨總統，也服務過民主黨總統。

第二，這封信不只顯示要盡快採取行動，還明白列出解決氣候問題的計畫，而且主要宗旨在於向汙染者課徵所謂的「碳稅」（carbon tax），也就是化石燃料公司必須為了碳排放而支付費用。這種稅被稱為「皮古稅」（Pigouvian tax），以我們在前言中提過的經濟學家亞瑟・塞西爾・皮古命名。這個基本概念已經流傳百年之久，任何選修過個體經濟學的人都應該聽過。碳稅是懲罰汙染者；汙染愈多，支付的費用就愈高。同時，這項計畫表示應該把收來的錢還給美國人民。這筆錢可以讓大多數人拿來補貼不斷上漲的能源價格。對於最不富裕的階層，以及生活方式不會產生大量二氧化碳的人來說，好處尤其明顯。

經濟學家有時會被指控是「市場基本教義派」（market fundamentalism）的信奉者，因為他們相信，經濟與社會問題最好由不受政府干預且不受監管的市場來解決。然而，正經的經濟學家都曉得，不受監管的自由市場並不見得總會帶來最好的結果；他們也都明白，政府干預有時候可以改善市場的表現，化石燃料市場就是一個典型的例子。不受監管的化石燃料自由市場是造成問題的部分原因，它鼓勵生產者過度生產，刺激消費者過度消費，結果導致氣候變遷。解決辦法便是徵稅。

本章探討的是經濟學家解決氣候變遷問題的建議。我將討論建議是什麼、為什麼可行，以及牽涉其中的邏輯。為了理解

這項提案與優點，你必須了解背後的經濟邏輯。了解經濟學家對氣候變遷的解決方案，可以幫助你弄懂經濟分析模式的概念，以及一些比較好的政策解決方案。解決方案其實頗為簡略，同樣的框架也可以有效套用在其他問題上，例如酗酒、二手菸、抗生素耐藥性與汙染問題等。

如果你從來沒有聽說過經濟學家對氣候變遷的提議，我不會感到驚訝，和我交談過的大多數人也都沒有聽說過。我也認識從事氣候科學與氣候政策工作的人，他們也都不知道這些建議。這實在太可惜了。氣候變遷的問題非常巨大，非常緊迫，每一個正經的解決方案都值得受到重視。經濟學家的提案不是魔杖，不能保證一定行得通，沒有人敢說單靠這些建議就可以解決問題。這項提案需要和其他行動方案結合。但它或許可以靠自己就造成改變，所以無論哪種方式都是好的開始。有鑑於危機的嚴重性，我們應該不遺餘力的宣傳，使它更廣為人知。

經濟學家的提案

〈經濟學家針對碳紅利的聲明〉出現在一個名為氣候領導委員會（Climate Leadership Council）的組織設立的網站上。[2]網站上有大量附加資訊可供閱讀，值得造訪，本章中對提案的引用與參考皆出自於此。

這項聲明的核心概念是，碳排放量可以透過向燃燒化石燃

料的人徵稅加以控制，無論燃燒的是煤炭、石油還是天然氣。費用由生產者負擔，而不是由消費者支付。稅額和燃燒原料所產生的碳量成正比；造成的汙染愈大，付出的代價愈高。

　　這項提案透過獎勵生產者減少碳排放量來發揮效果。徵收碳稅將使燃燒化石燃料的成本變得更高，企業會因此而控制燃燒量，同時，這也提供企業誘因，轉而尋求使用永續能源的生產方式。至少有一部分的碳成本會轉嫁給消費者。碳密集型商品、也就是高碳排產品的售價將更加高昂。消費者因此也有動機減少消費碳足跡較高的產品，並且逐漸放棄這類產品，轉而選擇更永續的商品。這些改變會讓企業競相提供碳密集度較低的產品，進一步刺激改革創新。徵收碳稅同時也會鼓勵企業投資開發更節能的生產方式。

　　如此一來，碳排放量將逐漸下降。碳稅能鼓勵生產者與消費者，脫離以排碳為基礎的經濟制度，一方面改變消費模式，一方面刺激創新與投資，以達到最終目的。

　　我們知道到底需要徵收多少稅額，才能解決問題嗎？不知道，但也沒必要知道。假設你想以減少攝取卡路里的方式來減重，你大概不會曉得最適合自己的卡路里攝取量到底是多少，但其實你也不需要知道。你只要開始吃得少一點，喝得少一點，就能看到身材的變化。如果你對結果滿意，那就太棒了！如果不滿意，你可以繼續進行。當你對身材感到滿意，就會停下來。只會說「我不節食，因為我還不知道自己到底需要減少

多少卡路里攝取量」的人，注定減重失敗。

　　減碳也是如此。你並不需要知道到底要減多少碳足跡才夠。既然我們無法曉得最適當的稅額是多少，經濟學家建議先選個「穩健」的稅率，再逐步增加直到問題解決。經濟學家建議的起價為每公噸 40 美元。他們預估，到 2035 年，這樣的稅率可以使美國的碳排放量減少一半。不過，這個稅率有可能太低，所以提案中同時建議，如果排放量減少得不夠顯著或是速度不如預期，就提高費用直到達標為止。只有失敗主義者會說我們還不知道最佳稅率是多少，所以不應該徵收碳稅。

　　為了確保企業不會試圖轉移到海外以逃避碳稅，經濟學家提出一種新制度，針對來自沒有徵收類似碳稅的國家的商品，必須額外徵收進口關稅。由於徵收碳稅的國家會被新制度排除，這將激勵在貿易上依賴美國、出口商品給美國的較小型國家，在自己國內實施類似碳稅的制度。

　　這項提案同時主張，政府收取的碳稅應該返還給人民。重點是將錢放進人民的口袋，而非政府的金庫。這封公開信的作者預估，一個四口家庭每年獲得的退款總金額將高達 2,000 美元。對大多數家庭來說，這是一筆不小的數目。即使能源價格上漲，這筆錢也能讓大多數人有所獲益。對於錢本來就不多的低收入勞工階級，以及碳足跡較低的人來說，這筆退款的影響尤其明顯。比起因為能源價格上漲而損失的錢，他們從政府手上拿到的錢多更多。這項提案不僅可以減少碳排放量、減緩氣

候變遷，還能減輕不平等的狀況，確保解決問題的行動成本不會落在負擔不起的人們身上。

　　將收取的碳稅退還給人民，是為了確保美國一般勞動者與消費者的利益，和眾人致力解決氣候變遷的努力方向一致。行動愈激進，碳稅愈高，退還給人民的錢就愈多。作者寫道：「這會是史上第一次，一般美國人民的經濟利益，和氣候問題進展的方向一致。」[3] 在組成支持提案的政治聯盟時，這樣的一致性顯然會將困難度降低許多。

　　研究氣候變化傳播的行為科學家會告訴你，正面的宣傳活動很重要。發表在《行為科學家》（*Behavioral Scientist*）網路雜誌上的一篇文章有效的闡明這一點。[4] 文章作者戴斯蒙德・克旺（Desmond Kirwan）指出，許多氣候資訊都是負面的報導，充滿不幸與陰鬱、罪惡與羞恥。發布資訊的人可能認為未來看似不大光明，散布強烈的負面資訊更能激發行動。然而，強烈的負面消息卻可能產生和預期相反的效果。研究人員建議，應該嘗試採用更正面、更有建設性的資訊框架來激勵人們採取行動。經濟學家的提議則給了我們一些靈感。創新、投資與轉向選擇永續商品的消費模式，都能為人類提供實際的好處。一次將大筆碳稅退還給人民，尤其是窮人與碳足跡較低的人，可以讓他們的生活中有新的選擇。這筆錢可能會讓他們過上對他們來說更好的生活，同時也更加永續環保。為了刺激人們採取我們想要看到的行動，就應該強調轉型的潛在收益，而

不只是強調損失,成功的機會才會更高。

　　這項提案還有其他優點。經濟學家表示,徵收高額碳稅可以幫助我們改善目前拼湊而成的法規制度,讓限制更少、效率更高。如果碳稅制度足夠強大有力,目前某些法規就會變得累贅多餘。如此一來,不如直接順勢淘汰。精簡法規可能有利於提高生產力、增加創新。儘管如此,經濟學家特意指出,許多法規與條例還是必須維持有效性。因為,它們是設計來解決無法經由碳稅制度解決的問題。而且,其他排放問題也需要由特定法規與條例來約束。除此之外,最好將一些法規與條例視為碳稅制度的補充措施。經濟學家特別指出,節能效率標準就是個很好的例子。即使實施碳稅制度,這些標準依舊可以帶來很多好處。

　　這項提案一定會成功嗎?不一定;儘管它符合經濟邏輯又擁有諸多優點,依舊有可能失敗。可是,即使這項提案無法控制氣候變遷,碳稅制度仍然有可能帶來創新、投資,以及選擇更永續商品的消費模式,同時減少收入不平等的狀況。如果最糟糕的狀況不過如此,我會說怎麼樣都應該繼續執行。這項提案還是很棒,完全值得一試。而且,只要將它作為其他有效氣候行動的補充措施,就不大可能造成實質的損害。畢竟,這項提案並沒有表示應該取消其他所有法規,也沒有讓我們停止尋求其他合理的途徑來控制氣候變遷。

經濟外部性

經濟學家在公開信的原始提案中明白指出，碳稅「源於穩固的經濟原則」。這些原則是什麼？這項提案看起來和經濟理論沒有多大關係，不過是一種稅收制度，不是嗎？然而，事情不如表象單純。這項提案其實是以理性選擇理論為基礎，再和經濟學思維核心要素、也就是「邊際效應思考」的概念相結合的成果。

讓我來梳理一下它的邏輯。

先站在生產者的角度來看問題。他們需要多少產量？假設企業發現，一桶石油帶來的收入遠超過生產成本，幾乎可以肯定他們會嘗試增加產量，而生產第二桶石油可能也會帶來比成本更多的錢。但是，隨著產量愈來愈高，開採下一桶石油的成本可能會愈來愈高。一旦到了臨界點，生產下一桶石油的成本將超過收入，企業就不會再繼續提高產量。當生產者的「邊際成本」（marginal cost）等於「邊際效益」（marginal benefit），也就是說，多生產一桶石油的成本等於利益時，產量就會趨於穩定。這時，企業無法增加或減少產量來得到更多獲利，因為獲利已經達到最大值了。

假設現在石油的生產影響到其他人，以經濟學術語來說，就代表產生「負外部性」（negative externality）；其實，這只是對第三方產生不良影響的一種花俏說法。第三方是無辜的旁

觀者，因為他們不是交易裡的任何一方。每當生產者多交易一桶石油，第三方就會受到一些傷害。許多商品都有負外部性。酒精消費導致車禍，殺死無辜的第三方。吸菸產生令人不愉快且有害的煙霧。養殖廠除了帶給動物巨大的痛苦外，還是孕育耐抗生素菌株的溫床。化石燃料開採造成的碳排放是最典型的負外部性，傷害到既不參與生產，也不消費石油的人。

　　只要有外部性，每生產一桶石油都會產生社會成本，而社會成本就是對第三方的傷害，還不會影響生產者的成本效益分析。只關心獲利的生產者將繼續提高產量，直到他們的邊際成本（私人成本）等於它們的邊際效益（私人利益）。如果我們可以假設石油生產沒有正外部性，這表示生產最後一桶石油的總成本將超過總效益。總成本是私人成本與社會成本的總和，金額會比總效益更高。這表示生產最後一桶石油造成的傷害比利益多。因此，從整個社會的角度來看，人們的生產與消費量將超過最佳平衡點。社會最適的石油產量是，邊際總成本等於邊際總效益的那一個點。但是，生產者的產量卻比這個數字還高。在負外部性存在的情況下，不受監管的自由市場所生產的數量會比社會最適產量更多。

　　皮古稅的設計主旨就是要解決這個問題。皮古稅是一種由政府徵收的費用，稅收規模在理想情況下應該和負外部性的規模相對應。和影響第三方的負外部性不同，受皮古稅影響的是生產者，所以他們會特別關注這件事。如果稅制施行得當，生

產者會把產量調整到社會最適產量，既不多也不少。以經濟學家的行話來說，就是外部性從此被內部化了。

　　你可能聽說過，徵稅會導致扭曲（distortion）與效率低下。它的邏輯是，自由市場傾向高效率發展，施以任何「干擾」或「扭曲」都會降低效率。這個概念通常正確，但是，當存在負外部性時，情況就不是這樣了。正如前文所說，標準經濟理論主張，可以透過徵收適當的費用來提高社會效率。當然，真實情況更加複雜，不過核心論點不變。我再說一遍：根據標準經濟理論，精心設計的皮古稅會讓世界更有效率。強迫汙染者付出代價可以讓社會變得更好。

　　這套邏輯也可以直接從標準理性選擇理論推導出來。只要畫出供需曲線圖，標示在不同的價格下消費者想要購買的量，以及生產者想要生產的量，就能看出效率為什麼會低下。依照經濟學家的假設，消費者與生產者都是理性的人，因此供需曲線可以直接推演出來。當然，真實情況比我在這裡所說的更加複雜，不過原理非常基本，任何一本個體經濟學入門教科書都會涵蓋。而且，不管教科書的作者是政治右派人士，如尼可拉斯·格里高利·曼昆（N. Gregory Mankiw），還是左派人士，如保羅·克魯曼（Paul Krugman），對此看法都是一致。這有助於解釋，為什麼會有這麼多經濟學家站出來支持這位經濟學家的提案，因為它背後的邏輯完全符合標準的經濟學理論。

可是，行得通嗎？

有個關於經濟學家的笑話是他們會問說：「我知道它在現實世界中可行，但是在理論上行得通嗎？」碳稅制度在理論上行得通，這讓許多經濟學家感到滿意。但是，身為一個普通人，你可能還是會想問，它在現實世界中行得通嗎？畢竟，目前沒有大量的經驗證據可以為碳稅制度的有效性背書。不過，我們有理由抱持樂觀的態度。

經濟學家尤利西斯·安德森（Julius J. Andersson）指出，瑞典從 1991 年開始就一直在徵收碳稅，[5] 可以說是最早嘗試使用這種稅收制度來遏制氣候變遷的國家之一。大約在同一時間，瑞典將汽油與柴油也納入增值稅（value added tax，縮寫為 VAT）的徵收範圍內。當時，瑞典政府以每公噸 30 美元的價格徵收碳稅，然後逐漸上調，到了 2018 年達到每公噸 132 美元。稅收的主要影響反應在交通上，而安德森正好是研究這個領域的專家。

交通燃料稅增加會造成什麼影響？安德森「合成」一個虛擬的瑞典，所有條件都和實際的瑞典一樣，唯一不同的是，它沒有在這一段時間範圍內徵收這些稅款，然後他將實際的瑞典和虛擬的瑞典進行比較。

結果顯示，碳稅制度在減少二氧化碳排放量上相當成功。徵收碳稅之後，再計入加收的增值稅，瑞典在交通領域的二氧

化碳排放量下降將近 11％。促使排放量下降的最大原因就是碳稅制度。

與此同時，安德森也發現，沒有任何證據線顯示碳稅會拖累國內生產總值（gross domestic product，縮寫為 GDP）。有一派人認為，碳稅將對國內生產總值產生負面的影響，排放量減少是因為整體經濟放緩。然而，瑞典的數據卻沒有出現這樣的情況。事實上，實際瑞典的國內生產總值還比虛擬瑞典略高一些。

理論上行得通的方法，似乎在現實世界裡也行得通。碳稅的影響可能還不夠大，需要輔以其他干預措施，包括排放標準等。但是徵收碳稅顯著減少溫室氣體的排放，至少起了它應有的作用。

為什麼要相信經濟學家？

經濟學對氣候變遷與氣候政策的討論有什麼貢獻？標準經濟學理論如理性假設等，在這裡至少完成了四件事。第一，它提出一種政府有能力控制且可行的干預措施。畢竟徵稅是政府可以實際去做且合法執行的事。第二，它提供強而有力的論據，說明這種稅收制度一旦生效，就可以讓世界更有效率。如果理論正確，這筆費用將推動整個社會變得更好。第三，它提供碳稅制度在現實世界發揮作用的經驗證據。碳排放量下降

11％，相當不錯。第四，這些理論成為協調的橋樑，使不同派系的經濟學家群體立場一致，同意採用某套可行方案來解決緊迫的問題。讓人數龐大、多元的群組都同意一項提案，是件非常了不起的成就。你不必成為經濟學家也能贊成採取行動，對抗氣候變遷。儘管也有經濟學家持反對態度，但經濟學提供的資源使我們能夠開發可行的解決方案，並積極捍衛它們。

　　往更深一層想，這項提案反映出經濟思維的核心原則。其中之一，是關於邊際效應思考的重要性。如果你願意，我們可以從想像一個理想世界開始，一個和平、正義且互相理解的世界。我們可以問：「在這個理想世界裡，責任、負擔、資源與喜悅應該怎麼分配？」「生產者應該生產多少，消費者應該消費多少？」這種思考模式稱為理想理論（ideal theory），在政治理論中很常見。雖然這種思考方式並沒有明顯的錯誤，可是在思考完整個過程後（如果我們真的能考量一切的狀況），對於怎麼從這個位置到達那個位置，我們還是沒什麼概念。所以，經濟學家選擇不從理想的世界出發，而是從我們生活的世界開始想。他們會問：「這是我們目前的所在位置，怎麼做才能朝著正確的方向前進？」這就是邊際效應思考。答案是為了解決眼下問題，找到從這個位置到達那個位置的方法。

　　你大概會問：「如果提案這麼好，為什麼還沒有開始實施？」這個問題非常好，不過它屬於政治問題，不在我的管轄範圍裡。在我看來，它是一個有價值的提案，但是並非所有人

都喜歡它。事實上，反對這個提案最常見的論點，便是選民與政治人物都不喜歡它。但是，這項論點其實帶著奇怪的失敗主義色彩，畢竟如果我們必須受限在採取人們喜歡的解決方案，那麼剩下的選擇也不多了。除此之外，安德森指出，當人們看到碳稅制度真的有用的證據之後，支持度就會提升。[6]也許，說不定，群眾不支持碳稅制度，單純只是因為選民與政治人物都不了解碳稅是什麼、背後的邏輯是什麼，或者證明它可行的理由是什麼。我們可以試著解釋它的運作原理來教育大眾，而不是看到挫折就直接放棄。

理性與非理性

　　兩個經濟學家走在街上。第一個說：「地上是不是有張 20 美元的鈔票？」第二個回答：「不可能。就算有，也早就被撿走了。」

　　這段取笑經濟學家的對話在好幾個笑話網站都可以找得到。如果你聽得懂，覺得它好笑，那顯然你知道什麼是「經濟人」（Homo economicus）。這項概念假設人們在公共生活裡或是私底下都是理性的人；許多人不相信這項概念，有些人甚至覺得相當可笑。看看周圍，人們看起來可不大理性。他們吃得太多，存得太少；喝酒、抽菸、吸毒；追求毫無前途的關係、放棄正向的關係；政客主張的政策會傷害自己，卻還投票給他

們；挖坑給自己跳，然後自食惡果。如果人們真的很理性，我指的是真的理性，那麼這一切豈不是太過荒謬？

理性仍然是現代經濟學的核心議題。如果你選修經濟學，這大概是你第一堂課就會學到的東西。如果你是剛入學的博士班研究生，它也是你會遇上的第一個課題，不過是以更高深的形式出現。理性選擇的基礎內容會放在第一位，是因為現代經濟學大部分都建立在這項概念上。賽局大師阿里爾・魯賓斯坦（Ariel Rubinstein）將它描述為「進入經濟理論世界的入門儀式」，[7] 還認為它出場時應該放二十一響禮砲來迎接。理性選擇理論不僅接管現代經濟學，同時還往外擴張，攻占鄰近的學科，包括政治學、社會學，甚至生物學的某些分支。

徵收碳稅是以理性選擇理論為基礎。你可能會懷疑這麼說真的沒問題嗎？對經濟學抱持懷疑態度的人經常會說它的基本假設就有問題，由此推論，整項計畫應該無效。他們認為，碳稅制度既然是建立在人們很理性的假設上，我們怎麼可以認真將它當一回事？

問題是，這整條攻擊線都被誤導了。你不能只檢查基本假設，就判定一項科學理論是對是錯。你必須評估理論的作用。這項理論可以解釋你無法理解的事情嗎？它能幫助你預測對你來說重要的事情嗎？它能幫助我們構建並控制我們關心的事物，比如從搭建橋梁到設立醫療保健等各類系統嗎？如果你想知道一門科學是否有任何用處，就必須問自己這些問題，而不

是從自己的眼光，以一個沒受過專業訓練的圈外人視角，去判斷這門學科的基本假設是否在直覺上感覺合理。

我們來看以下例子。艾薩克・牛頓（Isaac Newton）的力學理論是有史以來最成功的科學理論之一。它的基礎不過是幾條定律，而且是相當簡單的定律，簡單到可以放進高中教科書。這些定律可以用來解釋地球、月球與其他天體的運動；潮汐的規律；鐘擺的擺動；以及其他許多物理現象。但是！牛頓理論的基本假設顯然極其荒謬。它假設地面上與太空中的所有物體都很小。不只是有點小，而是小到趨近於無限的小。這項理論還假設，有一種無形的力量叫作「重力」，會像魔法一樣以無限的速度貫穿整個宇宙。如果可以透過假設是否合理來評估牛頓理論是否為真，那麼這項理論顯然會在發表後立刻遭到學界拒絕。（而且，如果牛頓力學的基本假設很荒謬，量子力學的基本假設根本就是瘋了。）但這些都不重要。牛頓理論所提供的內容受到普遍的認同，因為它幫助我們理解；幫助我們預測；幫助我們構建與控制某些事物。

如同真人實境節目《大英烤焗大賽》（*The Great British Bake Off*）裁判說：「只有吃進嘴裡，才能證明布丁的好壞。」我們不會、也不應該否定牛頓的理論，只因為它的假設不符合我們不具科學素養的直覺和一般常識。從牛頓理論看到的真相，可以應用在任何地方，無論是物理學，還是經濟學，道理都會成立。真正重要的是，這項理論可以讓你做些什麼。也就

是說，我們要釐清的是，它可以回答什麼問題、解開什麼謎團、幫助我們建立什麼架構，或是可以解決什麼問題。經濟學也是一樣。實際上，某些假設或說法或許讓你直覺認為有問題，但是經濟學是一門好科學，還是壞科學，和你的直覺判斷完全無關。

　　從表面上看，理性選擇理論似乎很怪異，但經濟學家留下它，並不是因為他們被迷惑，誤以為人類真的一直都很理性思考。他們保留它是因為，它可以對我們關心的事物有所貢獻，其中包括提供有證據支持且可行的氣候變遷解決方案。正確理解並且正確使用理性選擇理論，可以幫助我們了解很多行為。它可以幫助我們明白外部性從哪裡來，比如為什麼會有這麼多汙染。然而，更重要的是，它可以幫助我們解決人類面臨的一些最大挑戰，包括氣候變遷。經濟學可以為我們鋪設一條通往更美好世界的道路。

04

如何改變
不良行為

露天排便（open defecation）指的是在田野間、灌木叢後、運河上或其他開放空間隨意大小便。[1] 根據聯合國兒童基金會（UNICEF）與世界衛生組織（World Health Organization，縮寫為 WHO）的調查，全球五十五個國家有超過 5％的人口仍會露天排便。這種做法產生許多不良後果，不僅破壞衛生，還會傳播疾病、汙染水道，甚至對兒童營養與公共健康造成威脅。然而事實證明，即使地方政府試圖以加蓋廁所和大力宣傳來消滅這類行為，它依舊頑強不死。

童婚指的是配偶當中至少一方未滿十八歲的婚姻。[2] 在新冠肺炎全球大流行之前，聯合國兒童基金會估計，在十年之內，將會有一億名女孩在十八歲之前結婚。疫情過後，數字又往上增加高達一千萬人。童婚會造成許多種不良後果。未滿十八歲結婚的女孩更容易遭受家庭暴力；她們不大可能完成學業；更有可能死於懷孕或分娩。她們的孩子面臨的風險也更高，因為他們有更高的機率會是死胎，或是在嬰兒期就夭折。儘管許多人為了終結這項陋習努力不懈，這類習俗至今卻仍非常普遍。

女性割禮（female genital mutilation，縮寫為 FGM）意指，出於非醫療原因而割除或傷害女性的外生殖器，[3] 主要是針對十五歲以下的女嬰與女童施行。世界衛生組織估計，每年有三百萬名女孩遭受這種危險。全世界則有兩億名女孩與婦女曾經遭受女性割禮的殘害。它不只對健康沒有好處，還會產生劇烈

疼痛，並且可能導致感染、出血與死亡。倖存者可能一輩子都得因此承受身心靈的傷害。

露天排便、童婚與女性割禮有什麼共同點？它們都是人類長久以來一直延續的做法，已經存在很長一段時間，很普遍，傷害極大。既然它們如此糟糕，你可能以為人們會同意喊停，不再繼續這種做法。然而，事實證明它們韌性非凡，即便相關人員都很明白它們會衍生有害的後果。

許多人都致力消除這些不良傳統，其中一位是賓州大學（University of Pennsylvania）的哲學、政治與經濟學程主任克里斯蒂娜·比奇亞里（Cristina Bicchieri）。比奇亞里是賽局理論專家。這個經濟學分支專門研究策略互動，探討涉及多人的決策，以及每個人所做的事會對最終結果各別產生什麼影響。賽局理論是許多現代經濟學的基礎。比奇亞里用它建立起一套社會規範理論，並發表兩本相關書籍：《社會語法》（*The Grammar of Society*）與《野外規範》（*Norms in the Wild*）。[4] 她認為我們需要從社會規範的角度去理解，為什麼露天排便、童婚與女性割禮得以存續。她相信即使這些問題和社會規範無關，但解決方案可能就藏在社會規範之內。她的理論解釋什麼是規範、人們為什麼會遵守規範，以及為什麼儘管規範顯然有害，依然如此強韌不搖。更重要的是，她的理論顯示我們有可能改變現況。她相信自己的理論可以提供線索，促成真正且持久的社會改革。

比奇亞里認為，許多致力於消除這些不良傳統的計畫都走錯了方向。[5]許多善意的努力都把重心放在提供資源上，舉例來說，印度政府試圖透過建造廁所來遏止露天排便的問題。有時候，行動則是聚焦在提供資訊上，像是巴基斯坦政府試過教育人民了解隨地大小便對健康的影響，可惜結果並不理想。比奇亞里認為提供資源與資訊也許有必要，但是只有資源與資訊卻遠遠不夠。相反的，她主張，要消除有害習俗的行動，應該試著改變人們的期望（expectation）；期望指的是，他們心裡認為其他人都怎麼做，以及其他人相信正確且適當的行為是什麼。除此之外，我們還應該努力加強協調合作的力量，幫助人們一起改變行為。

為了消除有害傳統、促進人權，比奇亞里和許多團體展開大規模合作。[6]她與蓋茨基金會（Gates Foundation）一起研究印度的社會規範與衛生設施；她與聯合國兒童基金會合作了解非洲馬利共和國的高童婚率；她與英國皇家戰略研究所（Chatham House）共同探討奈及利亞的貪腐問題。除此之外，她還為世界各地的人權工作者提供定期培訓課程。近年來甚至可以在線上學習平台 Coursera 看到她提供的免費培訓課程。[7]在我寫這本書時，平台網站聲稱已經有超過十萬人註冊課程。很顯然，相信比奇亞里提出的方法可能真的可以解決問題的人並不只她一個。

這項理論的應用範圍相當廣大，既可應用在由社會規範引

起的社會問題上，也能應用在可以藉由社會規範來解決的所有問題上。它無法給你捷徑，卻可以提供真正、可行的建議。它可以用來解決重大的社會問題，也可以解決微小的個人煩惱。你可以用它來對付把盤子留在水槽不洗的同事，也可以用它來對付老是唱反調的討厭鬼。

規範與行為

　　為什麼人會做壞事？我們有很多解釋。不過，一般對不良行為的解釋不僅不夠充分，往往甚至帶著惡意。《馬太福音》（*Matthew*）第七章第十八節告訴我們，好樹不會結出壞果子。我們當中許多人對彼此懷有類似的想法。這樣的觀點將人分成兩種人：好人和壞人。好人做好事；壞人做壞事。如果我們看到有人在做壞事，那麼那個人一定是壞人。如果我們看到另一個人在做好事，那麼那個人一定是好人。我將它稱為不良行為的「民間解釋」。

　　這些民間解釋和心理學家所謂的「基本歸因謬誤」（fundamental attribution error）息息相關。在解釋其他人的行為時，我們傾向於強調他們的個性、性格或性情，大致上都是描述這個人的穩定特徵。相較之下，在解釋自己的行為時，我們則傾向強調情況、環境以及外部壓力，大多都是說明處境的流動特徵。因此，如果一個陌生人在搭公車上班時舉止無禮，我

們可能會說：「他會這樣是因為他就是一個粗魯、討人厭的人。」如果我們自己在類似的情況下舉止無禮，我們可能會說：「發生這種事是因為我睡過頭，快遲到了，所以我非常焦慮！」

　　不幸的是，不良行為的民間解釋可能會和基本歸因謬誤相結合。民間解釋讓我們把不良行為歸咎於壞人。這些壞人是誰？基本歸因謬誤保證壞人不是我們。我們只是壓力太大，或者今天過得不順，所以我們從來都不是壞人。壞人一定是別人。那麼，壞人到底是誰？理所當然，壞人是和我們不一樣的人。如果社區裡出現亂丟垃圾的問題，我們很可能會推斷罪魁禍首一定不住在這個社區，或者鄰里結構肯定有變化。在最糟糕的情況下，這種思維模式會鼓勵我們指責移民、不同宗教或種族背景的人等。

　　但是，用這種方法來解釋不良行為完全不對。在正確（或者應該說是錯誤）的條件下，大多數人、甚至所有人都有能力做出有害又反社會的舉動。總而言之，不應該責怪和我們不一樣的人。社會規範理論可以明白解釋原因。

　　社會規範是一套非正式規則，管理生活在群體與社會中的人類行為。我們可能自認為是理性的動物，至少大部分時間都很理性。我們可能同意自己是受到習慣驅使的生物。但是，我們的行為在很大程度上深受社會規範驅使。想像一下，當你在國外餐廳吃飯時，面前擺了一桌美味佳餚與各式餐具。問題是你不知道哪道料理要配哪種醬汁，也不知道要使用哪種餐具、

如何使用。你會做的第一件事大概是環顧四周，試著搞清楚當地人的做法，然後模仿他們。其實，你就是在找出當地的規範，以便跟著做。你可能甚至連想都不會去想要怎麼做；就算你真的想過，腦海裡勾勒的畫面很可能是你搞錯吃法，而被當地人指指點點取笑。僅是想到這樣的失誤，你的心底就會充滿恐懼。這就是規範的力量。規範會決定所有行為，無論是好的或壞的行為。要了解人們為什麼做出某些行為，需要先考慮社會規範。想要改變人們的行為亦然，無論想要消除小煩惱，還是解決大問題，或者兩者並行，都要考慮社會規範。

比奇亞里理論的核心見解是，人們基本上都希望自己能夠遵守規範。如果所有當地人都以特定方式用餐，那麼你很可能也會想要那樣吃。如果沒有其他人亂丟垃圾，你就不會隨手亂丟垃圾。違反規範簡直就是惡夢。你聽說過有人夢到自己在畢業典禮上穿著內衣站在台上瑟瑟發抖嗎？那就是違反規範的恐懼。我們真的絕對不希望那種惡夢成真。

不過，一個人要不要遵守規範，其實還得看當時的狀況。假設你去酒吧想喝點酒。當你進入店裡時，其他顧客正整齊的排隊等待點餐。那麼，你作夢都不會想要擠到吧台前，揮動雙臂，大喊大叫的引人注目。你會站在隊伍後頭，耐心等待。但是，如果情況相反，你一走進店裡，就看到其他顧客正爭先恐後的擠在酒吧前，想要引起酒保注意。在那種情況下，你作夢都不會想要乖乖排隊，等著輪到你點餐。你也會擠到吧台前，

揮動雙臂,大聲喊叫來搏取注意。這個例子可以說明,要不要
遵守規範還是得看狀況。因為別人已經在排隊,所以你想好好
排隊。因為別人早就在吧台前擠成一團,所以你也拼命想擠進
去。你打算如何買到酒來解渴,完全取決於其他人的行動。

我們是否遵循社會規範會受到情況左右,這項事實為社會
規範和道德規範畫下區別。道德規範指的是道德上的規則與原
則,例如「謀殺是錯的」。如果你真的相信謀殺是錯的,不管
其他人怎麼做,你都不會因此而殺人。想像一下,如果有人丟
了一個煙蒂在你的玫瑰花園裡,你氣得想當場殺死他。這時,
你不會先去想鄰居會不會殺掉把垃圾丟到他們花園的人,再決
定要不要殺掉這個人。當你完全同意謀殺是錯的,你甚至不需
要知道別人會怎麼做。但是,社會規範卻不是這樣運作。

嚴格來說,我剛才編造的酒吧小短劇其實是符合賽局理論
的好例子。每個人都必須做出決定:乖乖排隊或擠到吧台前
面。最終酒吧變成什麼樣子,不會是一個人所做所為的結果,
而是所有人採取的行為的加總。完全可以用賽局理論解釋。

在這場賽局裡,你可以預期以下兩種情況當中一定會有一
種發生。不是每個人都乖乖排隊,就是每個人都擠在吧台前。
經濟學家表示,這場賽局有兩個納許均衡(Nash equilibria);
這正是以電影《美麗境界》(*A Beautiful Mind*)的主角數學家
約翰‧納許(John Nash)來命名。納許均衡指的是,每個參
與者都知道其他參與者的決定,卻沒有人可以透過改變策略來

讓自己受益的情況。或者，換個方式說就是，在均衡狀態下，每個人都已經根據其他參與者的行為，做出他們可以做出的最好決定。只要每個人都想做其他人在做的事，那麼不是每個人都乖乖排隊，就是每個人都擠在吧台前。接下來要解釋的是，為什麼這些均衡都是處於穩定的狀態。如果你的做法和其他人相反，可能會意識到自己的方法有誤，並迅速改變決定。假設你全神貫注的盯著手機，不小心走到前面插隊。當你一抬頭，便會驚恐的發現所有人都一臉不以為然的瞪著你。你會寧願走回隊伍尾端，也不會堅持要在真的輪到你之前就插隊點餐。順便說明一下，賽局中的均衡狀況不一定只有兩種。均衡的數量除了取決於互動的結構外，還會結合人們的偏好。

　　比奇亞里認為，社會規範就是一種均衡。不是所有的均衡都是規範，但是所有的社會規範都是均衡。要求你在酒吧乖乖排隊的規則，可能就是一種社會規範，人們帶有條件的偏好使它成為一種均衡。支撐社會規範的是人們的期望。首先，每個人都期望遵守規範的人夠多。比奇亞里把這稱為「經驗期望」（empirical expectation）。我選擇排隊的其中一個原因，就是我完全期望其他人也會這麼做。如果我不期望其他人這麼做，我根本就不會去排隊。（再次展現出社會規範和道德規範的不同。）其次，每個人都期望評判其他人應該遵守規範的人夠多，而且如果有人違反規範，可能會受到懲罰。比奇亞里把這稱為「規範期望」（normative expectation）。我選擇排隊的其中一個

原因，是我根據期望而認為如果不排隊，其他人會表示不贊同我的行為。此外，我擔心任何違反規範的行為可能招來制裁，周遭人們的不以為然，可能轉化為揚眉怒視、冷笑嘲諷或是口頭攻擊。

很明顯，我簡化掉許多事，但這個理論真正的精髓差不多就是這樣。社會規範是均衡的狀態，深受帶有條件的偏好、經驗期望與規範期望影響；這些條件型塑社會規範的定義。但是，為什麼社會規範會成為如此強大的行為驅動力呢？比奇亞里說，這是因為社會規範大多會凌駕在判斷人們對錯的信念之上。她寫道：

> 當個人信念和規範期望不一致時，我認為決定行為的會是規範期望，而非個人的規範信念。這和社會心理學家觀察到的現象一致：人們有所意識並認為是由相關群體共享的信念，將會影響到他們的行動，個人的規範信念往往無法達到這種效果，尤其是個人的信念偏離社會共有的信念時，對行動的影響力就更小。[8]

想像一下，我的個人信念告訴我做某件事是錯的。再想像一下，有種社會規範清楚的告訴我應該去做這件事。這代表我有一個經驗期望是，我期望其他人會做這件事。這也表示我有一個規範期望是，我期望其他人認為我應該去做這件事，如果

我不做,他們可能會懲罰我。這些期望,連同我帶有條件的偏好,形成更強大的行為驅動力,壓過我認為做這件事不對的個人信念。這樣的思考方式可以解釋,為什麼在一般情況下光是教育民眾,還不足以推動改變。即使我的個人信念發生變化,也不大可能轉化為新的行為模式。

社會規範可以支持人們去做各種行為,而且基本上也不會受到人們對這些行為的個人信念所影響。有時候,這些行為是好的,舉例來說,即使社會上的人民普遍沒有不應該亂丟垃圾的個人信念,反對亂丟垃圾的規範將有助於保持環境清潔。即使人們普遍不大在意欺騙與偷竊等道德瑕疵,贊同誠實交易的規範將有助於促進市場運作順暢。在這些情況下,社會規範是一種向善的力量。但是,有時候社會規範牽涉的行為並不好,甚至可能非常非常糟糕。為了回應「給家庭帶來恥辱」的行為,嚴格要求施行名譽殺人的規範就是其中一例;即便家中每一個人其實都不願意這麼做,但這樣的規範可以一次又一次驅使他們殘忍的殺人奪命。在這種情況下,社會規範就成為一股邪惡的力量,不但支持傷害性極大的罪行,而且禍害時間甚至可長達千年百年。

規範可以改變

比奇亞里的解釋不僅有趣,而且深具意義。

　　兩個群體或兩個社會，即使面臨相同的互動，身處完全相同的賽局，具有完全相同的偏好，也可能表現得完全不同。如果你仔細觀察遵循不同規範的兩組人群，你也無法推斷出他們的價值觀與責任感有哪裡不同。人們通常很快就會認為，造成行為差異的原因和種族屬性、民族性格或是其他因素有關。可是這樣的想法不僅有誤，還有可能發展為種族中心主義，甚至孕育種族歧視的思想。義大利人有時會告訴你：「紅綠燈在米蘭是法律；在羅馬是建議；到了那不勒斯，就成了聖誕燈飾。」你會因此假設來自北部、中部和南部的義大利人生來就有所不同嗎？不會。但是，如果你從米蘭開車經過羅馬到那不勒斯，你對紅綠燈的態度也會跟著改變。當你周圍的司機都將紅綠燈視為聖誕燈飾時，你應該也會那麼做。在其他人都不看紅綠燈的情況下，仍然堅持遵守紅綠燈的指引，將會導致交通事故，引來不滿的叫囂。在同一個國家裡，不同區域的人在同一個賽局中，的確有可能採取不同的均衡策略。還記得第一章提到的分析式平等主義嗎？不要因為另一個群體的行為和你不同，就假設他們一定和你生而不同。

　　儘管人們的互動結構或是偏好並沒有出現根本上的改變，也有可能發生大規模的社會變革。正如我所說，規範是穩定的狀態，就算有微小的偏差也不會改變它們。但是，如果突然改變行為的人數夠多，便可能引發一連串偏差，最終建立起新的規範。假設酒吧裡不只一個人，而是有一半的人都決定不排

隊，直接衝到吧台前。在這種情況下，規範顯然會崩塌。還在排隊的人會放棄他們的期望，不再相信別人會期望他們去排隊，也不再相信別人會認為他們應該排隊。因為加入吧台前人群的行列一起推擠的行為符合他們的利益，所以他們便會那麼做。簡單來說，一旦達到臨界質量（critical mass）的人數決定轉向為另一種均衡，其他人就會跟著仿效。在這份劇本裡，每個人都改變自己的行為。然而，他們的互動性質沒有改變、基本偏好也沒有改變。人們只是單純的從賽局裡的一種均衡切換到另一種均衡。

　　至少在某些案例裡，我們看到群體中只要有大約四分之一的人做出改變，就足以推翻既定的規範或慣例。[9] 群體較小但意志堅定的少數人，可能就是啟動改革的關鍵。

　　你可能會認為，必須先改變價值觀，社會變革才有可能成功。你想的沒錯，但是順序並非固定不變。是的，價值觀確實會隨著時間改變。想一想在過去數十年裡，大眾對同性婚姻與收養孩童的態度，你就會明白我的意思。如果改變偏好的人夠多，賽局的性質就會隨著改變，進而改變人們願意遵循的均衡。但是，社會變革會發生，也可能只是因為人們在同一場賽局裡，從一種均衡切換到另一種均衡。有時候，價值觀會在行為改變後才跟著改變，因為我們會根據自己不斷變化的行為模式，將正確且適當的觀念內化。

　　社會變革的進程可能非常迅速。你大概覺得，一旦涉及社

會正義、氣候變遷或其他方面的議題時，情況改善得遠遠不夠
快。或許你的想法沒有錯。價值觀的改變相較之下可能是比較
緩慢的過程。世人對同性婚姻與收養孩童的態度在我這一輩發
生天翻地覆的變化，可是這樣的改變至少花了二十年才發生。
不過，從一種均衡切換到另一種均衡卻可以是瞬間的事。讓我
再舉另一個例子。想像在一場表演上，觀眾本來都好好坐在位
子上。如果只有一個人站起來隨著音樂跳舞，他們會擋住後面
的人的視線。可能會有人大聲抗議，迫使站起來的人再次坐
下。可是如果站起來跳舞的人夠多，其他人就會停止抗議，同
樣站起來加入人群。即使是在很大的空間裡，這個過程也可能
在幾秒鐘之內就完成。所以，快速的社會變革自然有可能發生。

如何改變規範

　　然而，最重要的問題是：要怎麼做才能讓人們改變？[10] 比
奇亞里顯然沒有靈丹妙藥，也沒有一個放諸四海皆準的解決方
案。有時候，社會規範本身就是問題所在。那麼，我們只能放
棄這項規範。有時候，問題出在缺乏社會規範。那麼，我們則
必須建立新的規範。又有些時候，我們得用一種規範來取代另
一種規範。在思索解決方案時，上述這些情況以及一大堆其他
因素，都需要考慮在內。儘管如此，比奇亞里還是提出一些實
用的建議。

我們先來談談一些比較不可能奏效的方法。第一，改變人們的基本偏好，像是：「你不應該喜歡開跑車；你應該更喜歡騎自行車上班。」「你不應該把髒盤子留在水槽裡，你應該更喜歡自己洗碗盤。」告訴人們不應該追求他們想要的事物，可能不會有什麼效果，尤其當你的言外之意顯示，他們應該追求符合你偏好的事物時，這套方法就更不可能奏效。即使你真的設法改變人們的偏好，過程也會相對緩慢。第二，告訴人們他們正在做的事在道德上是錯的，像是：「你把盤子留在水槽裡，所以你是壞人。」「看表演的時候，你站在我前面擋住我的視線，這是不道德的事。」即使你成功灌輸正確的個人道德信念，我們已經知道它們激勵人改變的力量相當有限。個人道德信念無法驅動行為。如果個人道德信念和社會規範發生衝突，概括來說，社會規範會獲勝。第三，直接命令周遭的人，像是：「坐下！」「打掃乾淨！」「不要亂丟垃圾！」然而，人們的行為大多受到個人偏好或當地社會規範所驅動，你不大可能讓一個人單純遵從你的命令或指示。

改變人們行為的關鍵是聚焦在期望上。社會規範既然是由期望支撐著，那麼如果我們可以改變期望，就能改變行為。

有時候，光是告知人們其他人的期望是什麼就夠了。大學生酗酒向來是個嚴重的問題，而最常出現且意料之中的影響是酒精中毒。此外，它還和其他眾多不良後果有關，像是強暴與性侵害等。研究發現，許多學生高估其他學生的飲酒量。所

以，為了符合他們認為的飲酒量規範，他們喝下去的酒比他們
想要喝的酒還要多。因為如此，他們最終在無意中強化其他學
生的印象，讓他們認為大學生都喝很多酒。於是，大學生陷入
惡性循環，每個人都喝得比他們想喝的量還更多。這個問題要
如何解決？事實證明，只要宣傳可能就夠了。只要告訴大學生
其他人都喝這麼多（或這麼少），也許再告訴他們，如果其他
人只喝自己想喝的量，就會喝這麼多（或這麼少）。

　　大學生的根本問題正是心理學家所謂的「多數無知」
（pluralistic ignorance）。你一定有過那種經驗。你正在上一堂
課，而你什麼都聽不懂。你非常想舉手問清楚現在到底在講什
麼，可是其他人沒有舉手。於是，你認為他們可能聽懂了課堂
的內容，甚至可能覺得很簡單。你擔心他們會因為你提出問題
而評判你，所以你沒有舉手。其實，說不定課堂上的每一個人
都有同樣的感覺。沒有人聽得懂；沒有人舉手；每個人都得到
錯誤的印象，以為其他人都聽懂了。這個例子說明，我們經常
無法即時觀察到別人的行為與態度。我們不知道其他人心裡有
多少疑問，也不知道他們實際上喝下多少酒。多數無知的現象
或許相當普遍。當人們受到多數無知折磨時，想要推翻規範可
能相當容易，只需修正他們的經驗期望即可。

　　在其他情況下，只是告知人們其他人在做什麼並不夠。女
性割禮與童婚等習俗雖然極為有害，有時候卻受到許多人的經
驗期望支持。其他父母的確會讓女兒接受割禮，並在她們年幼

的時候把她們嫁出去。然而，推動他們執行這些慣例的部分原因在於，人們擔心年紀較大、未經割禮的女孩會嫁不出去。在一個所有人都遵循這煩規範的社會中，這種擔心確實有可能成真。不管人們喜不喜歡，他們都陷入均衡之中。只要每個人都遵守規範，每個人都有理由得遵守規範，就沒有人敢做出不同的選擇。

在這種情況下要改變一個人的行為，就必須改變其他人的行為與期望。只糾正人們的想法，說他們誤解其他人的行為根本不夠。這聽起來很矛盾，但是和事實相去不遠。關鍵在於必須大致上在同一時間改變每個人的行為。不良行為很難改變的主要原因在於，這個群體可能已經處在穩定的均衡中。你不能一次改變一個人，因為只要你說服任何人改變，他們很快就會變回原狀。但是，如果能一次說服夠多人，然後，快看！你可能會發現群體就此進入另一個穩定的均衡。只要運氣不差，新的均衡應該會比舊的均衡還要好。

在這過程中，有四個原則可以幫助你。我們稱為「變革原則」。第一，你想建立的新規範必須是一項常識，每個人都得知道要切換成什麼樣的新規範。除此之外，每個人都必須相信其他人知道新規範是什麼，而且他們都知道你也知道。如果想讓人們切換到新的規範，你必須先想辦法確保新的解決方案必須是一種常識。實現這項目標的其中一種方法，就是和大眾交流。如果你和我都聽到一項消息，那項消息會立刻變成我們共

有的常識。如果新規範容易理解、遵循，更是事半功倍。第二，人們必須有理由去改變行為。你需要確保人們都了解，新的解決方案對他們有好處。如果切換到新規範不符合他們的利益，他們就不會有動力去做，甚至可能抵制你的行動。第三，你必須解決規範期望的問題。這表示你得傳達出一項訊息，讓人們都知道，其他人不會因為他們從一種行為切換到另一種行為而評判或懲罰他們。畢竟，不管是約束力多微弱的規範，都會受到社會制裁的期望所牽制；制裁也可能只是陌生人不認同的揚眉，被周遭的人排斥，或是受到更糟糕的對待。第四，你可以利用引領潮流的人來達成目的。這些人致力於開闢自己的疆土，不屑追隨其他人的道路，很容易引起許多人爭相效法。

　　為了舉例說明這些原則，比奇亞里描述幾個成功因應露天排便問題的計畫。[11] 這些計畫的共同點是，它們讓個人信念與社會期望產生積極的集體改變。舉例來說，主持人可能會帶著參與者穿越人們露天排便的區域，引發他們的厭惡感。主持人可能會將排泄物放在食物旁邊，並指出在兩者之間來回盤旋的蒼蠅。或者，他們可能會在手上塗抹木炭，試圖擦掉髒污卻又無法完全擦乾淨，然後再和參與者握手。接著，他們有計畫的將對話從厭惡感引導到改變現況的訴求，再延伸到解決問題的集體行為。事實上，在公共場合進行對話更有助於改變規範期望，換句話說，改變他們認為其他人相信怎麼做才正確且適當的想法。這種轉變會反過來推翻他們認為其他人會怎麼做的經

驗期望。只要運氣不差,群體可以因此進入另一種均衡。

　　應用這些變革原則,並不會自動解決其他人的行為帶給你的問題,不管是水槽裡的髒盤子、掀起來的馬桶座,還是政治腐敗。但是,記住這些原則卻會對你的未來有幫助。舉個簡單的例子。我在上課時會告訴學生,如果他們聽不懂、感到困惑時,應該毫不猶豫的發問。「如果你感到困惑,」我說:「很可能其他人也感到困惑。如果你提出問題,他們會很感激你。」我這麼說是為了消滅多數無知,並且試圖在消極參與課堂的規範建立起來之前,就先將它消滅。同時,我也在和學生溝通,提問的人不會受到其他人評判,也不會因此遭遇社會懲罰。這是一種既低廉又快速,而且效果不錯的干預措施。

解開均衡

　　有一份當地報紙最近報導一則新聞,並形容它為自相矛盾。[12] 斯德哥爾摩市決定打擊非法停車。地方政府加大投資,全力取締違規停車。市府官員不僅期望違規停放的汽車會減少,顯然還期望藉由違停罰款來增加收入。弔詭的是,這項投資卻導致罰款減少且收入也減少。怎麼會變成這樣呢?

　　我們先來探討,在什麼情況下會覺得結果很矛盾?我相信市政府(或者至少記者)期望看到的事件發展如下:

1. 違停取締人員增加。

2. 開出的罰單數量增加。

3. 收入增加。

目前為止看似很合理。如果情況真是這樣，的確應該期望在加強違停取締後收入增加。若收入減少，就是自相矛盾。

但是，情況卻不只如此。這一連串的事件不只發展到第三步，我們的分析自然也不能停在這裡。我們應該期望事件會沿著下列軌跡繼續發展：

4. 駕駛人意識到違規停車被開罰單的可能性提高了。

5. 駕駛人決定更認真的遵守停車規則。

6. 罰單開出的次數變少。

7. 收入減少。

一旦你將事件從頭到尾梳理過，也就是從第一步走到第七步，就會意識到收入的增加只是暫時的現象。故事不會在第三步畫下句點，駕駛人有充分的理由確保故事不會就此結束。他們會根據狀況來調整行為。那麼收入自然隨之減少。

經濟學家會告訴你要「解開均衡」，意思是要想清楚人們在適應不斷變化的條件（以及其他人的行為）時，從頭到尾會發生什麼事。那些期望收入增加的人並沒有解開均衡，因為他

們沒有考慮到人們適應狀況之後會發生什麼事。解開均衡代表
要詢問每一個參與者，釐清他們是否有理由去改變行為？如果
答案是「有」，那麼分析就不能喊停。解開均衡也代表，要思
考人們一步一步適應狀況後的結果，直到再也沒有任何人有理
由改變行為。要以經濟學家的方式思考，這麼做非常關鍵。

　　比奇亞里的研究成果展現出解開均衡的力量。她對社會規
範的描述全數建構在均衡的觀念上。這幫她發展出一套簡潔、
有條理、強大，有時甚至出乎意料的分析。這是一個很好的例
子，說明如果像經濟學家一樣思考，可能會發生什麼事。

　　也許你也渴望社會變革。如果是，你也有理由解開均衡。
如果你希望看到的情況並不是一種均衡，你可能會發現它很難
達成，而且幾乎不可能維持下去。

經濟學是社會科學

　　社會規範的經濟學理論闡述經濟學重要的另一面，說明它
為什麼是一門社會科學。「經濟學」（economics）這個詞源自
希臘語，意指家庭管理。直到今日，我們仍然用「經濟」
（economy）這個詞來指稱管理資源的方式，無論是管理家庭
內的資源，或是管理更大社群內的資源。[13] 現代經濟學的目的
是解釋並預測經濟現象，而這些現象往往是人類團體的特徵。
這些團體可能是家庭、企業、非營利組織、市場等，它也可以

是整個國家，甚至整個世界。想一想經濟成長、國內生產總值、失業率、利率等，都是代表國家、地區或群體的特性。討論你我個人的失業率毫無意義，因為我們可以有工作，也可以沒工作。但是，失業「率」必須和團體有關，因為它是團體中的失業人數除以團體總人數才能得到的數字。

　　社會規範就是支配社會中人們的行為的規則與慣例，所以它的故事自然和社會息息相關。它能夠解釋為什麼這些人在這個地方、這個時間會以這種方式行事，而另一群人在另一個地方、另一個時間會以另一種方式行事。社會規範和貧窮經濟學一樣，都不會假設團體層面上的差異將反映出個人的差異。它將規範、規則與慣例視為真正的社會現象。順帶說明，實際上經濟學的確是一門社會科學，這在學科定義裡表示得相當明確。儘管某些定義提到個人選擇，但定義中也明確指出，個人選擇對整體經濟的影響同樣涵蓋在經濟學的範疇之內。

　　如此說來，現代經濟學經常被描述為個人主義取向，豈不叫人意外？從某種意義上來說，經濟學確實是個人主義。一般人使用「個人主義」這個詞的時候，都主張所有的團體現象，最終還是得根據團體中個人的行為與態度去解釋，這就是所謂的「方法論」個人主義。依此定義，比奇亞里所謂的規範，確實是個人主義。說到底，她想解釋的是：什麼是規範，以及它們如何隨著時間在個人偏好與行為上形成變化。你可能會認為，規範沒辦法用這種方式解釋。例如，你可能認為規範是獨

立於人類之外而存在。這樣的解釋雖然可以強調規範具備超凡力量，能夠約束個人行為。但是，這種說法不適用於解釋不斷變化的規範，尤其無法說明隨著個人期望改變而跟著變化的規範。而且，正如我們所知，社會規範也可能崩塌，如果機緣巧合，說不定瞬間就會垮台。

然而，這並不代表經濟學不是一門社會科學。經濟學認為人們是社群網絡的一部分，這些網絡會影響行為，而每個人的決定都會相互關聯。經濟學的理論融合上述所有見解。賽局理論之所以經常被視為現代經濟學的基礎，正是因為人們的行為會相互關聯。賽局理論告訴我們，一個團體的行為不僅是個人行為的總和，事實上，在各個方面都完全相同的兩個團體，最終的行為表現可能是天差地別。

希望與改變

社會規範的經濟學理論認為，人類有時候會做一些非常糟糕的事，並且持續做非常非常久，但經濟學家也承認人類能夠改變，而且有時候巨大的改變來得快如閃電。這項理論讓我們知道，我們可以如何影響社會變革，從而促進人權與人類繁榮。它也指出，面對根深柢固的反社會行為，我們自然而然會想辦法因應，只不過效果微乎其微，徒增挫敗。不過，它也提供可行的建議，說明鼓勵個人、團體與社會改進的最佳做法。

　　雖然嚴格來說，經濟學確實算是個人主義，但比奇亞里的論點是建立在人類是群居生物的基礎上，她認為每個人都是人類緊密關係結構網中的一部分。社會規範的經濟學理論提供有力的理由，讓我們去做正確的事，無論討論的是亂丟垃圾、投票，還是避免貪污。利社會行為可能對環境清潔、政府腐敗程度與選舉結果，產生直接而有益的影響，但它們對其他人行為的間接影響也很重要。事實上，間接影響可比直接影響大多了。其他人的行為取決於他們期望我們會表現出什麼樣的行為與態度。我們希望其他人對我們有什麼期望，我們便會選擇以那樣的方式行事，以強化他們腦中的印象。

　　透過以個人行為與態度來解釋規範，經濟學允許每個人掌握自己的命運。說到底，我們是由獨立的個體所結合，而支持不良規範的人正是我們這群人。我們其實沒有遵從的必要。即使面對已經存在幾個世紀的有害規範與慣例，和社會規範有關的故事也可以激發希望。如果貧窮經濟學可以激發一定程度的同情心，育兒經濟學可以激發一定程度的包容力，那麼規範經濟學可以說是提供一定程度的希望，讓我們知道快速的社會變革有時不僅令人嚮往，而且是真的有可能發生。

如何給人們
他們需要的東西

在 2022 年 2 月 22 日，克利夫蘭診所（Cleveland Clinic）的外科醫生從我朋友黛比（Deb）的身上取出一顆腎臟。她沒有生病，腎臟也沒有問題。她的腎臟已經為她服務將近七十二年，其實沒有必要摘除，外科醫生也沒有要求她這麼做。黛比自願接受手術是因為兩個原因。第一，有人比她更需要她的腎臟，因為他的腎臟衰竭了。黛比和受贈人住在不同州，而且從未見過面。黛比的腎臟有望讓他多活幾年，生活品質也將因此大幅提升。第二個原因是，黛比的孫女需要接受腎臟移植。黛比很樂意直接捐給她，但檢查後發現不行，孫女的身體會排斥黛比的腎臟，即使動手術也注定失敗。透過捐贈腎臟給陌生人，黛比可以增加孫女找到匹配對象的機會。她開玩笑的說她覺得自己是「奶奶零件庫」。

人類腎臟供不應求。在我寫這本書時，光在美國就有大約九萬兩千人在等待名單上。[1] 他們當中許多人到死都等不到捐贈者。腎臟可以從剛過世的人身上摘除，大多數是生前簽過器官捐贈卡的人，極少數則是沒有明確拒絕過捐贈的亡者。[2] 但是，死者捐贈的腎臟遠遠不足，於是才有了活體捐贈者。大多數人只需要一顆腎臟就可以過完充實而長壽的一生。他們可以將一顆健康的腎臟捐給沒有健康腎臟的病人。有些人捐贈器官純粹出於大愛，這種行為稱為「利他捐贈」（altruistic）；有些人捐贈給特定的人，則稱為「指定捐贈」（directed），通常發生在親戚（甚至朋友）之間，自願捐贈器官來拯救所愛的人。

不過，指定捐贈並沒有那麼單純。就像黛比和她孫女的狀況一樣，捐贈者和預定的受贈者不一定能匹配。結果，有些願意捐贈的人無法捐贈，而有許許多多的人需要接受移植，卻等不到器官。

以經濟學的話來說，這個狀況的問題顯然在於效率低下。這並不是一個抽象的問題，畢竟有不少人實際上因此死亡。低效率真的讓經濟學家大為光火，他們搬出「柏拉圖低效率」（Pareto inefficiency）的理論；這是以 20 世紀初義大利經濟學家維爾弗雷多・柏拉圖（Vilfredo Pareto）所命名，[3] 指的是有可能使至少一個人變得更好，卻不會使其他人變得更糟的情況。它完全符合我們正在討論的腎臟移植議題。如果我們能夠想出一種方法多促成一次器官捐贈，就可以在不傷害其他任何人的情況下一次幫助兩個人：願意捐出一顆腎臟來挽救他人生命的捐贈者；以及，在成千上萬需要腎臟才能活下去的受贈者當中，面臨著永遠得不到腎臟的那一位受贈者。你可以認為問題出在無法配對上。經濟學家之所以這麼常提到柏拉圖效率，主要原因在於它比較沒有爭議。如果真的可以在不傷害任何人的情況下，改善一個人或許多人的生活，那麼大家自然都願意這麼做。無論如何，沒幾個人有立場抱怨。

艾文・羅斯（Alvin E. Roth）是一位對解決腎臟捐贈問題充滿熱情的經濟學家。他當時就在和黛比家同一條街的匹茲堡大學任教。他想要為可供捐贈的腎臟找出一種更聰明的分配方

法，同時也想鼓勵更多人自願捐贈。關鍵是要制定一項計畫，鼓勵像黛比這樣的健康人士捐贈腎臟，並且使她的捐贈善舉得以提高所愛的人獲得腎臟的機會。為了解決這個問題，羅斯決定善用經濟學工具箱裡一切的工具，從正式建造模型到進實驗室做實驗等。他開發出一套可以更有效分配腎臟的系統，然後和移植外科醫生與其他醫學專家合作，引入醫療院所實施。羅斯在《創造金錢買不到的機會》（*Who Gets What – and Why*）書中講述他的故事；這是一本可讀性極高的書，讓我們有機會一窺他的成就與思維。[4]

羅斯幫整個經濟學領域建立起一整個新分支，也就是「市場設計」（market design），或者把範圍放得更廣一點即是「機制設計」（mechanism design）。它著重一個簡單的問題：「要如何建立市場（或機制），才能讓好事發生？」所謂的「好事」可以是任何事物，但往往和給予人們他們需要的事物有關，不論是一顆腎臟、一個家，或是一個教育機會等。市場設計在某種程度上顛覆傳統經濟學的工作順序。經濟學家經常會問這樣的問題：「在特定類型的市場，我們預期會發生什麼事？它的效率為何？」市場設計則完全反轉這個問題。它不是問特定類型的市場會發生什麼事，而是問你想要它發生什麼事，然後才問：「什麼樣的市場（或機制）會產生這種結果？」

仔細想想，即使你有錢，在很多情況下，你還是不能合法買到你所需要的事物，腎臟只是眾多事物當中的一種。而工作

則是另外一種：不管你多麼渴望，只要你沒被錄用，就沒辦法當太空人。教育機會也是如此：不管你多麼想要，如果學校不同意，你的孩子就進不了最負盛名的小學。這種情況其實和結婚很像，因為你不能直接和你最愛的歌手或電影明星結婚，你必須先取得他們的同意。這類狀況被稱為「配對問題」。假設不考慮賄賂的做法，那麼只有在市場另一端的一個人或許多人同意時，你才能擁有這些你想要的事物。如同器官短缺的狀況，配對問題未必能夠自行解決，要解決這個問題，必須建立一種幫助人們找到匹配對象的機制。這種機制被稱為「配對市場」，而市場設計正是為了尋找配對問題的解決方案。

　　市場設計並不是一項全新的活動。在有歷史紀錄之前，人類就開始以物易物。而且，人們在有組織的市場與集市進行交易，這些地方存在的時間幾乎和人們開始交易的時間一樣長。在機制設計上，我們所有人都有某種程度的經驗。你曾經聽說切分蛋糕給兩個孩子的常見機制嗎？請一個孩子將蛋糕切成大致的兩等份，再讓另一個孩子先選。以這種方式進行，兩塊蛋糕的大小會極為相近，兩個孩子都會開心。而且衝突的可能性因此消除，所以你也開心。請想一想它為何可行。你制定規則，孩子盡力讓自己拿到最大那一份。結果既公平又公正，並且每個相關人員都認同這一點。所以它是一套極好的機制。

　　雖然基本概念是舊的，但方法是新的。機制設計教會我們很多關於市場運作方式的知識。研究這個領域的眾多經濟學家

也因此拿下好幾座諾貝爾獎。更重要的是，藉由一個又一個新
設計出的市場，世界也變得更加美好。經濟學家的解決方案為
普通人提供大量的工作機會與教育機會。市場設計專家所拯救
的成千上萬條性命，更是無可取代。

腎臟捐贈的機制

黛比的女兒溫蒂是匹茲堡大學的教授，她也捐出一顆腎
臟。她的理由和黛比相似，能夠幫助一位陌生人重獲新生，她
感到「很幸運」。然而，溫蒂的捐贈並不只是讓一個人受益，
而是啟動一連串的移植手術，最終讓三個陌生人重獲新生。這
怎麼可能？她明明只有一顆腎臟可以捐贈，不是嗎？艾文・羅
斯設計的新機制是一切的關鍵。

羅斯在史丹佛大學取得作業研究（operations research）博
士學位。作業研究主要在研究如何管理組織，以及如何將組織
管理得更好。這門學科的關注焦點居然在事物而非人類，他對
此深感不解。這門學科非常詳細的描述，所有輸入與輸出的物
品如何在工廠與倉庫內移動，也提供正式模型來顯示事物如何
流動，以及如何改善這些流動的過程。可是羅斯認為它忽略牽
涉其中的相關人員，沒有考慮他們的目標與目的，也沒有想到
將正確的人在正確的時間放在正確的位置，會對成敗帶來多少
影響。他深受賽局理論的吸引，因為它聚焦在相關人員扮演的

角色，尤其喜歡賽局理論探索人們如何建立組織去實現目標，以及他們為什麼會失敗。

　　羅斯仔細研究由兩位資深賽局理論學者洛伊德・沙普利（Lloyd Shapley）與赫伯特・斯卡夫（Herb Scarf）開發的正式模型（formal model）。[5]* 在這個模型假設的世界裡，有許多不可分割的商品。它們是可以交換的有價物品，但是不能像一桶牛奶那樣分給兩個人。經濟學理論大多集中在商品市場上，通常假設商品可以無限分割，換句話說，分成幾份都不是問題。沙普利與斯卡夫研究的情況則完全不同，他們假設每個人都有一個東西，每個人都想要那一個東西，但每個人擁有的那一個東西不一定剛好就是他們想要的那一個。這個模型單純是兩位經濟學家想像出來的狀況，當時他們並沒有想要應用在現實世界中。為了方便解說他們動腦的成果，沙普利與斯卡夫決定將模型裡的東西稱為「房子」。人們居住的房子基本上不可分割，每個家庭都需要一個住所，所以這樣的解釋大概可以表達出他們的意思。沙普利與斯卡夫對房地產並不感興趣，房子也完全不是重點。

　　羅斯最主要的見解是，這個模型完美反映出腎臟移植的狀況。只要把每對捐贈者與受贈者視為一體就行了，將他們所謂的「房子」當成腎臟。每一對捐贈者與受贈者都多出一顆腎臟，

---

* 譯注：指已經驗證過系統設計架構正確性的抽象數學模型。

也都需要一顆腎臟。在最好的情況下，當捐贈者與受贈者匹配
成功，捐贈者就可以將腎臟移植給受贈者，如同圖 1 所示。雖
然不是以解剖學上正確的方式來呈現，但圖中左邊的人（只有
輪廓線）多出一顆腎臟，因為他只要一顆腎臟就足以過上長
壽、充實的生活；圖中右邊的人（填色塗滿）則是需要一顆腎
臟。兩人對現有情況感到滿意。

圖 1　腎臟捐贈

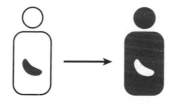

　　然而，並非每一對捐贈者與受贈者都能匹配，於是不能匹
配的這一對仍然多出一顆腎臟，也還需要一顆腎臟，卻不能用
現有的腎臟來湊合。（如果捐贈者與受贈者匹配，他們就不會
出現在市場上尋找另一顆腎臟，而是早就完成手術了。）為了
讓狀況更有趣，沙普利與斯卡夫的模型假設，無論出於什麼原
因，都不可能用錢去買「房子」。當然，儘管買賣價格有時候
是天文數字，在現實生活中的房子可不是無法買賣。不過，腎
臟確實無法用錢取得，因為大多數國家都將買賣人體器官視為
違法行為。原因在於道德問題。有些東西，全世界的人都覺得

不應該買賣，也不應該出現市場。羅斯曾經批評這種大眾不接受的市場很令人反感。[6]這類市場能否讓人接受是因地區而異，但在大多數地區通常包括毒品、性、供人消費的狗肉與人體器官等。不牽涉金錢的腎臟捐贈受到廣泛認可，為此支付相關醫療費用也沒什麼問題，但是拿錢買賣器官？絕對不行！

羅斯的觀點意味著，原本沒有經濟價值的正式模型突然翻身，換句話說，這個模型可以應用在現實世界裡。當初開發的所有正式模型，突然都生出解決現實世界問題的潛能。

沙普利與斯卡夫一直在研究不會在過程中傷害其他人，又能讓人們過得比以前好的各種交換方法。最明顯的方法自然是找到兩對，每一對都願意拿自己的房子去換對方的房子。假設瓊斯家喜歡史密斯家的房子勝過自己的房子，反之亦然，他們就可以互換。這會讓雙方都過得更好，而且不會傷害其他家庭，像是穆罕默德家、伯克維茨家或詹森斯家。這種交換就是「柏拉圖改善」（Pareto improvement）。

圖 2 顯示腎臟捐贈時的柏拉圖改善。左邊這對有一顆腎臟可以給右邊那對使用，反之亦然。左邊的捐贈者提供腎臟給右邊的受贈者，而右邊的捐贈者提供腎臟給左邊的受贈者。互換讓雙方都變得更好。

在其他情況下，無法達成雙向交換。但是！你會發現也有這樣的情況：穆罕默德家喜歡伯克維茨家的房子，伯克維茨家喜歡詹森斯家的房子，而詹森斯家卻喜歡穆罕默德家的房子。

圖2　雙向腎臟交換

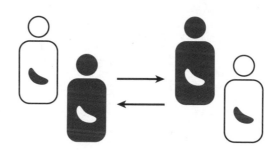

在這種情況下，就可以進行涉及三方的交換，這稱為「交易循環」（trading cycle），也屬於另一種柏拉圖改善，用在腎臟移植的狀況則如圖 3 所示。圖中顯示共有三對捐贈者與受贈者，卻沒有一對可以使用現有的腎臟來湊合。雙向交換無法執行，但還有一個解決方法，就是左下角那對提供一顆腎臟給右下角那對，右下角那對提供一顆腎臟給上方那對，上方那對再提供一顆腎臟給左下角那對。理論上，循環的規模沒有限制，不管有多少對捐贈者與受贈者都可以執行。

　　這個模型讓羅斯開始思考，如何開發他所謂的「集中式交換所的潛在架構」。這個交換所可以幫忙找出腎臟交換的機會，[7] 只需要知道誰可以和誰匹配的相關資料。有愈多成對的捐贈者與受贈者，找出交換與循環的機會就愈高。這些循環可能涉及三對或更多對捐贈者與受贈者，而且全都符合柏拉圖改善。這個架構為我們之前討論的低效率問題提供解決方案，有

圖3　腎臟捐贈循環

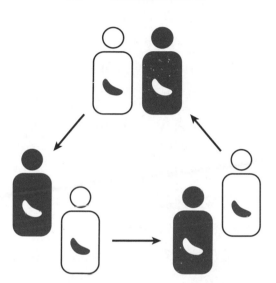

了適當的系統去分配可用的腎臟，羅斯就能讓交易循環發生在現實世界裡。而且，原則上，循環的規模大小不受限制。

　　然而，這種系統的架構不是十分明顯。羅斯必須仔細考慮所有可能出錯的漏洞。其中一個問題是，捐贈者與受贈者可能拒絕參與系統中任何一個交易循環。他們可能會找到更好的機會，並決定參加那一個交易。假設你提出一個涉及穆罕默德家、伯克維茨家與詹森斯家的交易循環，並且在討論的同時，你已經開始安排手術。可是，現在詹森斯家找到屬於另一個交易循環的另一對捐贈者與受贈者，出於某種原因，他們比較想

要那場交易中可以取得的腎臟。你可以預料到，一旦詹森斯家退出你的交易循環，穆罕默德家與伯克維茨家就會陷入困境。這當然不是好事。情況會變得不穩定，繼續進行手術也不安全，因為其中不只一對可能隨時出現危及性命的狀況。

羅斯發現，正式模型剛好可以解決這個問題。沙普利與斯卡夫已經證明，你總能找到一個交易循環讓任何一對捐贈者與受贈者都滿意，不再出爾反爾。沙普利與斯卡夫稱為「頂級交易循環」（top trading cycle）。無論有多少對捐贈者與受贈者，無論他們有什麼偏好，你都可以找到一組頂級交易循環。這是當初經由正式模型測試得到的結果，不過在現實世界裡一樣有用。如果你能確定你的架構只會選出頂級交易循環，那麼就可以保證沒有人會臨陣脫逃。這個循環相對安全，移植手術可以繼續進行。

不過，還有另一個問題。交換所需要大量資料來了解捐贈者與受贈者，以及他們的需求與偏好。沒有這些資訊的交換所，無法提議最理想的交易循環。相關資訊都在病患與醫生手上，為了確保資料正確，唯一的辦法是直接問他們。但是，病患與醫生可能會擔心自己透露太多，或是提供的資料反而對他們不利，導致他們最終只能得到一個不大理想的腎臟。如此一來，人們就會隱藏資訊，交換所也就無法取得足夠的資料來展開工作。

羅斯不得不親手解決這個問題，幸好他成功了。他正式向

大眾證明，他可以設計出一個交換所，即使病患與醫生揭露完整資訊也不會有任何損失。以此標準設計出的交換所，等於從另一個角度再度確保系統的安全性。病患與醫生可以完全坦誠的表達他們的需求與偏好，不用擔心會因此受到傷害。提供交換所需要的資料讓自己有資格參與交易循環，符合他們的利益，所以他們會這麼做，交換所也因此得以順利運作。

　　羅斯和他的合作團隊也研究過擁有腎臟卻不再需要的人，也就是利他捐贈者與已故捐贈者，並探索將他們整合到系統的可能性。這些「非指定」捐贈者使得我們可以打破循環，建立移植鏈。移植鏈是一種從非指定捐贈者開始的交換過程，涉及的成對捐贈者與受贈者人數不限，最後會結束在將腎臟移植給某位在等待名單上的病患，概念如圖 4 所示。非指定捐贈者在最右邊，向第一對捐贈者與受贈者提供腎臟，然後第一對向第二對提供腎臟，依此類推，直到移植鏈結束在不成對的單一受

圖4　腎臟移植鏈

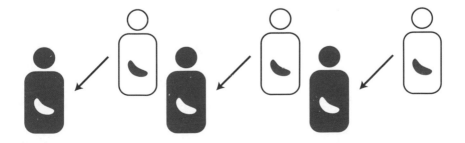

贈者為止。同樣的，移植鏈的長度在理論上也不受限制。

　　順帶說明，圖 4 完美描述溫蒂發起的移植鏈。經由她的非指定捐贈，交換所找到可以加入移植鏈的另外兩名捐贈者與三名受贈者。雖然溫蒂生來並沒有四顆腎臟，但她的善心幫助三個命在旦夕的人。

　　現在，羅斯與團隊架設出一個交換所架構，輸入病患的需求與偏好，並輸出安全且高效率的交易循環與移植鏈。

　　弄清楚應該如何正式設計一個運作良好的交換所之後，剩下的工作只有說服外科移植醫生與其他醫療專業人員加入，一起實行新制度。這部分反而很棘手。羅斯指出：「醫生不會自然而然將經濟學家視為可以幫助他們的專業同事。」[8]我很肯定他這樣想沒錯。大家對經濟學家的信心實在不怎麼高。

　　幸好，他們還是取得一些進展，找到一名兼任新英格蘭器官銀行（New England Organ Bank）醫學主任的哈佛外科醫生合作，在 2004 年共同成立「新英格蘭腎臟交換計畫」（New England Program for Kidney Exchange，縮寫為 NEPKE），共有十四間新英格蘭腎臟移植中心參與，致力於找出最多可以匹配的捐贈者與受贈者。新英格蘭腎臟交換計畫成功匹配了成對的捐贈者與受贈者，發揮預期中的效果。即便如此，這項計畫也只促成雙向捐贈，許多原本可以促成的更複雜捐贈流程並沒有發生。後勤安排是最大的問題。即使是相對簡單的雙向捐贈，也需要四個獨立的手術室與四組移植團隊共同合作。很多事都

可能出錯，交易循環將會成為後勤人員的惡夢。只要所有手術都必須同時進行，規模更大的循環或移植鏈就不大可能發生。

移植手術真的必須同時進行嗎？其實不一定。原則上，你可以一次只做一個捐贈的交易循環，換句話說，只需要兩個手術室合作：一個為捐贈者取出腎臟，一個為受贈者植入。但是，有個問題得考慮。處理非同時捐贈的過程時，總是會有捐贈者突然退出移植鏈或循環的風險，一旦發生，交易循環或移植鏈就會被迫立刻喊停，勢必害慘應該接受捐贈的受贈者。假設今天瓊斯家的捐贈者提供一顆腎臟給史密斯家的受贈者，並預期史密斯家的捐贈者明天會提供一顆腎臟給瓊斯家的受贈者，從而完成雙向交換。但是到了明天，史密斯家的捐贈者反悔了。全國上下不會有任何一位移植外科醫生違背史密斯的意願，取下他的腎臟。史密斯家很高興，受贈者得到一顆腎臟，而捐贈者仍保有一顆腎臟。但是，瓊斯家就很倒楣了，受贈者仍然需要一顆腎臟，而捐贈者又已經失去一顆腎臟，這表示他們將無法再參與未來任何一次交換的機會。任何一對捐贈者與受贈者只要看到可能陷入困境的風險，自然不會繼續參與。

你大概可以猜到接下來的發展。羅斯問自己是否可以藉由調整交換所的架構來避開這種情況，經過考慮後，他得到肯定的答案。如果移植過程從非指定捐贈者開始，確實可能安排移植鏈來避開上述問題。解決方法是從非指定捐贈者開始，然後安排每一對捐贈者與受贈者，先接受植入腎臟手術，再取出捐

贈者的腎臟。移植鏈仍然有可能被打破，可是至少不會有人因此陷入困境。移植鏈斷掉會讓最後一對接受移植的捐贈者與受贈者過得比以前更好，而不是更糟；受贈者會得到需要的腎臟，而捐贈者依舊保有兩個腎臟。原本排在交易鏈中，卻因此沒有得到新腎臟的捐贈者與受贈者，還是擁有一個腎臟，可以參加未來的交換機會。

　　說服醫療中心實施羅斯的方法則困難許多。即使交換所已經經過調整，新英格蘭腎臟交換計畫依舊不願意進行非同步移植。槍打出頭鳥，先行者承受的風險總是最大。新英格蘭腎臟交換計畫也擔心，移植鏈斷裂時必須面對負面宣傳與訴訟。還好俄亥俄州的「配對捐贈聯盟」（Alliance for Paired Donation，簡稱 APD）願意放手一搏。這個組織原本就在當地協調腎臟交換，對於嘗試非同步的交換手術抱持開放態度。密西根州的一位非指定捐贈者馬特・瓊斯（Matt Jones），為配對捐贈聯盟的嘗試開了第一槍，最終取得巨大的成功。以他的捐贈開始的移植鏈持續長達好幾年，最終促成十六次移植手術，當捐贈的腎臟植入一名等待名單上的病患後，移植鏈宣告結束；因為他沒有親友可以和他組成一對，無法再捐出一個腎臟。

　　在取得初步成功，再加上因此產生的積極回饋後，形勢很快發生逆轉。羅斯稱它為「一場大革命」。[9] 他寫道：

　　腎臟交換在美國已經成為標準的移植方法，並且正在

全世界快速成長。隨著經驗的累積，愈來愈多證據顯
示，較長的非同時移植鏈對腎臟病病患有益，尤其是
很難找到匹配者的病患。如果不是這套方法，目前已
經完成移殖的數千個案例都不會發生。近年來，大部
分手術都是透過移植鏈才得以進行。[10]

　　移植鏈的好處之一是可用腎臟的數量增加了。在沒有進行
腎臟交換之前，像馬特這樣的非指定捐贈者只能幫助一位病
患。透過腎臟交換，非指定捐贈者可以推動連鎖反應，幫助數
十位、甚至更多病患。當你增加每一位非指定捐贈者可以拯救
的人數時，也就相對提高大眾捐贈的意願。[11]如果你的腎臟可
以挽救一條性命，那太好了。對許多潛在捐贈者來說，這已經
足夠。但是，能夠拯救數十條生命顯然更好，好非常多。有些
捐贈者很可能不會被挽救一條生命而打動，但會受到挽救（比
如說）三十條生命的前景所打動。腎臟交換的另一個額外好處
在於，讓更多人願意參與捐贈。如果你或你認識的人有興趣和
黛比、溫蒂一樣成為活體捐贈者，請上網搜尋「成為活體捐贈
者」或參考本書注釋中所推薦的網站。[12]
　　幾年後，沙普利與羅斯因為他們在「穩定配置理論與市場
設計實踐」的貢獻，共同獲得 2012 年諾貝爾獎的殊榮。[13]

讓好事發生

　　腎臟交換只是羅斯的團隊幫忙解決的其中一項匹配問題。他在另一項研究中被問到:「我們要怎麼做才能幫助剛畢業的醫生找到專業生涯的第一份工作,成為他們理想中的住院醫生?同時幫助醫院招募最優秀的員工?」他的解決方案是建立另一個被稱為「The Match」的交換所。[14] 這個交換所考慮到許多醫生的另一半也是醫生,所以特意幫助他們尋找相距不遠的工作環境。藉由這種方式,還可以幫助他們建立小家庭,從此過上幸福的生活。他也探討到選擇學校的問題,他問自己:「我們要怎麼做,才能確保孩子進入一間能讓他們發展得最好的學校?」[15] 這套系統成為紐約市高中選校招生的一套全新系統。羅斯說它至今「表現良好」。

　　在這麼多的機制設計中,最出名的大概非「頻譜拍賣」莫屬。[16] 許多公司與組織都想使用一部分的無線電波頻譜,特別是無線通訊行業對頻譜使用的高度依賴。問題在於,一段頻譜在同一時間不能分給多方使用,否則這段頻譜將變成廢物,所以不可避免要進行協調。必須找出方法分配頻譜給不同用戶,也確保一段頻譜一次只有一個用戶使用。直到 1980 年代初期為止,美國採用的分配方法是行政聽證程序。潛在用戶可以向政府請願,經過漫長的等待後,政府以他們認為合理的方式來分發頻譜使用許可證。整個過程緩慢、昂貴、繁瑣且不透明。

1982 年，美國改為採用抽籤系統，任何公司都可以申請，許可證變成隨機分配，過程快上許多。你可能會爭辯抽籤的機制更加公平，因為每間公司獲得執照的機會相等。然而，許可證極具價值。所以有些公司即使不需要許可證也會參與，一旦抽到就轉手出售給需要的公司大賺一筆。經濟學家介入之後，就組織起拍賣會，將許可證授予出價最高的公司。第一場拍賣會於 1994 年舉行。從那之後，拍賣無線電頻率與機場飛機起降時段的收入，讓政府在沒有對任何人或事提高稅率的情況下得到巨額資金。更重要的是，拍賣的設計原則是將社會效益最大化，所以提高政府收入，不過是利益之一。

羅伯特‧威爾遜（Robert Wilson）與保羅‧米爾格羅姆（Paul Milgrom）是統領這項任務的兩位經濟學家。他們不僅需要精通理論、建立正式模型，還需要克服大量現實面上的困難。如同諾貝爾獎委員會表示：「他們的發現對社會貢獻極大，」因此獲得 2020 年的諾貝爾獎，實屬眾望所歸。[17]

良好市場與不良市場

有些市場運作良好，有些市場並不是這樣。羅斯認為，當市場運行不順時，原因可能和設計不良有關。[18] 問題也可能在於管理交易的法規不適合。若是如此，解決問題的方案可能是提出更好的設計。有時候，市場根本不存在。那麼，解決方案

可能是一個擁有適當管理規則的全新市場。但是，為了在現實世界設立運作良好的市場，我們需要了解許多關於市場的知識。我們需要知道它們何時運作順暢，何時運作不順，最重要的是，可以做些什麼來改進它們。

事實上，市場設計專家對許多關於市場的一般知識已經相當清楚。下列是羅斯的一些看法；[19] 這些見解建立在以理論為基礎的正式模型，以及為了解決真正的問題而設計交換機制的努力之上。

第一，運作良好的市場必須夠活躍，所以市場上買賣雙方都要有足夠的參與者數量。如果賣家或買家太少，可能很難或是無法找到合適的匹配對象。沒有好的匹配，就不可能發生互惠互利的交易。為了啟動可行的腎臟交換機制，就需要夠多的捐贈者，也需要夠多的受贈者。唯有如此，你才有機會找出能夠幫助許多人的交易循環與移植鏈。羅斯指出，確保市場活躍的方法之一是規範交易時間。從菜市場到證券交易都有固定的交易時間，理由之一就是為了確保市場在運作的時間內有足夠的交易量。

第二，運作良好的市場不能過度擁擠，必須能夠以相對較快的速度完成交易。如果辨識與評估合適選項需時過長，或是完成交易耗時過久，市場就會堵塞，出現經濟學上的「塞車」現象，參與者可能發現自己因此而接受糟糕的交易，或者交易根本沒有完成。在腎臟交換這類決定人們生死的市場中，堵塞

會導致大災難。為了避免堵塞，市場的組織方式應該讓參與者能在最短的時間內了解選擇、評估優劣、完成交易。

第三，運作良好的市場既安全又簡單，這表示人們樂於參與市場。也表示參與者不應該害怕如實揭露和自己有關的資訊、或是提出需求與偏好。這也表示參與者沒有理由拒絕市場建議的配置。在腎臟交換的例子裡，理想的市場中不應該有捐贈者或受贈者後悔參加市場。參與市場並如實揭露和個人有關的健康狀況、需求與偏好等資訊，應該始終符合他們的利益。

這樣深入的見解可以大範圍的改善許多現況。在我寫這本書時，許多國家都在想盡辦法提高人民的新冠肺炎與猴痘疫苗接種率。第一個問題自然是供應不足，許多國家取得疫苗的機會非常有限。如果無法得到疫苗或負擔不起，人們自然不能接種。但是，供應量並不是唯一的問題。有資格接種的人必須先和能夠提供接種服務的診所或其他醫療場所匹配預約；這表示我們眼前正是一個經典的匹配問題。有趣的是，許多國家沒辦法為此組織出一個活躍、不擁擠、安全又簡單的配對市場。如果有市場設計專家參與，相信能人大改善亂象，同時避免堵塞以及其他問題。

經濟學、市場與價值觀

市場設計告訴我們許多關於經濟學的知識。當經濟學家告

訴你他們在研究市場的時候，指的可不只是股票市場、房地產市場等，而是各式各樣的市場，其中也包括配對市場。在決定送孩子去哪裡上學、尋找約會對象、決定結婚、找工作、參加社團或兄弟會，或者找到一間可以接種新冠肺炎疫苗的診所，都會牽涉到配對市場。這些市場有時候會涉及金錢，有時則不一定。經濟學家可能會告訴你，他們研究日常生活中的人類行為。他們指的不是商場企業上的交易，而是我們所關注的任何事物，我們花時間參與的任何事物。畢竟經濟學的範圍可是非常廣泛。

市場設計還告訴我們許多關於經濟學家如何看待市場的態度。[20] 經濟學家是真的很喜歡利用市場來分配有價商品，但是儘管他們偏愛市場，也並不表示他們想插手商品市場裡所有的事。市場裡的一切物品皆有價格，而且最終都將落在出價最高的人手中。儘管經濟學家有時會談及「自由」市場，但這並不表示市場不受任何規則或規範的約束。所有市場都要遵循規則與規範。規則可能是由政府制定，也可能是由產業或其他私人團體提出；它們可能不是有意設計的成果，而是隨機制定的結果。如果現有的規則或規範有效，那就太好了。如果沒效，很有可能可以透過更好的設計來改善市場的運作。「我們的工作」，羅斯說：「讓我們對『自由市場』為何能自由正常的運作，產生全新的認識。」

市場設計展現出經濟學家整個工具箱的價值，包括正式理

論模型。即使是最抽象的正式模型，也可以立竿見影的直接改善人類生活。沙普利與斯卡夫研究如何分配不可分割商品的故事在當時純粹虛構，並沒有任何實際應用的打算。然而，它後來卻成為完善腎臟交換機制的基礎。結合對真實市場的謹慎研究，正式模型讓成千上萬場腎臟捐贈手術得以進行。這說明了即使是相對艱難高深的經濟學分支，也有可能突然變得和現實生活息息相關。這個發展過程和布爾邏輯（Boolean logic）的發展簡直如出一轍，它本來只是數學分支，後來卻成為現代電腦運算的基礎。誰知道未來又會出現什麼驚人的轉折呢？

市場設計也彰顯出經濟學中價值觀的重要性。和許多經濟學分支相同，市場設計的基礎顯然建立在價值觀上，這至少在兩方面可以得到印證。第一，市場設計專家需要對他們經營地區的社會價值觀做出回應。只有尊重參與者的基本價值觀，配對市場才會被認為既安全又簡單。經濟學家需要特別注意，在必要時得將那些價值觀納入研究的內容裡。如果人們認為腎臟交易令人反感，經濟學家在提議時就不得不將這些價值觀納入限制條件。

第二，市場設計的目的顯然就是為了讓世界變得更美好。市場設計專家是社會改革者。他們展開工作的方式，和長期以來提倡道德與智力教化的傳教士與改革者都不一樣。市場設計專家不會要求人們更有道德，也不想讓人們變得更聰明理性。他們理所當然的認為人類基本上不會改變（根據假設，要讓他

們改善不可能、不合適，也沒有人想這樣做）。相反的，他們只是想建造一個環境，讓人們可以安全簡單的實現他們的目標。你也可以將市場設計視為現代化的社會工程學。市場設計證明，經濟學家不會將任何一個市場視為完美的最終形態。市場交易的結果並非只是由自然法則決定，也不是不能改變。有些市場運作良好，有些效率不佳。表現不好的市場，可以經由重新設計加以改善。無論如何，有些人想擺脫所有受價值觀左右的社會科學，特別是經濟學。但是，沒有任何一種方法可以在不考量價值觀的狀況下，讓世界變得更美好。

　　當然，這樣的設計本身無法拯救世界。它不能解決所有的問題，也不能保證一定有效。然而，它是一項有用的工具，一旦結合適當的價值觀，就可以解決實際的問題。如同在黛比與溫蒂的例子裡，市場設計可以幫助你挽救生命。將來有一天，說不定你可以拯救自己。

如何得到幸福

在 2015 年，我們一家人陷入左右為難的困境。當時我們
住在華盛頓特區郊外，我的太太懷著雙胞胎，而我的
雇主才剛拒絕我的育嬰假申請。那所大學最近開始以「幸福大
學」的形象四處宣傳。很顯然，它承諾的幸福指的是提供校內
免費瑜伽課程，而不是育嬰假。突然間，我收到祖國瑞典的工
作邀請，而在瑞典，雙胞胎的父母兩個人加起來可以休六百六
十天的育嬰假。換算下來大約二十二個月，比一天都沒有顯然
好非常多。

　　問題是，我們在華盛頓地區過得很好。美國的薪水比瑞典
高很多，房子空間更大，而且我們恰巧擁有一棟特別漂亮的森
林別墅。聰明、好相處的同事讓上班變成興奮的挑戰。我們在
附近結交到不少朋友，也喜歡華盛頓與周邊充滿活力的博物
館、文化活動與美食。日子從來不會覺得無聊。

　　帶著年幼的孩子搬家橫越大西洋是一件大事。你知道這個
決定將大幅改變人生，對未來影響甚巨。但是，你不知道會產
生什麼樣的後果，畢竟這種影響不僅深遠，而且難以預測。這
件事涉及的不確定性如此巨大，使我很難做出決定。我以為收
到其他工作邀請會讓我開心；相反的，我感到既痛苦又憤怒。
同時，我也感到內疚，想到當我拒絕任何一方，將不可避免的
會讓現在的同事或可能成為同事的人們失望。

　　我的博士論文中有一篇文章的主題是「幸福科學」。嘗試
以我在研究中學到的知識來做出決定，似乎是很理所當然的

事。我已經取得博士學位，但是做出決定才是對這門科學的真正考驗，也考驗我對它有多少理解。

　　我和妻子一起列出清單，將兩個選項的主要差異清楚寫下，並試著以幸福科學的角度來評估。舉例來說，繼續住在美國可以賺更多錢、住更大的房子、買更多車子等。相較之下，搬回瑞典的話收入會減少、只能住在小公寓裡，而且沒辦法買車。幸福科學的研究中有大量數據顯示，根據我們在收入分配圖上的位置，額外的金錢只會小幅提升我們的幸福感。在美國的生活一定會伴隨更長的通勤時間，而且開車是唯一的選擇；可是在瑞典，我們應該可以騎自行車上下班。眾所皆知，長途通勤會令人心情低落；相較之下，接觸大自然、運動與呼吸新鮮空氣，會令人心情愉悅。瑞典的休假時間更多，還有很長的育嬰假，有助於將工作與生活平衡得更好，並且夫妻間可以更公平的分攤三個孩子所帶來的快樂與責任。此外，我們也會住得離孩子的祖父母更近。總而言之，根據幸福科學，對我們全家人而言，住在瑞典應該可以過得更幸福。

　　仔細考慮大西洋兩岸的生活利弊之後，我們決定搬家。我們無法知道是否做出正確的選擇。我當時曾經開玩笑，如果沒有成功，希望學校退回我的時間與學費。

　　如今回過頭看，我會說我們做出了正確的決定。我一點都不後悔。

　　我們使用的方法，基本上是班傑明・富蘭克林（Benjamin

Franklin）在 1772 年提出的做法。[1] 富蘭克林在一張紙的中間畫一條直線，將它分成兩欄，然後在左欄寫下「優點」，右欄寫下「缺點」；現代人稱它為「T 形圖」（T-chart），因為圖表長得像字母 T。然後，將腦中正在考慮的選項中所有正面理由列在左邊欄位，所有反面原因則列在右邊欄位，並且試著決定各種原因的加權比重。最後，檢查看看哪一個欄位的累積加權總數更大。在我們的例子裡，唯一不同的地方是，我們分配權重的依據是富蘭克林連想都想不到的幸福科學。

　　好消息是，每個人都能套用我們的方法。當然，你無法直接使用我們的選擇當作答案。我們並不想找出對所有人都好的答案，也沒有興趣比較哪個國家「更好」。真正的問題是，在這兩個選項中，哪一個比較適合我們家。然而，你還是可以使用我們的方法。基本上只是現代版的富蘭克林分析表。要做出決定，你只需要一支筆、一張紙和一些關於幸福經濟學的知識。

　　經濟學家在過去幾十年來，一直使用著這種思維模式，用來回答我們個人該怎麼過得更幸福的相關問題。他們還用它來尋找該怎麼建設一個更幸福的世界，一個更適合人類繁榮的世界的答案。如果你以為經濟學家只關心錢，或是促進統治階級的利益，那麼你會大吃一驚。經濟學家得出的結論是，我們當中許多人都應該減少工作，少賺一點錢，多享受閒暇時光。他們更主張建立一個更加平等的社會。還有人說，我們應該向俠盜羅賓漢（Robin Hood）看齊，即使不劫富，至少也該濟貧。

　　一如既往，經濟學並沒有提供一個適合所有人的解決方案。但是，幸福經濟學可以量身打造，你可以根據自己的情況進行調整。

幸福經濟學

　　上世紀中葉，霍內爾‧哈特（Hornell Hart）在北卡羅來納州的杜克大學（Duke University）擔任社會學教授。他堅信追求幸福是「人類的基本目的」之一。他一直在研究：「科學思維的最新進展，能否愈來愈有效的告訴我們應該怎麼做才能變得快樂，並幫助所有人都得到幸福？」[2]他得到肯定的答案，於是寫下《幸福圖表》（*Chart for Happiness*）加以闡述。

　　哈特對發燒時使用的體溫計，以及診斷其他疾病、促進公共衛生時使用的醫療儀器印象深刻。哈特認為，在追求幸福這件事上，缺少的就是一種可量化的人類幸福測量器。所以，他發明出「幸福計量器」（Euphorimeter），以幸福感的單位（Euphor-unit）來衡量幸福的感覺。哈特認為幸福計量器將有助於「緩解適應不良，促進心理傷痛癒合，開闢通往更快樂生活的道路」。[3]他建議使用這個計量器長期追蹤人們的幸福感，並且不僅要弄清楚人們認為他們覺得幸福的原因是什麼，還要知道實際上讓他們產生幸福感的原因到底是什麼。

　　哈特的貢獻在現代基本上已經很少被提及，但他想做的研

究至今依然存在。在過去幾十年裡,正統科學對幸福的研究迅速崛起。儘管哈特是一名社會學家,但幸福科學的領域無疑橫跨好幾門學科,最早還可以追溯至 1920 年代至 1930 年代,當時的教育心理學家曾經研究過教育是否能夠提高幸福感。[4] 流行病學家在 1950 年代與 1960 年代也加入行列,他們不只想要知道誰病了,也想知道誰過得開心,以及為何開心。

　　然而,直到 1970 年代經濟學家開始關注幸福議題後,才展開有系統的研究。當時經濟學家理查德‧安利‧伊斯特林(Richard A. Easterlin)對幸福與經濟成長之間的關係深感興趣。[5] 伊斯特林指出,在一個社會的特定時間點裡,富人顯然比窮人感到更幸福。但是,當社會隨著時間變得更加富裕之後,即使是在經濟爆炸成長時期,整個社會的幸福感卻幾乎沒有變化,或者至少沒有像人們預期的那樣上升。這種現象被稱為「伊斯特林悖論」(Easterlin paradox),大量的研究論文也因此而生。時至今日,幸福經濟學已經成為現代經濟學的一個成熟分支。許多經濟學家在做研究時,都會將幸福數據包括在內,使得相關資料更廣泛,也更容易取得,如今就連政府機構與民營企業也會收集這些資料。

　　回到哈特的問題,我們是否在科學中找到任何一種可以指引我們過得更快樂的方法?答案是肯定的。我這麼說可不只是因為科學真的在我的生活裡起了作用。

大多數人都很幸福

這麼說可能會讓大家感到意外，可是多項研究都得到一致的結論：大多數人都感到相當幸福。哈特立即注意到這種現象。在他測試的人當中，多達 75％受試者的幸福感單位高於0，這表示他們比不幸福還要更幸福一些。[6]

2021 年的《全球幸福報告》（*World Happiness Report*）也顯示，各國的情況都很相似。[7] 要完成這份報告是一項艱鉅的任務，必須試圖取得世界各地一年內和幸福程度相關的數據。資料來自蓋洛普民調公司（Gallup Corporation），取自這間公司在業務範圍的國家與地區所蒐集到具有代表性的國家樣本。為了評估幸福的程度，這份報告使用名為「坎特里爾階梯量表」（Cantril's ladder）的工具。問卷中畫有一個共十一階的梯子，研究人員告訴參與者，最上面的階梯代表他們可能獲得的最好生活，最下面的階梯代表最差的生活，然後問他們覺得自己目前站在哪一個階梯上。答題者的幸福分數和他們選定的階梯相對應，從最底部的 0 分到頂部的 10 分。在接受調查的一百四十九個國家地區中，有一百零一個國家地區的得分高於中點。[8] 與世無爭的芬蘭位居榜首，得分為 7.84 分。幸福國家也包括世界上人口最多的中國，得分為 5.34 分。其餘四十八個國家的得分低於中點，最後一名是飽受戰爭蹂躪的阿富汗，得分為 2.52 分。

　　世人普遍認為一般人都過得很痛苦。哲學家羅傑・克里斯普（Roger Crisp）宣稱，世上有太多的苦難，如果人類突然滅絕也不一定是壞事。他寫道：「考慮到地球上苦難的數量，地球有沒有繼續存在的價值著實是個大問題。」[9]克里斯普沒有提供系統證據證明地球上的苦難有多少，而是透過在現實中無法進行的思想實驗得到結論。但是，很明顯，他認為世人大多不幸福。因為實在太不幸福，所以如果大家都死了，可能反而是件好事。

　　相反的，幸福科學卻表示世界上有許多人過得很幸福。和不幸福相比，當然幸福更多。不過，還是有人不幸福，在某些地方，不幸福的人更多。能夠獲得滿分 10 分的人相對較少。不過數據顯示，世界上幸福的總量遠遠超過不幸福的總量。

　　這告訴我們什麼？我其實並不想挑戰克里斯普或他的方法論，但我確實想找出一個比較樂觀的結論。資料顯示，大多數人都可以獲得幸福。不僅如此，它們還表示，現今世界上絕大多數活人都已經得到幸福，尤其是生活在戰亂之外繁榮地區的人。富裕的西歐與北美國家在調查中的得分都在 5 分以上。更棒的是，正如你將會看到，幸福經濟學表示，只要善用一些簡單的技巧，你還可以過得比現在更幸福。

　　還要說我們是陰沉黑暗的科學嗎？

金錢能買到幸福嗎？

你可能認為經濟學家會提出「想過得更快樂，就必須賺更多錢」，或是「現金為王」之類的說法。他們真的會這麼說嗎？答案是「對」，也是「不對」。讓我解釋一下。

先說最重要的事。對，金錢可以買到幸福。富人比窮人更幸福。如果你很窮，卻突然間神奇的變成有錢人，你可以期望幸福感會上升，很可能還是大幅上升。經濟學家之間從來沒有真正針對這個議題進行辯論。伊斯特林在 1974 年曾寫道：「結果清楚明確。在每一項調查裡，平均而言，收入最高的一群人比收入最低的人過得更幸福。」[10] 近期的研究也同意這一點。2008 年，經濟學家貝西・史蒂文森（Betsey Stevenson）與賈斯汀・沃爾弗斯（Justin Wolfers）共同編制一個龐大的數據庫，並使用更複雜的統計技術進行分析，最後得出同樣的結論。[11]如果在同一個國家裡，隨機找一個窮人和一個富人來比較，富人通常比窮人幸福很多。大多數經濟學家套用因果關係來解釋這種現象，並表示如果你一開始就很窮，或者至少還不是很富有，那麼，金錢確實能買到幸福。

所有經濟學家都同意的另一個觀點是，花費 1 美元可以買到的幸福感，會在你變得富有後愈降愈低。以經濟學家的行話來說，金錢的邊際幸福感會逐漸下降。你可以想像有一張曲線圖，橫軸代表收入，縱軸代表幸福程度，你會發現幸福感是一

條向右彎曲延伸的曲線。曲線左側非常陡峭，在那個區域裡 1 美元可以帶來的幸福感相當大。逐漸向右移動後，曲線會愈來愈平坦。[12] 如果你一貧如洗，每天得到 1 美元可能攸關生死。如果你很窮，經常擔心入不敷出，那麼更多錢可以讓你付清一些帳單，也許還能還清債務，提升幸福感。如果你很有錢，1 美元不過是四捨五入的誤差值，幾乎沒有任何影響。

　　幸福經濟學家之間的最大的歧見在於，幸福是否有極限。有些人點頭，同意曲線會在過了某個點之後變得完全平坦，再多錢也不會帶來更多幸福感，連一點點都不會增加。這個點被稱為「飽和點」（satiation point），估計值各不相同，但根據諾貝爾獎得主丹尼爾・康納曼（Daniel Kahneman）與安格斯・迪頓（Angus Deaton）的計算，美國的飽和點約為年收入 7 萬 5,000 美元，[13] 剛好略高於當地家庭的平均收入。如果有個美國家庭一年賺的錢比這個數字更高，康納曼與迪頓認為就是已經過了飽和點。所以他們會說，一旦你成為舒適的中產階級一份子，更多錢也不能買到更多幸福。

　　其他經濟學家不同意。他們認為幸福沒有極限。他們說，至少沒有證據證明幸福真的有極限。若是如此，飽和點理應不存在，曲線永遠不會變得完全平坦。儘管每 1 美元可以買到的幸福感愈來愈少，但是不管你多富有，金錢仍舊可以繼續購買幸福。史蒂文森與沃爾弗斯是這項觀點最著名的支持者。

　　爭論的焦點在於曲線圖右上方的曲線看起來是什麼樣子。

有人說它變平了，有人說儘管坡度愈來愈小，但它還是在往上爬。如果你好奇結論是什麼，據我所知，沒有人認真的爭論過幸福曲線是否會開始往下走。

　　有幾個原因讓這個問題分外棘手，但是答案可能取決於幸福的衡量方式。康納曼與迪頓認為，要衡量人們的「感受」往往會有極限，而以坎特里爾階梯量表等工具來衡量人們的「評價」卻沒有極限。其中還牽涉到許多神祕的統計問題，但我不會拿細節去煩你。不過我們很幸運，不需要在這裡擔心這些事，因為下列建議不管幸福有沒有極限，都一樣適用。

　　讓我們再度回到修復世界的問題。我們要怎麼利用幸福經濟學讓世界變得更美好，更適合人類繁榮發展？

　　最明顯的啟示是，我們應該盡一切努力，讓世界變得更平等。假設大家想的都一樣，同意金錢的邊際幸福感確實會逐漸下降。現在假設你有多餘的 1 美元可以捐給別人。那麼，你應該把這 1 美元給窮人還是富人？如果你想將世界幸福總量最大化，幸福經濟學建議你應該把錢捐給窮人。如果你是政治家，必須在有利於窮人的干預措施和有利於富人的干預措施之間做出選擇，你應該選擇前者來促進幸福。甚至以俠盜羅賓漢式的手法，劫富濟貧、合理的重新分配金錢，也不失為可行的做法。只要窮人獲得 1 美元而增加的幸福感，比富人失去 1 美元而減少的幸福感多，它就有可能奏效。

　　這個論點歷史久遠，至少可以追溯到古典效益主義時代。

傑瑞米‧邊沁指出，比勞工富有一千倍的國王也不可能比勞工快樂一千倍。他繼續說：「兩者距離的實際比例愈接近相等，幸福總量就愈大。」[14] 如果你想增加「幸福總量」，那麼就應該將國王的部分錢財送給勞工。最近，《紐約時報雜誌》（*New York Times Magazine*）引用一位著名行為經濟學家的話：「他不明白怎麼可以有人在研究過幸福科學之後，不會發現自己開始在政治傾向上左傾」，原因在於：「資料說得很明白，如果以降低稅收等手段，提高那些過得舒適的人的生活水準，對改善他們的幸福感幾乎沒有作用，但是提高貧窮人民的生活水準，卻會產生巨大的差異」。[15] 請注意，富人階級是否到達飽和點並不重要，也不包括在這項論點的假設範圍之內。（但是，這項論點確實假設干預措施不會讓其他人受到任何傷害，在現實世界中，他們可能真的不會受到傷害，也可能會。）

如果經濟學家的工作只是為了促進統治階級的利益，我想所有人都會同意他們未免也太不稱職。

那麼，我們的個人生活呢？既然金錢可以買到幸福，是否代表獲得幸福的方式就是賺更多錢呢？不，其實不一定。

答案取決於為了多賺那些錢，你必須犧牲什麼。然而，事情沒有這麼簡單。如果你決心要賺更多錢，無法只靠冥想就能讓鈔票飛進口袋裡。（如果你有這種能力，請趕快和我聯絡。）你必須做點什麼，錢才會開始流動。你可能需要更努力工作，才能加快晉升速度。你可能需要拉長工時，也許需要自願多輪

一班。或者，你可能需要換一份新工作。無論你選擇做什麼，勢必得要放棄一些東西。假設你決定拉長工時，那麼你陪伴家人與孩子的時間就會變少，睡眠時間也可能跟著減少，休閒時間自然也會受影響。而家庭時間、睡眠、休閒活動等條件，本來會（或是可能會）提高你的幸福感。拉長工時賺多一點錢所提高的幸福感，必須和減少家庭時間、睡眠、休閒活動失去的幸福感相比較，你才會知道這麼做是否真的值得。

為了增加工作時間，你所放棄的東西就是經濟學家所謂工作的「機會成本」（opportunity cost）。機會成本的概念是現代經濟學的核心，應該列入每一個人的詞彙字典。某樣東西的機會成本是你除了它以外的最佳選擇，也就是在你選擇那樣東西時，你所放棄的最好的東西。[16] 經濟學家會告訴你，萬事皆有機會成本。無論你做出什麼選擇，必然要拒絕其他選擇。如果你去看某部電影，那麼就不能在那段時間去看其他電影，你也不能在那段時間、用那筆錢去做其他許多事。看那部電影的機會成本，指的是其他選擇當中最好的那一個選項。如果你想當個理性的人，便要時時留意機會成本。拉長工作時間只有在得到的好處超過你用同一段時間去做其他事物的好處時，才算是理性的選擇。

如果你又窮又無聊，手上的時間多到不知道該怎麼辦，那麼接受一份新工作的好處可能非常大，機會成本也很低。沒有其他困難的話，你應該接受這份工作。但是，如果你很富有又

工作過度，還希望自己可以花更多時間陪伴家人，那麼再拉長
工作時間的好處可能很小，而且機會成本很高。如果可以選
擇，你應該減少工作時間。就算不管收入多少，金錢都可以買
到幸福，即使你想過得更幸福，也不一定要增加工作量。經濟
學甚至可能會告訴你，你應該減少工作量。如果這樣做能讓你
享受家庭時光、充足睡眠，以及休閒活動帶來的好處，接受較
低的收入可能更符合你的利益。

　　經濟學家研究一旦人們拉長工作時間，幸福感會發生什麼
變化，他們卻發現結果通常不大好。正如我所說，主要還是取
決於個人情況與個人偏好。但平均而言，在一般情況下，工作
時間更長會讓幸福感降低。經濟學家隆尼・戈登（Lonnie
Golden）與芭芭拉・威恩圖爾（Barbara Wiens-Tuers）就發現，
加班會導致「工作壓力增加、過度疲勞、工作與家庭產生衝
突」。[17] 當人們不得不加班時，賺取額外收入的正面影響會被
負面影響給抵消。露西亞・馬西葉（Lucía Macchia）與艾希莉・
威蘭斯（Ashley V. Whillans）共同構建一個和這項議題相關的
資料庫，對七十九個國家、二十二萬人展開調查。[18] 她們發
現，人們重視休閒多過工作的地方，不管是在國家層面，還是
個人層面，都過得更幸福，其中包括荷蘭、澳洲與英國。

　　也許你會問：「這對我有什麼影響？」「我應該怎麼做？」
嗯，就像育兒經濟學家布萊恩・卡普蘭所說，我只是來提供資
訊，而不是來接管你的人生。不過，幸福經濟學可以幫得上

忙。如果你正在考慮是否應該延長工作時間，可以使用富蘭克林的方法列出利弊。你可以試著用幸福經濟學教導我們的內容，來決定每個原因的比重。如果你已經賺了很多錢，優點欄中的「收入增加」就不應該有太大的權重。如果你所得不高，就應該提高它的權重。然後，再看看拉長工時的機會成本，也就是你必須為此犧牲的事物，思考它對幸福有什麼影響。如果你本來空閒時間就不少，那麼擁有更多休閒時間可能不會造成太大不同。如果你已經感到時間緊迫，那麼它就可能成為關鍵原因。以此類推，繼續評估。

我和家人就是這麼做，才下定決心離開薪水較高的美國，回到工作與生活更平衡的瑞典。這些方法與理論對我們非常有用，我希望這對你們也一樣有用。

適應、期望與社會比較

到目前為止，我們只討論到伊斯特林悖論的一半內容，也就是在一個國家的特定時間點，幸福感會隨著收入的增加而增加。現在，讓我們再來談談另外一半內容。那就是，一個國家的幸福感隨著時間而上升的程度，即使在經歷爆炸成長時期，也不會像人們的預期般上升那麼多。當然，部分原因是金錢的邊際幸福感在下降。當一個國家變得愈來愈富裕時，我們應該預料到幸福感的增加幅度也會愈來愈小。史蒂文森與沃爾弗斯

發現，美國的幸福指數在過去半個世紀裡有所下降，而他們將這個現象歸因於不平等的狀況愈演愈烈。

　　不過，這件事可能還有更多地方得討論。經濟學家提出一些額外的解釋，而且這些解釋還不會互相矛盾。事實上，每一項解釋可能都沒有錯，對於那些想要更幸福、讓世界更繁榮的人都能提供一些獨到的見解。

適應：請花錢購買你不會習慣的東西

　　人們沒有變得更幸福的其中一個可能的解釋是「適應」（adaptation）。[19] 這項概念基本上指的是你已經對某些事情習慣了。想像你參加比賽，贏得一台新手機。最初，你可能對新手機和它的功能感到十分滿意。幾週的美好時光過去後，新奇感逐漸消失。你仍然覺得新手機的功能很有用，但你生活的主調卻逐漸被其他後來發生的事取代，不管是好事、壞事，還是乏味的事。於是，你因為新手機而獲得的幸福感可能逐漸減弱。同時，你的整體幸福水準可能慢慢恢復正常，或者接近正常。這就是適應；不管好事或壞事，人們都會適應。

　　人們適應好事與壞事的程度有時會讓現代人大吃一驚，反倒是三百年前的亞當‧密斯卻一點都不驚訝。他曾經說過一個故事，關於一個人在意外中失去一條腿後裝上木頭義肢。[20] 起初，這個人哭泣、悲嘆且非常傷心，他想像自己的生活將永遠不一樣。但很快的，他意識到事故發生前所有（或至少大部分）

讓他覺得快樂的事情仍然繼續存在。時間一久，他的心態也有所轉變，開始將木頭義肢視為不便，而非災難。

> 一個裝了木頭義肢的人無疑會過得很辛苦，而且也知道在餘生中，他必將繼續受苦，生活顯然會非常不便。然而，他卻能很快就以旁觀第三者的眼光看待這件事；儘管生活還是不便，他卻仍然可以享受自身和社交上所有帶來平凡愉悅的活動。[21]

在這段短文裡，密斯不僅描述人們適應殘疾的事實，同時也寫出人們沒有想過原來他們可以適應這樣的事。這種現象被稱為「適應低估」（underprediction of adaptation）。

適應有助於解釋為什麼人們變得更富有後，並沒有如你想像那般變得更快樂。更多錢確實可以讓你購買更多的商品與服務，確實會增加幸福感，可是提升的幸福感可能很短暫。當幸福感消退時，我們可能發現自己仍處在得到更多錢之前的同一個水準上，或是相近的水準上。也因為適應力，我們在變得更富有後，幸福感不會像沒有適應力那樣急劇的上升。

對於想要一分錢一分貨去購買幸福的人來說，適應無疑是個壞消息。但還是有希望，因為我們對不同事物的適應程度不盡相同。根據我的經驗，各種事物的適應程度差異巨大；書籍大概是最糟的一種。像許多學者一樣，我喜歡書，一看到新書

就忍不住想買，也真的對我買下的新書感到興奮。但是在書寄到家裡時，我常常已經忘記自己曾經訂購過這些書。打開箱子欣賞封面後，我會把新買的書放在一堆還沒讀的書上頭，然後完全拋之腦後。只要我還可以拿到床邊那堆書最上面的那一本，我就會繼續買書。公正的說，堆積在家裡的那疊書並沒有帶給我很多快樂，我甚至不記得其中大部分的書。相較之下，當我還在念研究所時，曾經花大錢買下一對相當不錯的音箱。這麼多年來，它們帶給我無窮的幸福。無論我是開心、悲傷、無聊、忙碌等，都用得上它們。而且，我似乎不會對高品質的音樂感到疲勞，可能是因為公共場所充斥著破音箱播放的糟糕音樂吧。無論如何，我至今還沒適應這對音箱帶來的幸福。

假設我們對某些事物的適應力比其他事物更好，這表示如果我們想要過得幸福，就應該把時間與金錢花在後者，而非前者。但是，我們怎麼知道哪些東西適應力高、哪些低？早在1976 年，經濟學家蒂博爾‧西托夫斯基（Tibor Scitovsky）就提供了線索。他特意區分快樂（pleasure）與舒適感（comfort）的不同。快樂是一種可能稍縱即逝的愉悅感，我們追求快樂是為了感受快樂。相較之下，追求舒適感則是為了避開所有的痛苦、不愉悅與不舒服。[22] 快樂是一種「正向的」好處，而尋求舒適感本質上卻是一種防禦性的追求。

根據西托夫斯基的說法，不同的關鍵在於我們不會像適應舒適感那樣適應快樂。快樂總是令人開心；舒適感可能會令人

開心一段時間，但通常無法持續太久。他表示：「許多帶來舒適感的事物最初令人十分滿意，但很快就會淡化成例行公事，被視為理所當然。」[23] 我猜我買書是為了舒適感，而不是為了享受閱讀的快樂。相較之下，音箱每天都能給我帶來純粹的快樂。這種差異可能有助於解釋，為什麼我似乎可以適應這個東西，卻無法適應那個東西。結論是，如果我們想過得幸福，就必須願意為了快樂而犧牲舒適感。這在現實中代表什麼意思？拋下新車去露營？不換新手機，把錢拿去買交響樂團的季票？住在比較小的房子裡，省錢去海外旅行？投資太多錢在舒適感而非快樂上，會阻斷我們充分得到幸福的可能。

人們有時會建議你花錢買經驗，不要花錢買物質。[24] 這些人當中包括真正的行為經濟學家。有三位行為經濟學家曾經寫道：「購買體驗（花在經驗上的錢）往往比購買物質（花在擁有上的錢）提供的快樂更持久。」[25] 背後的原因當然不只一個，不過快樂和舒適感之間的區別卻很適合說明為什麼要這樣做。根據我的推測，相對來說，正向的經歷更有助於感到快樂，而有形的物質通常卻是提供舒適感。

西托夫斯基表示，快樂還有另一項特點：和舒適感相比，快樂更容易和他人分享。[26] 瑞典諺語傳神的表達出這個概念：「分享快樂，快樂加倍。」[27] 如果我從事讓自己快樂的活動，並且身邊環繞的事物也都是能激發快樂的事物，也許其他人也能參與其中。經濟學家會說，這表示這些活動有正外部性。我

很開心，會讓他們也很開心。西托夫斯基認為舒適感卻沒有這樣的品質。為了避免自身的痛苦與不愉快而購買的事物，通常不會為身邊的人帶來相同的感受。想想圍欄、空調裝置、警報系統等，如果它們有礙觀瞻或產生噪音，甚至可能讓鄰居惱怒異常。聽起來是不是很熟悉？那麼，請多多參與活動獲得體驗，並投資在同時能讓其他人開心的事物上。

期望：請隨時控制你的渴望與期望

　　貝瑞・邦茲（Barry Bonds）是匹茲堡海盜隊（Pittsburgh Pirates）的職業棒球員。他在 1991 年薪資大幅提升，從 85 萬美元增加到 230 萬美元。問題是，他要求的年薪是 325 萬美元。所以他失望極了，並抱怨道：「不管貝瑞・邦茲怎麼做，都無法滿足匹茲堡。我一直感到很傷心。」[28] 這則故事因為數字驚人所以顯得特別有趣，但是每個人都發生過類似的事情。想像一下，如果你意外得到 5% 的加薪，你會有什麼感覺？你可能會很高興，尤其你根本沒想到會加薪時更高興。現在想像一下，當你預期加薪一成，可是只得到 5% 時，你又會有什麼感覺？你很有可能不會那麼開心，甚至會感到既悲傷又失望。

　　一般的看法是，我們的幸福不只反映出發生在我們身上的事，還包括我們的期望與希望。經濟學家將這個概念稱為「渴望水準理論」（aspiration-level theory），它很清楚的顯示，幸福是和期望有關的結果的函數。如果結果超出預期，你會很開

心。如果結果不如預期，你會很難過。這表示幸福感會隨著結果改善而增加。在其他條件相同的情況下，結果愈好，你就感到愈幸福。但是，這也表示幸福感會隨著期望增加而降低。在所有條件都相同的情況下，你的期望愈高，你對結果的滿意度就會愈低。

身為教育工作者，我時常對學生收到成績單時的反應感到意外。有些人對 A－非常憤怒，因為他們以為可以得到 A。有些人卻對 C＋非常滿意，因為他們本來以為會被當。他們的反應不僅反映他們的考試成績，也反映出他們的期望。

渴望水準理論有助於解釋，為什麼人們變得更富有時，幸福感不會跟著上升。假設人們的期望在他們賺到更多錢的時候隨之上升。當你住在學校宿舍時，可能會渴望擁有自己的公寓，再小也沒關係。當你住在小公寓時，可能會渴望住進更大的公寓。當你住進更大的公寓時，可能會渴望住在自己買的房子裡。依此類推：你擁有愈多，期望就愈大；也許，你認為自己應得的東西也愈多。若是如此，得到更多錢而對幸福感產生的正面影響，會被上升的期望對幸福感產生的負面影響所抵消，最少也會抵消掉一部分。行為經濟學家將這種現象稱為「渴望跑步機」（aspiration treadmill），這項概念由來以久。大約兩千年前，斯多葛學派（Stoic）的哲學家塞內卡（Seneca）就曾指出這個問題。他寫道：「過度的繁榮確實會使人貪婪，而且人的欲望無法控制，絕對不會因為得到滿足而消失。」[29]

　　為什麼渴望與期望在我們的幸福感上扮演如此重要的角色？為什麼人們往往如此重視它們？其中一個原因可能是沒有它們就很難評估結果。「我考得好嗎？」「我有吸引力嗎？」「我是個好人嗎？」這些問題很難回答。但是如果用這種方式來提問就更容易回答了：「我是否考得和預期中一樣好？」「我是否像我渴望的那樣具有吸引力？」「我是否像我想的那樣經常行善？」如果前面的問題比較難回答，我們自然想用更容易的問題來取代。人們重視渴望與期望的另一個原因，可能源於自然進化。想像一下，在很久很久以前的進化史上，有些人對他們咀嚼的骨頭和居住的洞穴感到滿意，但有些人卻不滿意。不難想像，不滿意的那群人最終會累積更多資源，幫助他們活下來，而且活得更好。如果真是如此，我們都是不滿意的那群人的後代。想想螞蟻和蚱蜢的寓言。螞蟻整個夏天都在辛苦工作，為冬天累積食物，而蚱蜢除了彈琴唱歌、悠閒享受之外什麼都不做。冬天來了，螞蟻活了，蚱蜢死了。寓言寫到這裡就結束，不過你想想如果這個故事有後續，到了下一代，剩下的就只有螞蟻，沒有蚱蜢了。我們這些在進化史上倖存下來的人，都是螞蟻的後代。我們可能生來就該不滿意現況，因為那是深深刻在我們基因裡的遺傳因子。

　　為自己設立期望可能是一件好事，至少有時候是好事。期望與渴望可能會激勵你更加努力、更聰明的工作，也可能會幫助你在生活中取得更多成就。但是，就像貝瑞・邦茲的例子，

過高的期望可能會造成問題。控制過度的期望並設定合理生活
目標的能力至關緊要。研究人員將這項能力稱為「目標調整」
（goal regulation），也就是接受、脫離並重新訂定個人目標的過
程。研究人員會告訴你，不合理的目標是通往幸福的大路障，
擺脫不合理目標的能力，可以提升你的幸福感。[30]

社會比較：請盡量不要拿自己和他人比較

有一個老笑話是關於被熊襲擊的兩名露營者。一個露營者
跪下來開始繫鞋帶。「你在做什麼？」另一個人問：「你認為自
己能跑得比熊還快嗎？」「喔，不。」那個人回答：「我不需要
跑得比熊快，我只需要跑得比你快就行了！」這則笑話中隱藏
著一個重要的心理事實。我們通常不是以絕對角度來考慮自身
表現：「我能以每小時 10 英里的速度跑完全程嗎？」而是相對
角度來思考：「我能跑得比下一個人更快嗎？」

社會比較的概念在於，反映出我們生活中的幸福感，不是
以絕對的標準作為參考，而是比較其他人過得如何當作標準。
我的收入比姐夫多嗎？如果是這樣，很好。我的收入比較少
嗎？如果是這樣，不好。有證據顯示，這種相對的比較對許多
人來說非常重要，至少在某些領域的確如此。[31]

有時候，使用相對標準很合理。如果你想逃離大熊（而且
一點都不在乎露營夥伴的死活），相對速度是唯一重要的事。
如果你想贏得奧運金牌，看的也是相對速度，重點是要跑得比

其他人快，不需要達到任何特定的速度。

有時候，使用相對標準做比較注定沒有意義。人們將這種沒有意義的社會比較稱為「比闊」或是「比排場」。實際上，很多時候這種比較確實沒有意義。一方面，如果每個人都想比排場，就等於所有人都投入一場零和賽局，不管你擁有多少，最多只會有一個人擁有的東西比其他任何人都多。如果人人都不要拿自己和其他人相比，其實人人都可以對自己擁有的東西感到滿意。另一方面，如果事事都想和別人比較，很可能會讓自己陷入一場無法取勝的軍備競賽。假設我犧牲所有休息時間和所有錢，買下一輛比你的車還拉風的跑車，也許我短時間內會顯得比你更有排場。但是，過了一陣子，假設你也買了比我更好的車，你也可能會在短時間內顯得比我有排場。最後，我們可能會發現自己在挖坑給自己跳，即使兩個人都做出巨大犧牲，相對上卻沒有贏過彼此一分一毫。

這個概念有助於解釋，當一個國家變得更富裕時，幸福感提升的速度為什麼不會因此加快。假設上漲的潮水或多或少的抬高所有船隻，即使相對於陸地，所有船隻的高度都上升了，但是它們之間的相對高度卻不會發生任何變化。類似的情況可能會發生在金錢與幸福感上。假設我們所有人隨著時間都變得愈來愈富有，即便我們所有人都有更多錢，我們之間的相對財富則根本沒有改變。如果我們的幸福感取決於我們比別人賺得多還是賺得少，那麼即使我們在物質上愈來愈富裕，我們的幸

福感也一點都不會改變。

　　為什麼想和他人比較的衝動，讓人如此難以抗拒？如同之前所說，原因之一可能是我們很難對下列這類問題做出絕對的判斷：「什麼樣的公寓算好？」「什麼樣的車才是好車？」「拿多少薪水才算優渥？」如果將問題替代成下列問法則容易多了：「我的公寓、汽車或薪水比鄰居好還是比較差？」如果我們不夠小心，可能會將第二組問題的答案和第一組問題的答案混淆在一起。又如同之前所說，另一個原因可能和進化相關。在生存與繁殖上，大自然比較喜歡選擇在相對規模而非絕對規模上表現得更好的人。以這種角度來看，人類受制於自然的選擇，就像被熊追趕一樣，只要跑得比較快，就能活下來。

到底怎麼回事？

　　所以你想要幸福嗎？經濟學不會果斷的告訴你得努力賺更多錢，儘管有錢可能會有所幫助。但是，如果你想過得更幸福一些，可以試試以下三項技巧或策略：一、把時間與金錢花在你不大可能適應的事物上。選擇快樂而非舒適感，選擇體驗而非物質，以此類推。二、控制你的渴望與期望。三、除非萬不得已，否則避免拿自己和其他人比較。

　　你能讓自己變得多幸福的程度有限。首先，你的幸福在某種程度上，受到許多你無法控制的外部因素所限制。你的國家

有多富足，能夠提供多大的自由等，都會影響你的幸福感。我們體內的進化遺傳可能會讓我們無法感到百分之百的幸福，這表示我們可以使自己幸福的程度也會有所限制。如果你不如自己希望的那麼幸福，或者你不如自己認為應得的那麼幸福，並不完全是你的錯！

　　還有一點很重要，之前也提過，別忘了科學研究中報告的都是平均值，對你可能適用，也可能不適用。那些適用在你身上的部分會反映出你的價值觀與偏好，以及你可能有辦法控制或無法控制的許多條件。

　　也就是說，這三項建議認為，在某種程度上，我們確實可以控制幸福。英語的「幸福」（happiness）和「發生」（happen）都源自早期斯堪地那維亞語，意指「運氣」或「機會」。但是和字源不同的是，幸福並不只是發生在我們身上的事。如果你的幸福水準反映的是你所從事的消費類型、你的期望，以及你所做的比較，那麼幸福就不僅是運氣或機會的問題。運氣或機會可能會影響你的幸福，但它們並不是幸福的全部。在這個前提下，幸福就在你的掌控之中，而經濟學可以在你征服它的路上，助你一臂之力。

07

如何避免
過度自信

太空人巴茲・奧爾德林（Buzz Aldrin）是最早登陸月球的兩名勇士之一。那次的登月任務被稱為「阿波羅十一號」（Apollo 11），發生在 1969 年。三十五年後，有人問奧爾德林他當時最擔心什麼事。他回答：「嗯，我認為我們非常努力的避免過度自信，因為當你過度自信時，總會有意想不到的東西突然跳出來咬你一口。」[1]

你不用成為太空人，也知道他在說什麼。我猜我們都明白他的意思。當你開始一項新計畫或旅程時，你會異常謹慎。你謹言慎行，一步一步依照計畫行事。你仔細檢視，尋找任何代表出錯跡象的徵兆。但是過了一段時間，你很容易開始自我感覺良好。事情有所進展，感覺輕鬆自在。你很享受事情進展順利的事實。然後，突然間，砰！非常糟糕的事就此發生。完全出乎你的意料之外。

發生這種情況時，回頭找出導致不幸的原因會很有幫助。在回想時，你往往可以想到一些那時看起來就不大對勁的跡象，只是你當下沒有注意到。你忽略這些跡象，因為你覺得事情進展順利。你認為徵兆不可能正確，因為你以為自己掌握了一切。你實在太有自信。

「決心的赤熱光彩，」哈姆雷特驚呼：「被審慎的思維蓋上一層灰色。」莎士比亞很清楚發生了什麼事。

我在海上航行時有過很多類似的經歷。我一生都在出海航行，但事情有時候仍會出錯。我差點撞上本來不應該出現在那

裡的岩石與燈塔。有一次我不得不發出信號，請海岸防衛隊來
拯救我。當然，事故總是出乎意料，否則我們不會叫它「意
外」。但是，當我回過頭來反思事情的進展時，幾乎總能想到
事後看來清晰可見的危險訊號。可能是儀器上的奇怪數字、視
野中一閃而過的黑影，或是意想不到的光源等。如果我當時注
意到了，就能知道有什麼事情不大對勁。可是，因為這些跡象
不符合我腦袋裡的預設想像，所以我選擇忽略。我當時非常相
信自己知道我在哪裡，以及我在做什麼。

　　過度自信被稱為「所有偏誤之母」。[2] 行為決策的研究人員
對它進行長達半世紀的仔細研究後，學到很多東西。其中大部
分既有趣，卻又令人沮喪。在一項非常經典的研究裡，93％的
美國司機認為自己的駕駛技術水準高於中位數。[3] 想像一下，
讓所有美國汽車駕駛人從最差到最好，由左至右排成一行。然
後，一百個人之中有九十三人認為他們應該站在右側。不管他
們的技術有多好，這在數學上明顯就不可能。它就像是在一條
長長的人龍中，每個人都想站在隊伍前端一樣荒謬。

　　過度自信不僅到處可見，總是頑強不移，使我們付出高昂
代價。它幾乎無處不在，很難擺脫，各種事故、意外與災難都
和它脫不了關係。唐·摩爾博士（Don Moore）寫過一本關於
過度自信的書。他表示：

鐵達尼號（Titanic）沉沒、車諾比（Chernobyl）核電

廠事故、太空梭挑戰者號（Challenger）與哥倫比亞號（Columbia）失事、2008 年次級房貸危機與隨之而來的經濟大衰退、墨西哥灣深水地平線（Deepwater Horizon）漏油事件等，全都可以歸咎於過度自信。過度自信可能導致股市交易過熱、創業失敗率高、法律糾紛、政治黨派之爭，甚至引發戰爭。[4]

過度自信之所以特別強大，是因為它是一種類似軍隊中所謂的「力量倍增器」，只可惜它永遠只會帶來負面效果。力量倍增器是在重要時刻為士兵提供額外優勢的東西，但過度自信卻會讓我們在受到其他偏誤影響時，把情況變得格外嚴重。錯誤或無能本身並沒有那麼糟糕，但是錯誤或無能加上過度自信可能會致命。我一點都沒有誇大。

1980 年代美國電視劇《大榔頭》（*Sledge Hammer!*）的主角是一個極不穩重的警官，看到任何問題都想以蠻力解決。[5]他最著名的台詞是：「相信我，我知道自己在做什麼。」每次只要他說出這句話，事情就會變得很糟糕。問題不只在大榔頭無法執行像拆除核彈之類的艱難任務，畢竟大部分警察都做不到。問題是，他對於自己有能力拆除核彈深信不疑。他的過度自信使他認為他知道自己在做什麼，而實際上他並不知道。能力和自信之間的差距衍生出他造成的所有問題，喜劇與戲劇效果也由此而來。我們每個人都認識幾個大榔頭，更糟糕的是，

至少在某些時候，我們也都是大榔頭。

　　我猜想當你得知經濟學可以幫忙解決過度自信的問題後，將會如釋重負。行為經濟學家提出三項策略，可以減少你對自己和他人過度有信心的狀況。這些策略同樣也適用於建立不會過度自信的團隊。第一，我們可以使用及時、明確且常態發生的證據，持續對抗自己的信念。時時提醒自己我們犯錯的頻率有多高，似乎有所幫助。尤其是在找不到其他藉口解釋時，效果更佳。第二，我們可以強迫自己和他人反省我們可能犯錯的原因。這樣做非常困難，因為人類本性傾向找出自己做對的理由。但是，強迫自己思考最終證明是自己做錯事的各種情況，似乎可以幫助我們明白出事的機率，並沒有像我們一開始以為的那麼低。第三，我們可以改變做決定的環境，以此降低過度自信的滋生。

　　「認知謙遜」（epistemic humility）是一種智力美德。它的基礎是，明白我們的知識一直都不完整、只是暫時的理解，並且有可能在新證據出現後就需要修改。卡爾‧韓培爾（Carl Hempel）是 20 世紀最偉大的科學哲學家之一。認識他的人告訴我，他從來不會因為某項觀點恰好是他提出的想法便出言偏袒。這就是認知謙遜。這是一件好事，避免過度自信和具備認知謙遜息息相關。缺乏認知謙遜是一種不良習慣。這是一件壞事，我們的私人生活與公共政策會因此承受巨大損害。

　　本章描述如何以經濟學的方法培養認知謙遜，並提供許多

實踐建議。古希臘哲學家亞里斯多德（Aristotle）認為，美德是過度和不足之間的中庸之道。[6] 經濟學家也同意，認知謙遜存在於過度自信和自信不足之間。你要避免過度自信，也要避免自信不足。如果你真的是拆彈小組的成員，並且知道如何拆除爆炸裝置，那麼假裝你什麼都不懂，不會有任何好處。謙虛自牧不等於溫馴懦弱。當你知道自己在做什麼的時候，充滿自信是一件好事。你可以保持謙虛，同時又避免過度自信和自信不足。正如經濟學家所說，目標需要時時進行校準。

亞里斯多德同時也認為，當一個有德行的人並不容易。[7] 經濟學家也同意這個觀點，所以你不會讀完這一章就變得更謙虛。（真抱歉。）在過剩和不足之間取得適當的平衡，需要集中注意力與堅持不懈的練習。經濟學會告訴你應該注意什麼，以及如何實踐。這些建議適用於偶爾會過度自信的任何人，換句話說，就是我們所有人。它也可以適用在你、其他人或你的團隊上。接下來我們會看到支持這些建議的大量證據。

以經濟學方式處理信心問題和其他方法截然不同。流行文化提供種類繁多的書籍、podcast，以及告訴你如何增強自信的各種產品。它們背後的假設似乎是愈有自信就會愈幸福、愈受歡迎、愈有錢。經濟學家會告訴你那是錯的。過度自信會導致魯莽、失敗、悲傷與失望，讓你變成另一個大榔頭。舉例來說，當你在教養孩子或管理團隊時，你不會想要無底線、全面的提高他們的信心，不是嗎？

　　本章的重點是幫助你找到自信不足和過度自信之間的最佳平衡點。我們希望你可以根據任務與能力水準，擁有恰到好處的信心。我們想讓你知道，什麼時候真的可以說出「請相信我」，什麼時候不能這樣做。

什麼是過度自信？

　　我們必須知道經濟學家認為的過度自信是什麼，以及他們怎麼知道那就是過度自信。首先，讓我們將你以為事件會發生的機率，和它實際發生的機率區分開來看。也許你買了一張樂透彩券，並相信今天有10％的機會中獎。我們把這個數字稱為你的「主觀機率」。如果你想知道某人的主觀機率是多少，可以直接問他們。主觀機率是一個人信仰系統的特點之一，即使關注同一起事件，主觀機率也會因人而異。所以，也許我認為你今天有50％的機會中獎。我的主觀機率不需要和你的認知一樣。事實上，它們通常會有所不同。

　　主觀機率必須和「客觀頻率」區分開來討論。客觀頻率是事件在特定情況下發生的次數，以分數表示。假設你購買發行量一百張的樂透彩券中的一張，並且中獎彩券是隨機選擇。在這種情況下，你的中獎機率是百分之一，即1％。這就是客觀頻率。客觀頻率是生成事件過程的一項特徵，我們無法直接問它們。換句話說，你不能去找一個知道這件事的人，問他相信

什麼，就因此搞清楚這件事。客觀頻率有事實根據，和人們相信什麼無關。當我們在討論同一起事件時，客觀頻率不會因人而異。

「校準」和主觀機率與客觀頻率之間的關係有關。當你的主觀機率符合客觀頻率時，你就算是經過完美校準了。在前文的例子當中，我們都沒有經過校準。為了進行校準，我們的主觀機率必須等於這起事件的客觀頻率，即百分之一。如果經過校準的人有 90％確定自己是對的，實際上十次裡有九次就會是對的。

信念的校準通常是一件好事。想像你聘請一名結構工程師來告訴你房屋倒塌的可能性，而他 99.99％確定你的房子不會倒塌。如果一次天災讓許多像你家這樣的房子塌了一半，你完全有理由感到沮喪又失望，不僅對房子的狀況沮喪，也對工程師失望。校準不佳的結構工程師可能會造成實質性的傷害，包括財產損失與人命損失。

如果你的主觀機率超過客觀頻率，我們會說你過度自信。如果主觀機率較低，你就是自信不足。剛剛提到的結構工程師顯然過於自信了。就像過度自信的我每次都將鬧鐘設在清晨 5 點，也有信心自己一定一到 5 點就起床；然而實際上，十有八九我會每十分鐘按一次貪睡鈕，至少多睡上一個小時。信心和你有多相信自己的信念有關。原則上，你可以是過於自信、完美校準，甚至也可以是自信不足。

　　要評估過度自信的程度，最簡單的方式是提出幾道是非
題。首先，我們要問類似下列的題目：「以下說法是對是錯？
（a）沙加緬度（Sacramento）是加州首府，（b）苦艾酒是一種
寶石。」然後，針對每個題目再詢問：「你對自己的回答有多
少信心？」並且邀請參與者以 0％到 100％評估自己的信心；
這樣做可以得出他們對每道題目的主觀機率。然後，依照他們
的信心程度排序。比如，將某個人 100％確定的所有題目放成
一堆，再計算實際上回答正確的數量。一個經過校準的人應該
答對這堆問題裡所有的題目。

　　當研究人員這麼做，最終就得到圖 5 顯示的結果。[8] 圖 5
的 X 軸代表人們的主觀機率，Y 軸是客觀頻率。經過完美校
準的人會有一條和 45 度斜對角線重合的「校準曲線」。對這些
人來說，主觀機率一直等於客觀頻率。然而，現實情況看起來
卻有些不同。在最左邊，可以看到人們對題目都有 50％的主
觀機率，這些是人們自認為一點概念都沒有的題目。看到問題
之後，他們覺得自己既可能答對，也可能答錯。然而，實際上
人們猜對這些題目的機會比一半還高一點，代表他們不夠自
信。但是，對於大多數題目，人們卻過於自信。愈往右移，自
信程度愈高。當人們有 100％的把握時，會變得十分自我膨
脹、自信超群。有項經典研究發現，當人們絕對、肯定、
100％確定某件事時，大約只有 70 ～ 80％的時候是對的。[9]

圖5 校準曲線

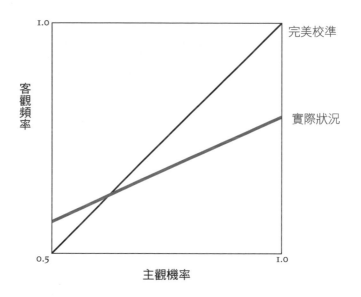

圖 5 立刻告訴我們一項重要訊息：信心是過度自信的風險因素。在所有條件相同的情況下，一個人愈自信，就愈容易過度自信。其實仔細想想，這應該不大需要感到意外。我們都看過有些人就是會過度自信的表達自己，對任何事情都充滿信心，對於誰會拿到諾貝爾文學獎，再到洛杉磯哪一部塔可餐車最好吃，他們都有獨特的看法。這些人這一秒是憲法專家，下一秒搖身一變就成為流行病學專家。這種過度膨脹的信心其實是種危險信號，明顯的過度自信，並且缺乏認知謙遜。

過度自信的另一個風險因素是困難。總括來說，任務愈困

難，評估就愈容易過度自信。問題很簡單時，知識淵博的人在
做評估時反而會自信不足。如果你問我住在哪個城市，我不會
過於自信，但其他人卻可能會有不同程度的過度自信。問題很
困難時，不管人們的主觀信念程度有多少，幾乎都會出現過度
自信的現象。如果問題非常困難，研究發現，校準曲線基本上
呈現水平狀，這代表人們對自己評估的信心和答對問題的準確
性之間沒有任何關係。舉例來說，預測股市非常困難。實際
上，有些經濟學家甚至認為不可能有人做得到。在這樣的情況
下，我們應該預期會看到巨大的過度自信。你認識的那些人，
習慣在非常困難的問題上以極度肯定的態度大放厥詞，很可能
就是過度自信。也許在知道這一點後，你可以有點同情心，稍
微提高一點對他們的容忍度。

我們對過度自信了解多少？

　　大量研究顯示，過度自信不僅到處可見，總是頑強不移，
使我們付出高昂代價。首先，過度自信普遍得令人震驚。[10] 對
於大多數人和大多數的任務判斷，你可以預期會看到某種程度
的過度自信。但是，就像我們剛才談過，還是有些例外。其中
之一是當評估者知識淵博，而題目很容易的時候。詢問經驗豐
富的汽車修理師傅是否會更換機油時，你不大可能得到過分自
信的回答。然而除此之外，過度自信基本上就是常態。

　　過度自信同時可以用頑強不移來形容。它會強烈反抗你採取的許多行動，讓你難以減少自己或他人的過度自信。而它如此頑強不移正有助於解釋為什麼它這麼常見。即使你再努力嘗試擺脫它，也很難成功。

　　過度自信對資訊有抵抗力。當人們獲得更多資訊，即使資訊和問題的答案相關，過度自信通常也不會減少。在一項經典的研究中，不同資歷的心理學家要回答關於真實病人的行為、態度與興趣等問題。[11]當他們知道愈多關於病患生活的資訊時，對自己的回答就愈有信心。儘管他們的答案準確性幾乎沒有提高，他們過度自信的程度卻隨著知識增加而變得更高。

　　尤其，學習關於過度自信的知識並不會帶來任何差異。[12]你可能以為告訴人們過度自信有多麼普遍；請他們反思自己也可能很容易過度自信；囑咐他們要小心等，將會有所幫助。可惜事實並非如此。我們無法藉由向人們提供更多此類資訊，來解決過度自信的問題。我希望我可以告訴你，只要讀完這一章就能幫助你改善狀況，可惜實際發生的機會並不大。

　　過度自信似乎對專業知識也有抵抗力。你可能以為專家比一般人更不容易過度自信。畢竟，深入研究知識是專家能成為專家的重要原因。但是，許多研究顯示，專家和業餘人士、研究所學生一樣容易過度自信。回頭看看上面提到的真實病患研究，參與者是臨床心理學家，大部分都有博士學位，但他們和心理學研究生、大學高年級生相較之下，答對問題的準確度並

沒有比較高,也不會比較沒信心。克里斯汀－森桑蘭斯基
(Christensen-Szalanski)與布西海德(Bushyhead)在另一項相
似的實驗中,針對診斷出疑似肺炎病患的醫生做研究。[13]結
果,校準程度確實很低,醫生表現出很大程度的過度自信。當
醫生聲稱有 80％以上的把握,確定病患有肺炎時,僅有大約
20％的病例在 X 光片中證實肺炎的存在。其他研究發現,在
銀行家、高階主管、土木工程師,以及其他應該在專業領域內
做出專業判斷的人當中,過度自信是很普遍的現象。

　　過度自信對激勵措施同樣也有抵抗力。當人們受到激勵去
做正確的事,或是試圖避免過度自信時,也並不會降低過度自
信的程度。為了測試提高激勵 賞是否會降低過度自信的程
度,巴魯克・菲施霍夫(Baruch Fischhoff)和他的同事要求參
與者以賠率來評估自己的信心,並根據這些賠率下注。[14]結果
顯示,過度自信的程度有降低,但依舊很高。當參與者說他們
正確的機率是 100：1 時,如果經過良好校準,他們應該說的
是 4：1;當他們說賠率是 100,000：1 時,其實上卻是 9：1。
大多數參與者同意拿現金下賭注。因此,如果主持實驗的學者
真的將贏來的賭金收走,可以賺取不少利潤。在另一項經典研
究中,兩組學生被要求回答同一組和課程相關的多選題。測試
組被告知他們在做的就是期中考試,而對照組則被告知他們只
是在練習。更有動機回答正確的測試組得分沒有比對照組高,
可是明顯更有自信。在這個例子裡,過度自信的程度實際上似

乎隨著動機的增加而提高了。

綜合以上所述，過度自信不僅出現在實驗室內，也出現在實驗室外。當知識淵博的專家在他們的專業領域內做出判斷時，當人們有動機提供準確的評估時，過度自信就會出現。

最後，過度自信的代價十分高昂。最明顯的是，過度自信會導致錯誤的決定。正如摩爾指出，過度自信和金融危機、意外、破產、法律糾紛、政治黨派偏見，甚至戰爭都有關係。如果過度自信是促成事件發生的因素，那麼它讓我們的金錢與生命都付出巨大的代價。布萊德·巴博（Brad Barber）與特倫斯·歐丁（Terrance Odean）在論文〈交易對你的財富有害〉（Trading is Hazardous to Your Wealth）中明白表示，頻繁交易造成投資人損失重大。[15] 兩位作者認為問題出在過度自信上。在他們看來，過度自信使人們產生誤解，相信自己預測股市價格的能力比實際上更強，對自身能力的過度自信，導致他們掏出真金白銀下注。因為他們實際上並不擅長預測股市，所以最終投資自然會賠錢。交易最多的那群人，績效比市場平均低了 6.5％。聽起來好像不多，但根據投資組合的規模而定，這可能是很大一筆現金。如果你夠幸運擁有 100 萬美元可以投資，那麼這筆差額就是一年損失 6 萬 5,000 美元。如果你年復一年犯下同樣的錯誤，經過複利計算後，損失將會變得更嚴重。

這兩位作者在 2001 年再次合作，發表一篇論文題為〈本性難移〉（Boys Will be Boys），研究股市投資人的性別差異。[16]

巴博與歐丁的假設是，男性在金融方面往往比女性更容易過度
自信。他們認為，自信心愈高的投資人交易就愈頻繁，因為他
們試圖緊緊抓住股價短期波動的時機，期望能低買高賣。在分
析來自三萬五千個家庭的數據後，他們發現男性的交易量比女
性多 45％。而且，因為頻繁交易對投資不利，所以男性的績
效比女性差多了；這裡實在有很多大榔頭。如果這些人進行當
沖是因為有趣，將它視為一種消遣、嗜好、生活方式或身分象
徵，那麼他們的行為就不一定不理性。但是，我希望他們了解
這個嗜好有多麼昂貴，不如改為收藏瑞士高級鐘錶，或是參加
海上帆船比賽，至少還比較省錢。

　　部分原因在於，過度自信會滋生自滿的情緒。[17] 摩爾引述
《箴言》（*Scripture*）：「驕傲在敗壞以先；狂心在跌倒之前。」[18]
如果你確信自己會在考試中取得優異成績、贏得官司，或者在
比賽中拿下冠軍，你可能會認為不需要做太多準備。但是，不
閱讀簡報資料的政客、不仔細研究案件的律師，以及不為比賽
好好訓練的運動員，比起努力認真的人們，成功的可能性自然
低了很多。畢竟，自滿是成功的敵人。

　　過度自信也會讓你感到失望與疏離，讓失敗變得更難以忍
受。如果你堅信自己一定會成功，不僅會提高失敗發生的可能
性，而且會在失敗後更一進擴大失望與幻滅帶來的痛楚。當你
預料到會失敗，乾脆完全放棄的可能性便會大幅提高。舉例來
說，如果你有一個十多歲的孩子，全方位提升青少年的自信心

絕對是大錯特錯。青少年的過度自信會導致各式各樣的危險行為，其中一些行為甚至可能致命。另一方面，對失敗的恐懼可能也會阻礙他們，連第一步嘗試都邁不出去。發展心理學家憂心，當我們盲目隨意的試著為孩子增強自信心的同時，可能才是真正的在傷害他們。[19]

過度自信會導致衝突。[20] 如果你和我在某一件事上意見分歧，我們的歧見可能會開啟一場成果豐碩的對話。真正的思想交流對雙方都有好處，因為我們會深入探索歧見的本質，了解有哪些證據支持我們各自抱持的信念。但是，要產生真正豐碩成果的對話，前提是我們都同意雙方可以從傾聽彼此中學到教訓。這就需要一定程度的認知謙遜。如果你和我意見分歧，且兩人都過於自信，我們可能會直接認定和對方交流沒有任何意義，理所當然的認為對方無能、帶有惡意，或者就是心懷不軌的廢物。這種衝突將會削弱我們向他人學習的能力。

雖然過度自信真的會造成損失，但是在通俗文學裡似乎看不到太多和這項事實有關的作品。如果你上網搜尋關於自信的自我成長書籍，會看到好幾頁的搜索結果。這些書籍幾乎全都承諾，等你擁有一定程度的自信之後，就會勢不可擋，因為自信可以幫助你實現所有目標，在你需要的方面獲得成功，還能依照自己的方式隨心所欲的生活。你看，光是一本書的書名就呈現出這麼多光明的未來。[21] 不可否認的是，確實有些人在某些特定情況下可能因為自信程度較高而受益。但是，全方位的

提高自信心絕對不正確。高度自信並無法提供上述的一切好
處，它其實更可能對你造成傷害。如果可以，經由校準來避免
自信不足與過度自信，才是我們應該追求的目標。

　　忽略那些自我成長書籍，好好聽聽經濟學家怎麼說。

過度自信的來源

　　說到這裡，你可能還抱持著懷疑的態度。如果行為經濟學
家沒有錯，那麼我們大多數人在大部分時間，以及大半職業生
涯中，都是過度自信到可笑的地步。人們有可能在這麼長的時
間裡，這麼樣的過度自信嗎？我們不會學習和適應嗎？研究結
果表示，答案是「對」，也是「不對」。可悲的是，我們沒有從
任何地方學到我們以為自己學到，或是認為自己應該學到的東
西。過度自信源於認知偏誤的完美風暴。這場風暴有助於解
釋，過度自信為何如此普遍又具有抵抗力。

　　首先，過度自信有時是選擇的結果。[22] 那些只會說「一方
面……另一方面……」的經濟顧問顯然讓美國總統哈利・杜魯
門（Harry Truman）深感挫折，導致他大聲疾呼：「找個只有
單方面答案的經濟學家給我！」[23] 杜魯門不想要什麼謙虛的總
統府顧問，他想要的是極為自信的人。想一想你在電視上看到
的「專家」，杜魯門想要的就是那種派頭。電視新聞或時事節
目邀請的來賓，不一定都擁有合格的正式資歷，讓他們上鏡的

資格是，懂得如何在節目裡發言以拉高收視率。節目往往邀請大膽、好鬥、充滿戲劇效果以及有爭議性的來賓，認知謙虛是他們避之唯恐不及的特質。既然選擇標準是信心程度，那麼選出的「專家」自然全都是過度自信的人。正如我們在前文看到，信心將舉起代表危險的紅色旗幟。

有一部分原因在於，信心和能力可能遭到混淆。我的臉在幾年前曾得過皮膚病，皮膚科醫生在替我診斷時，大部分時間都看著窗外，著實讓我大吃一驚。我還記得自己走出診所的時候，竟十分佩服居然有皮膚科醫生連看都不用看就能診斷出病因。之後，我才意識到自己犯了一個錯誤。因為醫生表現得非常有自信，我便以為他一定非常能幹，可是自信和能幹實際上是兩種不同的特質。當時，我沒有證據證明他比其他同科醫生更能幹或更無能。這則故事既有趣又悲傷的地方在於，我那時正在寫作關於過度自信的章節，應該更早發現自己的謬誤才對。他的診斷是對的，我的病也治好了。但這起事件足以說明，不把信心和能力混為一談有多困難。

其次，我們缺乏有用的回饋意見。我們非常希望能夠從過度自信的失敗中汲取教訓，做出相應的調整。但這個希望的前提假設是，我們可以蒐集到大量的結果回饋，告訴我們相關資訊，像是實際上發生什麼事、我們是否正確等。然而，適當的結果回饋通常很難取得，原因有很多，可能是資料不充分、模稜兩可、代價高昂，或者有其他原因。我們一旦做出預測，就

會根據它採取行動。採取行動後,我們改變了預期的結果。無論我們根據預測來行動後發生什麼事,都不能直接用來確認或證明預測是對是錯。在某些情況下,我們連大方向是否正確的結果回饋都無法取得。像是「如果由另一方主導,情況就不會是現在這樣」之類的說法,屬於「反事實的」(counterfactual)陳述,描述的是如果當初情況不同,現在的情況又會是如何。反事實的陳述是對是錯,無法直接看結果回饋來決定。理論上,我們能夠根據發生的事,以適當的方式來調整信心程度,但實際上鮮少人能辦到。我們根本不會知道過去發生什麼事,也不知道如果情況不同,又會發生什麼事。

第三,要從經驗中學習比人們想像得困難許多,即使有結果回饋也不容易。原因之一在於,人們傾向只重視支持自己立場的證據,而忽視反對自己立場的證據。這種傾向被稱為「確認偏誤」(confirmation bias)。[24] 研究顯示,兩個信念截然相反的人,能夠將同一項模稜兩可的資訊都解釋成支持自己觀點的證據。[25] 忽視不確定性證據的人可能不會發現自己過去犯下的錯誤,自然不會認為未來需要更加謹慎。

我們從過去的錯誤中汲取教訓的能力,也受到所謂「後見之明偏誤」(hindsight bias)的影響。[26] 這種偏誤是一種誇大過去事件可預測性的傾向。一旦事情發生,我們似乎很難想像它還能有不同的結局。我們在事後誇大描述,自己原本事前應該可以預測到這件事,並且我們會記錯之前做的預測,如此一

來，就可以在事後加倍誇大，宣稱我們事前就知道這件事的發展。後見之明偏誤的受害者，可能永遠不會知道過去的預測有錯，因為他們記錯自己的預測。因此，他們未來做預測時，會認為沒有必要調降自信的程度。

　　證據顯示，當預測模糊且結果回饋不明確時，確認偏誤和後見之明偏誤都會變得更嚴重。[27] 人們傾向於記錯預測，並且會重新解釋結果，讓預測更符合結果，而不明確和模糊更是推了一把，大大降低人們完成這些行為的難度。事實上，我們所做的許多預測既含糊又模稜兩可，在生活、商業與政治中皆是如此。在這種情況下，出現規模不小的後見之明偏誤與確認偏誤，也在意料之中了。

　　第四，我們的認知能力和後設認知能力似乎密不可分。「認知能力」（cognitive ability）指的是執行某些心理任務或其他任務的能力；「後設認知能力」（metacognitive ability）則是指判斷自己表現的能力。關鍵在於，缺乏其中一項能力的人，往往也會缺乏另一項能力。在一篇發表後立即成為經典的論文中，賈斯汀・克魯格（Justin Kruger）與大衛・鄧寧（David Dunning）向實驗參與者提供邏輯推理、英文文法等類型的測驗。[28] 他們同時要求參與者評估自己相對於同儕團體的表現。實驗結果普遍發現，那些能力很強、在測試中拿高分的人，平均來說都有點低估自己的能力。那些非常無能、在測試中拿低分的人，則是完全高估自己的能力。邏輯與文法測試成績在同

儕中排名倒數 25％的參與者，通常認為自己的表現遠高於平
均水準。[29]

　　兩位研究者繼續探索，他們想要知道一旦參與者獲知其他
人的表現，又會是什麼情況。克魯格與鄧寧讓原始參與者「批
改」其他人的測驗卷，如此一來，他們便有更多資訊可以比較
自己和他人的表現。在理想狀況下，這些資訊應該對於改進自
己的表現評估有所幫助。得高分的參與者確實進步了。當他們
得知更多關於他人表現的資訊時，便立即朝著正確的方向（向
上）修正對自身能力的評估。相較之下，表現不佳的人卻沒有
進步。如果要說他們有哪裡「進步」，那就是他們往錯誤的方
向（也是向上）調整對自身能力的評估。基於這些結果，克魯
格與鄧寧認為，能力最差的人處於雙重劣勢之中，因為他們的
無能「不僅導致表現不佳，並且讓他們失去認知自己表現不佳
的能力」。[30] 因此，他們將論文標題定為〈無能且無自知之明〉
（Unskilled and Unaware of It）。

　　這些發現引發日後出現大量的論文，都在探討這個標題的
含義。[31] 看到這些數據呈現的模式，我心裡相當認同這個現象
的真實性，畢竟它非常符合我在大學的授課經驗。當程度很好
的學生來找我討論考試成績時，通常我只需要往正確的方向提
點一、兩句，他們就能立即想到答案。程度很差的學生來找我
時，即使知道了正確答案，他們仍然會繼續抗議自己的分數太
低。和程度好的學生不同，他們怎麼都分辨不出正確與錯誤的

區別。他們無法通過考試的原因,和他們無法清楚認識自己表現不佳的現實息息相關。雙重劣勢確實是個沉重的枷鎖,因為它剝奪程度很差的學生認知到自己並不傑出的自知之明,進一步削弱任何一絲改善的機會。

如果這些不同的現象,例如選擇效應、缺乏可靠的結果回饋、後見之明偏誤與確認偏誤,以及鄧寧—克魯格效應(Dunning-Kruger effect,縮寫為 D-K effect,又稱達克效應)可以相互抵消,也許情況還不會那麼糟糕。可是,它們不會互相抵消,我們很容易就能想到它們在各種重要時刻一起發揮加乘效果的情況。而當這種情況真正發生時,人們缺乏認知謙遜,甚至因此造成損害,也就沒什麼好驚訝的了。

避免過度自信

過度自信如此普遍又如此難以擺脫的現實狀況,聽起來可能令人沮喪,實際上也的確讓人沮喪,但我們還是有希望。雖然通俗心理學書籍仍然不斷倡導提升自信心,至少行為經濟學家已經找到策略,可以促進認知謙遜與減少過度自信。首先,利用良好的回饋意見和你的預測對質。第二,考慮你犯錯的原因。這些策略從哪裡來?經濟學家怎麼找到這些策略?關鍵在於,探索規則當中的例外情形。如果我們能找出避免過度自信的成功人士,那麼我們就能往正確的方向奔去。

約翰‧史都華‧彌爾指出一項悖論。[32] 原則上，每個人都知道自己容易犯錯。如果我們被問到：「你所做的每一件事都是對的嗎？」我們會給出否定的答案。然而，如果我們被問及特定的信念：「你對這件事的看法是對的嗎？」我們當中許多人會堅持自己是對的。這顯示我們對特定事物的過度自信比一般事物更高。所以問題來了：怎麼做才能讓我們在面對特定信念時變得和面對一般事物時同樣謙遜呢？

氣象學家的風評普遍不佳。許多人都曾經碰過氣象預報說會出大太陽，結果卻被淋成落湯雞。這類記憶總是令人難忘且充滿情緒。你可能還記得在應該陽光普照的活動上，被淋得溼答答的憤怒與失望。氣象學家只要預測失誤，所有人都會看到，這讓他們在眾人的印象中經常出錯，甚至遠比實際出錯的次數更多。實際研究顯示，氣象學家對降雨的預測其實非常準確，幾乎沒有過度自信。[33] 職業橋牌選手在面對「叫牌」時做出判斷的情況也很類似。[34]（相較之下，業餘人士也和我們其他人一樣，都是過度自信了。）這到底怎麼回事？

最明顯的解釋是，氣象學家和職業橋牌選手從過去的錯誤中汲取教訓。他們有兩項優勢使他們比其他人更具優勢。[35] 第一，他們做的判斷重複性極高。氣象學家一遍又一遍的給出相同類型的預測。他們每天都必須根據一組特定的觀察結果，推算出下雨的機率。職業橋牌選手也是不停重複的在做相同的判斷。現在叫某一種牌的機率是多少？那麼，現在呢？這一次

呢？第二，氣象學家和職業橋牌選手會得到定期、及時且明確的回饋；這一點尤其關鍵。氣象學家會在他們預測將下雨的第二天就知道是否真的下雨了；職業橋牌選手在一局結束後，就會知道叫牌後真正發生了什麼事。這些回饋很可靠，不僅回應速度很快，而且條理清楚。所有的一切都有助於他們從過去的錯誤中汲取教訓，與時俱進的提升校準能力。研究證明，決策者收到頻繁、及時且明確的回饋時，過度自信便可隨之減少。[36]

這些研究建議我們可以從兩方面下手。

第一，我們應該試著做出清晰、明確、可反證（falsifiable）的判斷。巴魯克・菲施霍夫曾經開玩笑說，如果你想以預測謀生，那麼你應該確定自己給出的預測是一個數值，或者一個時間，但是絕對不可以讓兩者同時出現。如果你堅持預測某個股市指數將達到某個數字，請千萬不要給出特定日期。如果你堅持預測某件事會在特定時刻發生，請確保不要說出會發生什麼事。如此一來，無論發生什麼事，你都可以聲稱自己預測正確；或者，至少沒有人可以證明你有錯。但是，如果你想成為認知謙虛的人，這種策略卻會讓你離目標愈來愈遠。你應該做的是，在預測時清楚說出會發生什麼事、你認為會發生的時間，以及哪些條件會讓預測失敗。在理想的情況下，你會想要把它寫下來。只有這樣，你才能夠擁有明確的預測，可以在事後和結果回饋進行比較，確保自己不受後見之明偏誤與確認偏誤的影響。

第二，我們應該尋求結果回饋，愈多愈好。如果你確實做出預測，請試著弄清楚你是對是錯。研究顯示，人們非常擅於辯解為什麼事情會出錯，就連在專業領域內做判斷的各種專家也不例外。菲利浦‧泰特洛克（Philip Tetlock）則發現，人們即使明顯有錯，也還是會堅持他們「幾乎是對的」。[37] 在他看來，這個結果顯示出後見之明偏誤與確認偏誤的重要性，還讓專家無法從錯誤中汲取教訓。可以肯定的是，這個結果強調，做出明確的預測，並以清楚的回饋和它們對質的重要性。

另一項研究提出我們可以努力的第三個方向：思考我們會出錯的原因。如果你認為明天會下雨，那麼就問問自己，是否有任何原因可能會讓明天出太陽。如果你認為你的房子價值可能會上漲，那麼就問問自己，在什麼情況下房價可能下跌。如果你認為執政黨可能會輸掉下一次選舉，那麼就先問問看，什麼情況可能會讓它反敗為勝。思考我們可能犯錯的原因並不是一種天生的反應；我們更習慣思考我們做對的原因。不管是在書面資料中，還是在日常談話裡，人們經常期望我們提出證據來支持自己的論點。預期會被要求提出證據的心態，讓我們下意識一直在尋找理由，證明自己是對的，以便做好準備，一旦有人問起就可以提交證據。這很正常，卻是一個大缺點。當我們將大腦塞滿理由，一味相信自己是對的，就有可能放大高估自己的風險。當我們很容易就能想到那麼多原因支持自己的時候，我們會誤以為這些理由成立的機率比實際上高出許多。

　　阿舍爾‧科里亞特（Asher Koriat）和他的共同作者經過
實驗證明，藉由列出相反的原因可以提高人們的校準能力。[38]
如同預期，他們發現，比起否定證據，人們更擅長提供肯定證
據。但更重要的是，他們還發現，強迫人們思考否定證據可以
改進校準能力。光是要求人們列出自己可能犯錯的原因，就可
以得出更適當的信心判斷。（但是，思考肯定證據卻不會帶來
相同的效果。）正如他們所指出，關心校準的人應該花更多時
間與精力來尋找、衡量證據。[39] 然而，花在思考肯定證據上的
時間與精力，並不會提高你的校準程度。你需要做的是尋找、
衡量否定證據。雖然這麼做會困難很多，但無論如何，在這項
研究中，這是唯一會產生正面影響的干預措施。

　　唐‧摩爾（Don Moore）認為「問自己為什麼可能錯了」
的「反面思考」是「決策研究人員所認定最簡單、最全面的消
除偏誤對策」。[40] 然而，他稍微修改了這句忠告，建議不妨多
看看其他觀點。[41] 他的意思是，我們應該找出其他意見相左的
人的觀點，並且加以思考。這聽起來很容易，實踐起來卻出奇
困難。假設你相信俄羅斯會在未來五年內發動另一場戰爭，根
據摩爾的建議，你要找到一個人是你相信他的判斷能力，他卻
不認同你對未來俄羅斯戰爭的預測。你必須設身處地的以對方
的角度思考，詢問是哪些經驗與證據，以及基於什麼原因，導
致他得出和你相反的結論。這會迫使你去想為什麼你可能錯
了。假設你認為現在是購入航運股的好時機，根據摩爾的建

議，你要找到一個主張賣出航運股的人。你會有股票可買，就一定會有人正好要賣股票。對方可能和你一樣，是個業餘投資人。但是，他更有可能是一個以交易股票為生的專業投資人，受過相關教育，並且能夠接觸到各種專業資訊。同樣的，你應該反思是什麼原因導致這個人決定現在是賣出股票的好時機。這樣做會迫使你思考，釐清自己為什麼可能做出錯誤的決定。

找出並思考意見和你相左的人的觀點，意味著你需要和否定你的假設、結論與推理模式的人相處。你會想要辨識出這種人（為反對而反對的瘋子可不算數），你需要試著用他們的眼光去看世界。你必須想辦法和他們相互尊重、互惠互利的對話。你甚至可能希望和這種人當朋友。同樣的，這麼做可能會令人不舒服，甚至讓你覺得強人所難，畢竟我們更習慣尋求認同我們的人。但是，如果你有興趣改進校準，這麼做絕對會有幫助。正如摩爾所說：「他人和你意見相左是一件價值不菲的禮物，可惜的是，要懂得欣賞並不容易。」[42]

建立不過度自信的團隊

到目前為止，我們已經討論過可以做些什麼來促進認知謙遜，並且避免在個人層面上過度自信。但是，我們通常也對過度自信的群體同樣感興趣。我們是不是可以做某些事，來建立更有利於認知謙遜的文化？我們可以組織不會過度自信的團隊

嗎？沒錯，有方法；而且，我們可以辦到。

　　讓我從傳奇投資天才華倫・巴菲特（Warren Buffett）提出的「能力圈」（circle of competence）概念說起。這個基本理念源自於 1996 年的一封〈董事會主席致股東的信〉。[43] 你的能力圈是你熟悉的事物領域，它可能包括你知道的事，以及你知道如何處理的事。每個人都有自己的能力圈；所有人都知道一些事，但沒有人什麼事都知道。我們的能力圈很可能重疊，有些事你和我都知道該怎麼做，像是我們可以都會繫鞋帶，或者想像一個圓圈。但是，重疊的只是一部分。有些事情你知道而我不知道，反之亦然。無論如何，巴菲特想說的並不是我們的圈子太小，大小本身不是問題。關鍵在於，我們需要知道界限在哪裡。他寫道：

> 我將經營企業和投資視為同一件事，而我認為，從我們的角度來看，在經營企業和投資中最重要的便是能夠準確定義你的能力圈。問題不在你要擁有最大的能力圈。我有些朋友在比我大許多的領域內都很有能力，可是他們卻一直迷失在圈子外。[44]

　　重要的不是大小，而是界限。

　　巴菲特提起他的一位業務經理。她是俄羅斯移民，對股票投資等事一無所知。[45] 但是，她很清楚現金流，對家具也有豐

富知識，後來創立一間非常成功的家具公司。她成功的祕訣在於了解自己的能力圈，並堅持待在裡頭。巴菲特引用 IBM 創始人老湯姆士‧華森（Tom Watson Sr.）的話說：「我不是天才，我只是在某些方面很聰明，但我懂得待在那裡頭。」[46] 腦袋清楚的人就應該這樣做。

能力圈和過度自信的關聯顯而易見。只要待在自己的能力圈內，過度自信的程度將有所限制，你一定會得到合理的校準。然而，一旦離開你的能力圈，過度自信的威脅就會變得嚴重。尤其當你不清楚界限在哪裡，還以為自己在圈內時，更是如此。在這種情況下，過度自信的程度預期將大大激增。

了解自己的能力圈對個人相當有用，但它對雇主、經理人、主管等也同樣有用。如果你對其他人有發言權，可以影響他們要做什麼、什麼時候做、怎麼做，那麼你就需要注意他們的能力圈。只要你讓人們做他們最擅長的事，過度自信便不會成為你該擔心的問題。如果你讓他們遠離能力圈，或者更糟的是，鼓勵他們遠離能力圈，你就是在邀請過度自信進門搗蛋。這一點在他們誤以為自己還留在能力圈內時最為嚴重，也許是因為你讓他這麼想，或是你允許他們這麼想。

所以要記住的第一件事就是：了解你的能力圈。

還要記住的第二件事是：避免選擇過度自信。這聽起來明顯到像是廢話，但事實上並非如此。如果你是雇主、經理、投資人或其他任何身分的人，對於要和誰共事、聽誰的意見、可

以信任誰，你會有一定程度的影響力。如同我先前所說，信心和能力很容易遭到混淆。如果你喜歡雇用最有自信的求職者，幾乎可以肯定你會被過度自信的員工包圍。如果你提拔最有自信的同事，你的領導地位很可能會以過度自信而告終。如果你聽從那些說話最大聲、信念最堅定的人，你很可能會得到過於自信的建議。那個人可能是男性的機會很高。如果你喜歡他，很可能就不會喜歡能力與信心相符的女同事。長遠來看，你們都會因此而變得更糟糕。

　　第三件事是，鼓勵人們做出清晰明確的預測，並提供高品質的回饋。現今大多數組織內的活動進展，多少都是透過數據所推動，但這一點仍然值得牢記。很顯然，數據不能只是放著不用。你必須拿預測和結果比較，並誠實評估兩者的差異。

　　第四件事是，發展一種允許人們自在表達合理校準程度的文化。這表示要營造一個讓人們願意承認自己有所不知的環境。在某些情況下，承認這種事會被視為相當可恥的行為，而且可能遭到蔑視與嘲笑。然而，那樣的環境會鼓勵人們假裝他們知道他們其實不知道的事，並導致過度自信。相反的，我們需要加強人們表達不知道或不確定的意願，更要對那些不願意假裝自信的人表示欣賞。

　　我二十五歲時開始在大學教書，所以年紀比班上一些學生還要輕。我非常不願意給人留下無知或無法回答學生問題的印象。然而，教書多年後，我意識到承認自己不知道每個問題的

答案，其實不會造成什麼傷害。事實上，有些學生似乎還頗欣賞我坦白承認自己無知的勇氣。通常只要回答「我會再查一下」就夠了，然後就能繼續講課。有時候，我也會把問題丟回給發問者：「你自己怎麼看？」事實證明，當人們提出問題時，心裡往往對答案已經有些概念，並且會很感激你給他們機會闡明。在我看來，承認無知和不確定，實際上反而可以贏得更多尊重。

　　所以，這裡有一件你該做的事，尤其是你坐在領導者的位子上更是如此：當個好榜樣！對不知道的事承認你不知道；當你不確定時，承認你不確定。藉由尋求他人誠實的意見，可以凸顯出承認自己的無知並不可恥。當其他人承認自己的無知時，一定要以讚賞的口吻回應，絕不能輕蔑或嘲笑他們，感謝他們這麼誠實，如果你也不知道，不如就順水推舟的認了吧！

　　發展一種允許人們自在表達出合理校準程度的文化，也代表要營造一種讓人們能自在承認錯誤的環境。同樣的，在某些情況下，犯錯被認為是可恥的事，不得不承認自己的錯誤會令人尷尬。這種環境會鼓勵人們避免承認過去的錯誤。在最糟糕的情況下，這種環境會讓我們即使（在某種程度上）已經知道錯了，卻加倍努力的想要一挽狂瀾。這種環境也會招致過度自信。相反的，我們需要加強人們承認錯誤的意願，並且進一步向願意承認錯誤的人表示感謝。

　　我再強調一次：請做個好榜樣。在你做錯的時候，承認自

己錯了。當人們承認自己的錯誤時,請記得表達感激之情,千萬不要取笑他們。

為了培養一個不會過度自信的團隊,適時向隊員發問是必要的做法。當人們提出各種主張,尤其是在他們非常有自信的時候,一定要詢問說話的人為什麼這麼想。然而,更重要的是,要請他們想一想,有什麼理由可能抵觸他們的想法。

話說回來,要做到這一點,需要建立一個讓人們敢於提出困難問題的文化,甚至是,或者應該說尤其是,在面對主管時勇敢提問的文化。如果你懲罰挑戰你的人,肯定不會有人願意提出幫助你減低過度自信的困難問題。

事情不可避免、終究一定會出錯。試著在事情出錯時,確定你從失敗中汲取正確的教訓。問問看:「到底發生什麼事?」或者:「導致出錯的一連串事件發生的順序為何?」然後繼續問:「我們要如何阻止錯誤發生?」最後,再問:「我們可以採取什麼不同的做法,確保它不會再度發生?」進行這種對話將迫使你和團隊本著更加謹慎、減少錯誤的精神,討論你們曾經犯下的所有錯誤。

進一步討論

約瑟夫·熊彼特(Joseph Schumpeter)是偉大的奧地利經濟學家,他使用「創造性破壞」一詞,生動形容現代資本主義

中破壞與創新的潛力，並且因而聞名。最終在哈佛任教的熊彼特聲稱，他設定了三項人生目標：成為世界上最偉大的經濟學家、奧地利最好的馬術騎士，以及維也納最棒的情人。在生命即將結束時，他悲傷的回顧，他只實現三項目標中的兩項。（他沒有說是哪兩項。）考慮到所有關於過度自信以及它的原因與後果的研究，你可能會認為經濟學家應該是認知謙遜的標準典範。你將會感到很驚訝，他們並不是那麼有認知謙遜。

經濟學家事實上可能比普通人更有自信，尤其是他們以公共政策專家的身分出現的時候。[47] 這是一件壞事。過度自信的經濟學家可能過度拉高大眾的期望，呈現的成果卻不如預期，讓他們從一開始便注定失敗。失敗會招來嘲笑，導致所有經濟學家都顯得很糟糕，尤其是我們搬石頭砸自己腳的時候。就像經濟學家肯・賓莫爾（Ken Binmore）寫道：「我們聲稱做得到的事，遠比我們所能提供的東西多太多，難道我們因此惹上的麻煩還不夠嗎？我真的很厭倦他人對我的嘲弄取笑。」[48]

如果經濟學家降低自信程度，長期來說，效果可能更好。正如羅賓斯指出：「經濟學家不會因為低估、不誇大自己的確定性，而產生任何損失。事實上，只有他們這麼做，說服大眾的極大力量才能有發揮的空間。」[49] 無論如何，根據現有研究，我們應該還是會繼續看到依然頑強存在的過度自信。

我在本章中提供一些建議，可以讓你變得更具有認知謙遜，並且建立不會過度自信的團隊。這些建議為什麼屬於經濟

學的範疇，答案應該顯而易見，但是如果你看不出來，不妨想一想它對企業與投資的影響。我們在這裡探索的建議，和其他地方提供的建議有所不同，這應該也是相當顯而易見。經濟學提供的方法十分特別，你可以立即付諸行動。雖然它以半世紀的數據為基礎，但這些都不能保證你的團隊一定會得到完美校準。就像我們都看到，過度自信難以避免，不過行為經濟學家已經明確指出有實證支持的策略。如果你聽從建議，付諸實施，不管是在個人生活或職業生涯上，你一定可以過得比什麼都不做還要好非常多。

如何致富

我父親在 2021 年意外過世，我臨危受命負責管理他的遺產。他是一個非常聰明的人，也相當有成就。他曾是空軍戰鬥機飛行員、飛行教官、太空梭工程師，最後成為新世代多用途戰鬥機 JAS 39 Gripen 的試飛員暨總工程師。但是，當我看到他的投資策略時，驚訝得下巴都快掉下來。他將大部分積蓄都投資在三檔股票上。據我所知，他選擇這三檔股票的依據，不過是出於當時的直覺，顯然沒想過要徵求任何人的意見。他本來可以請教投資界專業人士。也許，在最糟的情況下，至少可以問問他拿了經濟學博士的兒子。但是，他沒有這麼做。

如果你在雞尾酒會上、在飛機上等場合向經濟學家尋求投資建議，他們可能不大會搭理你。經濟學家認為自己是社會科學家，討厭被誤認為專業投資人。或者，更糟的是，被誤認為金融學教授。（後者往往受雇於商學院，而非經濟學系，兩者被視為完全不同的物種。）然而，這種誤會很不幸的卻頻繁發生。經濟學家冷淡的應對態度，自然可能讓想要尋求建議的人打消念頭。

你必須成為經濟學家才能在財務上取得成功嗎？當然不是。經濟學能幫得上忙嗎？絕對可以！經濟學家擁有許多金融行為相關知識。正如本章標題，如果你想致富，他們的建議絕對適用。如果你想要建立適當的儲備金，甚至只是擺脫債務，他們的建議也同樣可行。即使你只想存一些錢，然後將錢交給

比你更需要的人，也會依舊適用。這些建議有理論根據，而且可以立即付諸行動。只要你願意，今天就可以開始著手進行。

在本章中，我會將重點放在四個簡單直接的建議上：一、盡可能儲蓄。二、投資指數型基金，而非個股。三、審慎借貸。以及，最後：四、增進你的理財技能。這些建議可能會讓專業經濟學家覺得未免太過顯而易見，甚至不值得詳細說明。然而，從我父親的例子就能看出，即使是非常聰明、有成就的專業人士也用得上這些建議。研究證實，許多人不但不熟悉這些原則，甚至認為它們違反直覺，就連那些在專業與學術上成就不凡的菁英人士也都這麼想。

經濟學家的投資建議建立在兩個核心機制上：風險之下的理性選擇理論，以及有效市場理論。經濟學家透過民調與實驗，來研究人們具備的理財知識；而所謂理財知識指的是，在金錢方面做出明智選擇所需的技能。研究結果有些令人擔憂。民調顯示，我們大多數人，包括受過高等教育的人，都缺乏完成金融基本任務所需的知識，例如明智選擇信用卡或取得抵押貸款等。經濟學家終於有故事可以告訴你，為什麼人們不照他們的建議行事。主講者是來自融合心理學見解、隸屬現代經濟學分支的行為經濟學家。故事教導我們，人們聽到的很多投資策略根本是垃圾，而且為害不小。它們不只不會引導你前進，更有可能讓你跌入深淵。遺憾的是，其中可能包括你在商學院聽過的說法，或是在財經媒體上讀到的內容。

　　經濟學家其實並不討厭談論投資策略。真實世界裡的人有很多東西要學，而經濟學家有很多東西可以教。

　　然而，請注意，在提出關於如何致富的建議時，我希望提供的是任何人都能用得上的指導方針，不管他現在的處境為何。如果你不是普通人，比如你是老虎伍茲（Tiger Woods）或專業投資人，這些建議對你來說就沒什麼用了。正如經濟學家所說，這是適用於「邊際」的建議，目的是幫助你從目前所在的位置取得進步，而不去看你不在的地方。我並不是在說要賺更多錢只能聽從我的建議；顯然也絕對不是。但最重要的是，我的建議就是為了提供給你最佳的致富機會。當然，我無法保證它一定成功；沒有任何建議可以保證一定成功。教你如何快速致富的人只是想占你便宜。遵從我的建議甚至會有變得更窮的風險，因為它的目的純粹在於給你最好的期望值。換句話說，沒有其他建議可以給你更好的機會了。

　　最後，本章的目的不在於解釋貧窮，也不會將它歸咎在任何人身上。我想強調的是，貧窮並非個人的錯誤選擇所造成，貧窮也不該歸咎於個人或他們的決定。它不是這些原因所造成，也不應該這樣被看待。我們在之前的章節已經看過，經濟學家想要用哪些方法來對抗貧窮。這章的重點則在於具體探討，如果人們有意願，可以從他們所處的位置，也就是所謂的「邊際」，做哪些事來擺脫債務，累積財富。

盡可能儲蓄

我之前有個已屆退休年齡的同事。為了方便，我們就叫他羅賓吧。羅賓的學術生涯非常長，既做研究，又在大學教書。現在他應該退休了。只有一個問題是：羅賓沒有儲蓄，無力負擔退休後的開銷。他開始工作時，便主動選擇退出雇主支持的退休金計畫。這項計畫非常划算，因為羅賓提撥多少金額，雇主就會相對應的提撥同等金額。但是，羅賓覺得自己似乎負擔不起額外的扣款。身為剛出校門的學者，他的薪水幾乎不夠用，所以心想不如以後再開始存錢。現在，突然之間他就過了法定退休年齡，感覺像是別無選擇，只能繼續工作。好幾個同事都很擔心，他是不是得留到我們用擔架將他抬出辦公室的那一天。

最顯而易見的建議自然是盡可能儲蓄，不管你的目標是累積財富，還是擺脫債務。許多美國人都和羅賓一樣，即使情況允許，他們還是不存錢。在 2021 年的一項調查中，25％的受訪者表示自己沒有任何緊急儲蓄。[1] 超過一半（51％）的人表示他們的緊急儲蓄不足以支撐三個月的生活開銷。正如你所預料，美國年輕人的狀況更糟，多達 57％的千禧世代在失去收入後，連三個月都過不下去。

儲蓄水位太低會讓你的財務狀況變得非常脆弱。失業、自然災害或健康問題等意外，就足以將你推向破產。我認識很多

中產階級家庭在經歷一些相對較小的挫折，例如不順利的房地產交易、突然離婚或類似事件之後，便被迫破產。如果沒有儲備金可以依靠，下一個破產的人可能就是你。

不是每個人都有能力儲蓄。如果你今天仍然為了支付帳單而苦苦掙扎，那麼根本不可能為未來儲蓄。如果你有信用卡債務，開始儲蓄之前將它還清才是明智之舉。否則，你從儲蓄中得到的任何利息，都會被你必須支付給信用卡公司的利息給抵消。不是每個人都需要儲蓄，如果你本來就是有錢人，那麼對你來說，要不要存錢可能並不重要。

然而，許多人有能力、而且也應該為未來儲蓄，但是他們並沒有這麼做。羅賓的整個職業生涯都有薪酬，絕對可以找到一種方法每年存下薪水的 5％；加上雇主的相對提撥，儲蓄比例就可以提升為 10％ 了。部分問題在於，我們當中許多人剛就業時的薪水與儲蓄都很低。然後，隨著工資上漲，我們的支出也跟著增加。當你換了一份新工作或是升職時，通常會想租更大的公寓或是買更豪華的汽車，甚至養成更昂貴的習慣，從而扼殺掉為未來儲蓄的機會。

許多人可以稍微削減開支，即使每筆存款都很少，在日積月累下也能造成巨大的不同。想要弄清楚會發生什麼事，需要的不過是高中程度的數學知識，以及基本的經濟學原理。[2] 假設你每年賺 100 單位的錢，並且設法存下 5％，這表示每年你可以在銀行帳戶中存入 5 單位的錢。

　　先想像一下，在沒有利息的情況下，五年後，你的帳戶裡會有 25 單位的現金，足以支付三個月的緊急開銷。二十年後，銀行裡會存下你一整年的薪水。四十年後，則是兩年的薪水。屆時，你可能即將退休，存下的錢剛好派上用場。

　　但是，在現實世界裡，你可以透過賺取利息的方式來投資。為了再次論證，假設你可以投資指數型基金，賺取每年 10％的獲利（見下文）。這個假設大致符合歷史數據，儘管未來漲勢可能沒有那麼高。[3]

第一年　你在 1 月 1 日存下 5 單位的錢。到了年底，你已經累積 0.5 單位的獲利。但是你還有 5 單位的本金，所以總餘額是 5.5 單位。

第二年　你再存入 5 單位的儲蓄，所以年初總額為 10.5 單位。到了年底，你獲得總額 10％的獲利，也就是 1.05 單位。總餘額變為 11.55 單位。

第三年　你再度存入 5 單位。年初總額為 16.55 單位，年末則有本金 16.55 單位加上獲利 1.655 單位，總餘額將近 18.21 單位。

　　圖 6 能讓你清楚了解這是怎麼回事。二十年後，你的帳戶中將有 281 單位的錢，幾乎是三年的薪水。如果你能繼續堅

持，四十年後，你將擁有 2,434 單位，比二十四年薪水還多一
點。如果你從二十五歲開始儲蓄，在六十五歲退休，將會有足
夠的積蓄維持生活水準，直到八十九歲左右。

圖6　年度儲蓄總額

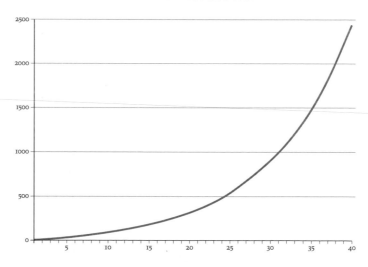

請特別注意儲蓄二十年和儲蓄四十年所造成的天差地別。
如果你計畫在六十五歲退休，那就是二十五歲開始儲蓄和四十
五歲開始儲蓄的區別。如果你從二十五歲開始儲蓄，到了退休
時，帳戶中的錢幾乎是從四十五歲才開始儲蓄的九倍。

這裡的例子是我設定的虛構數字。即使你聽從我的建議，
我也無法向你保證能看到和例子裡一樣的報酬率。結果取決於

一系列你無法控制、我也無法控制的因素。如果你運氣不好，可能依照我說的去做，在退休時卻得到比這裡的預估值還要少很多的錢。通貨膨脹可能吞噬你的大部分獲利。當然，也有可能你會得到比預期更多的錢。在前文的例子裡，我假設你的薪水和5％儲蓄率，在整個職業生涯中都保持不變。如果你升職了，每年的加薪比例至少足以和通貨膨脹相抵，或者隨著時間推進，你也增加儲蓄比率，那麼你最終可能會得到比這裡計算所顯示的金額更多的錢。

就我自己而言，雖然我不大願意承認，但我其實和羅賓頗為相似。我一直到研究所畢業後換第三份工作時，才開始痛下決心認真存錢。在那之前，我就是那種收入一增加就提高消費的人。我希望我能告訴你我是自動自發性的恢復理智，可惜連這件事也沒有真的發生。如果不是一名銀行員工向我施壓，我也不會開始存錢。只是一旦我開始存錢，儲蓄累積的速度著實叫我吃驚。儘管我對圖6背後的理論一清二楚，但在情感上我對它的驚人效果毫無防備。也幸好有儲蓄提供的緩衝，我才能度過人生中幾次不順遂的時期。

投資指數型基金

有了積蓄之後，要拿它們做什麼？如果你問經濟學家，他們會告訴你投資指數型基金。最不應該做的事，便是重蹈我老

爸的覆轍，跑去投資個股。如果投資基金，你就不會擁有
Google 公司這種個股。相反的，你的投資組合可能有非常多
樣的股票組合，或是其他資產的一小部分。指數型基金是和指
數掛鉤的股票組合或其他資產，可能連結的是標準普爾 500 指
數（Standard & Poor's 500）、道瓊工業平均指數（Dow Jones
Industrial Average）等。指數型基金的組成是為了緊跟指數漲
跌，所以指數上漲時它上漲，指數下跌時它也跟著下跌。

　　有很多笑話都在諷刺，經濟學家無法針對任何一件事情達
成意見一致，像是：「即使你將世界上所有經濟學家連接在一
起，他們還是摸不到結論的邊緣。」「如果你把十個經濟學家
關在一個房間裡，你會得到十一種意見。」「經濟學是唯一一
個兩人提出完全相反的主張，卻還能分享同一個諾貝爾獎的領
域。」但是，當芝加哥大學（University of Chicago）的 IGM
論壇（The Initiative Global Markets）向幾位知名經濟學家諮詢
投資指數型基金時，有回覆的所有人都同意，它們是最佳選
擇。[4] 沒有任何例外。

　　不過，還是請牢記這項建議真正的意思。當經濟學家說指
數型基金是最好的選擇，他們並沒有說結果一定是好的。如果
指數下跌，基金的價值也會下跌。他們也沒有說，指數型基金
的結果一定比單一資產的表現更好。無論如何，你在事後當然
至少可以找出不只一檔個股，表現優於整個指數。經濟學家的
真正意思是，長久下來，沒有其他投資可以給你更好的財富期

望。你無法期望其他投資可以比指數型基金表現得更好。

唯一的例外是，你碰巧擁有和股價相關、其他市場參與者無法獲得的內部消息。利用內部消息進行交易，確實可以獲利頗豐，但它是違法的行為，我不鼓勵你嘗試。

指數型基金為什麼如此受到經濟學家的青睞？至少有三個理由。

第一，和其他基金相較，它們很便宜。管理各種基金的專業人士通常會收取管理資產的一定比例當作報酬。無論基金上漲還是下跌，你都要付錢給他們。指數型基金的管理費很便宜，因為指數型基金的經理人除了選出一組股票，讓它的表現和掛鉤的指數一致之外，並沒有太多事要做。除了不時重新調整基金，基金經理人可以說是被動的坐視不管，讓基金自行營運。相對之下，主動式管理的基金為了表現得比市場更好，基金經理人必須不斷的買進、賣出股票，工作量比指數型基金大許多，管理費自然也貴很多。

被動型基金和主動型基金之間的價格差異非常大。管理基金的成本以「費用比率」（expense ratio）表示，指的是管理費用所占的資產總額百分比。這筆錢是從你身上收取，可以將它視為你為了投資基金賺到的錢所付出的代價。在寫作本章時，我開戶的金融機構的指數型基金費用比率大約在 0.05％上下，也就是說，如果我投資 1,000 美元，每年只需支付 0.5 美元。同一間機構中，最昂貴的主動型基金費用率為 1.27％。聽起來

可能不多,但是如果我同樣投資 1,000 美元,每年便要支付 12.7 美元。兩個數字相差足足二十五倍!這筆差異在一生當中可以轉化為大量金錢,尤其當你的投資績效良好,資產不斷成長的情況下,差異會更大。和其他基金相比,指數型基金實在是價廉物美。

當然,這些數字會依你所在的地方,以及你閱讀本文的時間,而有所不同。你可以在銀行或金融機構的網站上,找到它們提供的所有基金清單。將費用比率從低到高排序後,你應該可以馬上找到適合自己的選擇。有錢投資的話,就選最上面的三到五檔基金。以機率來說,忽略其餘的部分對你應該不會有任何影響。

第二,指數基金可以讓你分散投資風險,換句話說,就是不要將所有雞蛋都放在一個籃子裡。也許我們應該停下來想一想,為什麼不應該把所有雞蛋都放在一個籃子裡。想像一下,如果你將所有雞蛋都放入同一個籃子裡,失手掉落的可能性似乎更高。但是,如果你每個籃子裡都只放一顆雞蛋時,即使失手掉落,也還有很多雞蛋安全無虞,掉一個雞蛋的損失並不算大。因為你不大可能失手掉落全部的籃子,毀掉所有雞蛋。這樣很好,因為一旦打破所有雞蛋,你將會損失慘重。類似的原則也適用在投資上。如果你投資在許多不同股票組成的基金,可能其中一檔股票的表現會比市場差,這也沒什麼大不了。然而,全部的股票表現都低於市場的可能性卻非常小。當你投資

指數型基金時，無需擔心個股的走勢。因為組成結構的關係，整個基金的表現永遠不會低於和它掛勾的市場指數。（當然，它也不會超過市場指數很多就是了。）

投資本來就有風險，尤其是投資個股。但是，指數型基金卻相對安全。和個股相比，更是安全非常非常多。一般而言，它們也比主動型基金安全。從這個觀點來看，投資指數型基金可以讓你以更低的價格獲取更高的安全性，相當划算。

第三，指數型基金的表現很有可能不比任何其他投資標的遜色。聽到這一點，你大概會很驚訝。指數型基金怎麼有辦法和主動型基金的表現一樣出色呢？如果你付錢給聰明、積極的基金經理人，他們不是應該能輕鬆打敗市場嗎？不，錯了。而這就是可以用上有效市場理論的地方了。

經濟學家戴爾德麗・麥克洛斯基（Deirdre McCloskey）的解釋最貼切。她舉例：「人們看到人行道上有一張 500 美元的鈔票，一定會立刻撿起來，這是人類行為不證自明的公理。」[5]如果你今天在回家路上看到它，你會撿起來。至少，我知道我一定會。也許我們會試著將鈔票還給它的合法主人；也許我們會私自留下。無論接下來怎麼做，我們都不會讓它繼續躺在地上。麥克洛斯基將這種行為稱為「適度貪婪公理」（Axiom of Modest Greed）。正如她所指出，大家都同意這一點，沒有任何爭議。如果你對此表示懷疑，我建議你在自家社區進行測試。或者，如果你願意到我家社區進行測試，那就更棒了。

　　這項公理還有一個特別有趣的隱藏意義，那就是：「今天，你家附近的人行道上已經沒有一張 500 美元的鈔票了。」這個現象稱為「適度貪婪定理」（Theorem of Modest Greed）。麥克洛斯基怎麼會知道？嗯，她解釋，如果在這之前的某個時間點有一張 500 美元的鈔票躺在地上，依據適度貪婪公理，早就被人撿走了。因此，可以推論出，你現在沒有 500 美元的鈔票可以撿了。

　　我們可以將這一點化為概念。假設有人打著快速致富的名號接近你，他可能會說：「把你的錢給我，我會還你一百倍。」他其實是在告訴你，人行道上有很多 500 美元的鈔票，他知道它們在哪裡，如果你趕快先把錢給他，他就會去幫你撿。這個人顯然是在說謊，沒有哪個地方會有一堆 500 美元鈔票等著他去撿。因為如果有，也早就被人撿走了。更何況他說的如果是真的，他大可以自己去撿，用不著讓你參與計畫。所以，你可以放心，這個人絕對是個騙子。

　　你可以將這一點再進一步化為廣泛的概念。假設某個人或機構向你提出要約，它可能這麼說：「把你的錢給我們，我們會給你豐厚的報酬。」因為它想要你投資利基股票、最新的區塊鏈加密發明，或是非同質化代幣（NFT）。他們想說服你，他們知道哪裡有鈔票可以撿，而且，只要他們能先拿到你的錢，他們就會確保你可以撿到鈔票。如果他們真的知道哪裡有鈔票可以撿，他們大可以投資自己的錢去撿，可是，他們卻想

要你拿錢出來投資。所以,這告訴你什麼事?

結論是,沒有任何基金或其他工具,能夠可靠且可預測的表現得比市場好非常多,至少在長期的情況下,絕對不可能。你當然可以在事後找出表現得比市場好、優於指數的個股或基金。但是,在事情發生前,你無法確定哪一檔標的做得到。這就好像在大獎開出後,你可以確定是哪一台吃角子老虎機會中獎。但在事前,你根本沒有頭緒;道理都是一樣的。總括來說,市場有效,所以很多聰明人到處在找哪裡有鈔票可以撿,一旦看到,會立刻把它撿走。想一想,你還會相信隨隨便便就有鈔票躺在地上等人來撿的好事嗎?

當你投資基金時,一定會有人因此賺錢,不過不是你,而是基金經理人。正如我們之前所說,無論表現如何,他們都會得到你投資總金額的一小部分當作報酬。在撲克玩家之間流傳著一句諺語:「每張牌桌都坐著一個傻瓜。如果你不知道傻瓜是誰,那肯定就是你。」非常相似的事情也發生在市場上。很多聰明人四處尋找機會,問題是所謂的「機會」,往往是詐騙他人的陷阱。如果你不知道被騙的是誰,那麼肯定是你。

這項概念也適用於經濟學家。經濟學家因為無法預測商品價格與股市崩盤等事件,而總是備受抨擊。假設有一位經濟學家可以預測玉米的價格,他應該很快就發財了。麥克洛斯基寫道:「拿他的房屋去做二胎貸款,或是以個人名義向周遭借錢,他可以先籌到 50 萬美元,然後是 5 億美元,再來數字就

更大了。不難，這很容易辦到。」可是經濟學家沒有這麼做，
即使是在腦袋最清醒的時候也沒那麼做，因為他們不能預測。
如果你遇到自稱能預測這類事件的經濟學家，很可能是他們被
騙了，不然就是他們在騙人。你可以借用麥克洛斯基的做法，
她認為每個美國人都該問這個問題：「如果你這麼聰明，為什
麼到現在都還沒發財？」

　　一旦你將資金投入指數型基金，請記得在你需要用它之
前，不要去動它。在市場表現良好時投入，然後在市場低迷時
因恐慌而拋售資產，正是肯定賠錢的投資方法。即使狀況不
好，也要坐穩。把頭埋進沙子裡，當隻鴕鳥，甚至連財務報告
都不要去看。2000 年的《金融雜誌》（*Journal of Finance*）上
有一篇論文將兩種投資人做比較，一種將錢投入後就不動，另
一種想把握個股漲跌，所以積極進行交易。[6] 在整個市場上漲
近 17.9％的期間，交易最活躍的投資人賺到 11.4％。這些人非
常的過度自信，可惜他們並不像自以為的那麼擅長預測市場波
動。他們很快受到市場的懲罰。至於這篇論文的標題？〈交易
有礙你的財富〉（Trading is Hazardous to Your Wealth）。

　　還有一個懸而未決的問題是：應該投資股票？還是投資債
券？兩種標的都有指數型基金。從我們的角度來看，主要區別
有兩個。依據歷史分析，股票的升值幅度超過債券，但股票的
波動也更大，換句話說，它們的風險更高。在很大程度上，選
擇取決於個人偏好。為了長期賺進更多錢，你可以容忍比較大

的波動嗎？如果可以，你可能適合投資指數型股票基金。在價格快速下跌時，你是否會覺得無法忍受，想要乾脆全部拋售？如果這樣，你還是買指數型債券基金比較合適。一般來說，你承受風險的能力愈高，愈會想要投資股票；你承受風險的能力愈低，就愈應該選擇債券。

你正處在哪個人生階段，也是一項重要的決定因素。如果你是為了長期儲蓄，投資長達十多年或更久，那麼股票可能是比較好的選擇。短期內的波動並不重要，反正你又不會賣出。如果你是為了短期儲蓄，價格波動就很重要了。你不會想要冒險，在經濟低迷時中途套現，所以債券可能是比較適合你的選擇。假如你是為了存退休金，最好在你還年輕時，多投資股票，少投資債券；但是，當你臨近退休時，會想轉個方向，多投資債券，少投資股票。你可以自己動手，每五年或十年重新平衡你的投資組合。或者，你也可以投資一個低成本的退休基金，讓它自動為你調整平衡。有些專門依年齡區分的退休基金，會為你處理這些事。

投資指數型基金主要是假設你的目標是累積財富。投資股市、比特幣、郵票、美酒或任何你喜歡的東西，原因則大不相同。對某些人來說，它是一種遊戲、一種愛好或一種生活方式。從某些人的推特（Twitter）個人簡介來看，特定類型的投資甚至是一種身分的象徵。如果你就是那種人，而且你負擔得起，那麼這些論點就不適用在你身上。想交易就交易吧！世界

上更奇怪、更昂貴的愛好與消遣還有不少。有人形容海上帆船運動像是穿著整齊的站在蓮蓬頭下，一邊沖冷水，一邊撕毀百元大鈔。說這句話的人依舊熱中此道，旁人又有資格說什麼？

審慎借貸

　　如果存錢像前面說的這麼好，借錢看起來自然就很糟了。但是，直接這麼說未免太過武斷。經濟學家認為還是有一些很好的理由必須借錢，重點是你得審慎的去做這件事。

　　很多證據顯示，人們普遍借貸過度。大約四分之一美國人積欠的信用卡債，比他們的緊急儲蓄金額還要高。[7] 而且，美國人背負的債務總額仍然在不斷上升。疫情爆發後，隨著勞動力市場積弱不振、物價上揚，數字更是屢創新高。2021 年 9 月，美國家庭債務總額達到 15 兆 2,400 億美元。[8] 這個數字比 15 之後接著十二個零都還要大。實在太大了，大到我們多數人都難以理解。從 2019 年底到 2021 年底，光是信用卡債務一項就增加高達 1 兆 1,000 億美元。在寫作本書時，消費者支出還在繼續增長。[9]

　　這麼高額的負債會讓許多人陷入困境。最大的隱憂是突然失去收入，或者發生緊急支出，使你無法準時還款的時候。借錢當下，你承諾會依照時間表，連本帶利的分期攤還。只要你按時還款就會一切順利。然而，一旦你沒有準時付款，即使不

是你的錯，嚴重程度也會迅速升級。債主可以因此收取額外費用，並且提高你的借款利率。在這種情況下，有些人不得不向第二間機構借錢，以更糟的利率還清第一筆借款。這樣的循環很容易導致非常糟糕的結果，包括個人破產。光是在美國，每年就有大約五十萬到兩百萬人宣布破產。[10] 信用卡債務比緊急儲蓄金額還高的那四分之一美國人，一旦失去工作或其他收入來源，情況自然會比其他人更加嚴峻。

另外，有些人則是怎麼樣都不願意借錢。他們避免使用信用卡，抗拒任何先買後付的消費誘惑，非常堅持先儲蓄後消費。我住的地方有個政治家因引用《聖經》這段話而聞名：「富戶管轄窮人，欠債的是債主的僕人。」[11] 負債使你受制於人，債主任何一個臨時起意，都能將你的生活搞得天翻地覆，所以借貸會剝奪你的自由。從來不欠債的人確實避開了這種陷阱，保住自由。這也確實是避免負債的一個好理由。

然而，借錢卻同樣可以帶給你很大的自由。這就是為什麼經濟學家認為，在某些情況下，我們還是應該借貸，只不過要特別小心。

有時候你需要有錢才能賺錢。《聖經》中「按才受任」（Parable of the Talents）的說法恰能闡明這一點：「因為凡有的，還要加給他，叫他有餘；沒有的，連他所有的也要奪過來。」也許你需要接受教育才能獲得夢寐以求的工作；也許你需要一輛車，才有辦法通勤；也許你需要購買工具，才能完成手工藝

商品；或者，你需要購買美術用品，才能完成藝術創作；也許你需要新襯衫或西裝，才能衣著得體；也許你需要有人照顧孩子，才能出門工作；也許你需要一些預留空間，才能專注於未來。如果你需要有錢才能賺錢，借款也是個很棒的選擇。假設得到的收入超過償還貸款的成本，那麼借錢就可能是明智之舉。也許超級明智。

借貸還可以讓你在需要錢的時候，有錢可以花用，等到有能力付款時再支付。許多人在度假前需要錢，可是工資要等一、兩週後才會發放。在這種情況下，即使利率相對高一點，借錢還是合理的行為。許多人在職業生涯的早期需要錢，因為那時孩子還小、工資低但支出高。許多人期望年紀大一點後會有更多錢，因為那時孩子已經大學畢業，薪水更高，支出再度變少。在這種情況下，即使借貸時間會拉得非常長，借錢也一樣很合理。

經濟學家談到「消費平滑化」（consumption smoothing），指的是即使在不斷變化的條件下，也能維持固定程度的生活水準。你可以將消費平滑化視為資源再分配的議題，就是從你相對富裕的人生階段中拿走資源，在你相對貧窮的階段提供給你使用。許多人在建立自己的小家庭時期相對貧窮，職業生涯還處於早期、工資很低，可是購入第一間房產與家用汽車等相關的支出卻很高。在你和配偶還未生兒育女前，你們是領兩份薪水，卻不用撫養小孩的頂客族，可能已經達到相對富裕的階

段。另外，在你結束長期職業生涯，開始享受退休生活的晚年，應該也會比從前更有錢。

因此，許多借貸的原因可能相當明智，甚至一邊借錢、一邊存錢也可能極為合理。如果你支付的貸款利息，低於你從指數型基金中得到的回報，那麼借錢投資便是明智之舉。增加你的貸款金額，以便在儲蓄帳戶裡保留一些現金，提供一些流動性，那麼當你面臨緊要關頭不得不花錢時，至少可以避開欠下信用卡債務的狀況。再次強調，你的借貸金額不應該超過你的還款能力，要考慮可能因為經濟衰退、長期患病或殘疾等理由失去收入，以及沒有保險的天災損失等突然的高額支出。

在特定情況下借貸是否合理，主要看利率是多少。利息就是你為借錢所支付的價格。因為地區、個人條件、借錢目的不同，利息費用可能天差地別。寫作本書時，我的房貸利率為1.25％，個人信貸利率為 3.5％，信用卡利率為 15.5％。就利息而言，從信用卡公司借錢的費用足足是房貸的十倍以上。如果你沒有任何債務，這一切都無所謂；如果你有，這就變得異常重要。但是，這些利率和發薪日貸款機構收取的利息相比，根本小巫見大巫。發薪日貸款機構的利率換算下來，年利率甚至有可能超過 600％。[12]

如果你要借錢，在其他所有條件相同的情況下，你當然希望支付的利息愈少愈好。一般來說，這表示如果可以選擇，最先考慮用房貸借錢，必要時再申請個人信貸，沒有別的辦法才

欠信用卡公司的債。發薪日貸款機構最好完全避免，除非只是將它當成緊急情況下過渡時期的橋梁，在找到更能持續的解決方案之前的短暫應對方法。如果你借錢的源頭有好幾個，試試看能否降低支付的利息總額。如果可以，盡量將信用卡債務轉至個人信貸額度，再從個人信貸轉移到房屋貸款。

債務的問題在於，愈積愈多可比全部清償容易太多。如果你正在考慮借錢支付一些開支，以育兒經濟學家布萊恩・卡普蘭的方式思考未來，可能會有所幫助。假設你正在想要不要借錢買一個新錢包，分三十六個月還清。就先想錢包帶給你的快樂可以持續多久？如果答案是錢包從現在開始可以每個月都讓你覺得快樂，直到永遠，那麼借錢可能合理。（假設它所激發的快樂超過每個月付款的痛苦。）如果答案是新錢包激發的快樂會減弱，甚至完全消失，那麼情況便大不相同了。假設你真的以這樣分期付款的方式買下錢包，在不超過三個月的時間內，錢包帶來的快樂會比付款帶來的傷害多。換句話說，你即將擁有三個月的快樂淨值，再加上之後三十三個月的痛苦淨值。這麼一想，錢包的吸引力可能就會立刻大減了。

當你不確定這樣東西是否值得買的時候，請考慮先存錢再購買。如果你在購買前先存錢三十六個月，你可能會發現錢包的樣式早已過時，你對它一點興趣也沒有了。若是如此，你就能下定決心不買，並且保留這筆錢。

還有另一個原因也支持推遲消費，如果你能做得到。行為

經濟學家喬治‧洛溫斯坦（George Loewenstein）深入研究過期待的樂趣（與痛苦）。他認為推遲消費可以提高這個物品對一個人的幸福感的貢獻。他的研究顯示，人們往往更願意推遲愉快的經歷，例如來自他們熱愛的電影明星的親吻。我們從正面經驗所獲得的快樂當中，有一個重要的部分被洛溫斯坦稱為「品味」（savouring），指的是我們期待美好事物時獲得的愉悅感。因此，我們可以透過將美好事物延至未來發生，以提高我們從美好事物中獲得的效用總量。相反的，我們從負面經歷中得到的不愉快，有一大部分是「恐懼感」，指的是我們預料壞事即將發生時產生的不愉快感。所以，人們通常更喜歡加速不愉快的經歷，比如遭受電擊。因此，我們可以透過將壞事拉到當下發生，以減少我們從壞事中獲得的負效用總量。這表示舉辦驚喜生日派對是錯的，因為它奪走壽星原本在期待時享有的品味期。更重要的是，它顯示我們有理由抑制立刻滿足的衝動，將我們期待的事或多或少推向未來。先儲蓄後消費，不僅可以節省利息，還可以讓你有所期待。這一點非常重要。

增進理財技能

艾恩堡（A&W Restaurants）是一間美國速食連鎖店，比它們的漢堡更有名的東西，是它們曾經推出一項計畫，被稱為有史以來最著名的重大行銷失敗慘案。1980 年代，艾恩堡決

定改進主打商品，挑戰麥當勞的四盎司牛肉堡；顧名思義，四盎司牛肉堡含有四盎司、也就是四分之一磅的牛肉。為了提高市場占有率，艾恩堡決定推出類似產品，但使用更多、更新鮮的牛肉。他們的新漢堡有整整三分之一磅的牛肉，比麥當勞的漢堡多了六分之一磅、也就是 33％ 的牛肉。它以相同的價格出售，等於是相當大的免費升級。

這項行銷計畫徹底失敗，事後調查找到了原因。大多數目標市場參與者認為，三分之一磅牛肉堡很不划算，因為它的肉比較少。他們認為三小於四，所以三分之一小於四分之一！雖然很令人無言，但事實就如同艾恩堡董事長的結論，只不過他說得很委婉：「美國消費者可能不大理解、也不怎麼重視三分之一磅到底是什麼意思。」[13]

對於沒有艾恩堡股份的人來說，人們在購買漢堡時缺乏理解分數的能力，可能並不是重要的事。老實說，如果漢堡裡的肉少一點，大概會讓許多人（以及更多牛）甚至過得更好。但是，這則故事點出一項重要的教訓。很多人不具備在金融環境中做出明智選擇所需的技能，不管是為了自己的利益著想，或是為了社會利益考量。更糟糕的是，他們並沒有這種意識。認為三分之一磅比較吃虧的大多數人，顯然對自己深具信心。如果一個人連簡單的分數都不會，那麼他在面對需要運用年利率、固定費用與複利概念來選擇信用卡的狀況時，有能力進行正確的分析評估嗎？可能性顯然不高。

　　所以，最後一項建議是，發展出足以做出明智的金錢相關決策所需要的技能。處理財務資訊、針對問題做出明智決策的能力稱為「理財知識」。對許多人來說，理財知識簡直是生死攸關的問題。可惜它沒有練習模式，當我們年紀大到有自己的錢可以支配時，就是拿出真金白銀試驗了。可是，面對許多重大決策，我們學習的機會很有限。窮其一生，我們買房的次數通常也不過幾次。存錢當退休金，基本上就只有一次。你可以在年輕時改變儲蓄策略，但是等到了退休年齡，真正知道之前做的是對或錯時，已經無法從頭來過。有些人運氣好，可以從簡單模式開始。他們在金錢上較為寬裕，可以承受犯錯的代價，允許他們從錯誤中學習，逐漸掌握理財知識。有些人卻運氣不佳，起頭就是困難模式，只能兢兢業業在懸崖邊緣保持平衡。

　　經濟學家研究理財知識已經有多年歷史。[14] 他們對問題的性質、可以採取什麼解決措施，都有相當程度的了解。研究顯示，人們的理財知識一般來說都不大好，至少和人們自以為的程度相差很多。理財知識低落的人，和其他人相較之下，經濟能力的差距更大。然而，好消息是，理財知識是一種只要學習便可獲得的技能。當你有能力掌握它，不只能賺得更多，同時需要擔心的事也會變得更少。

　　我們先來談談，理財知識這類東西要怎麼衡量？經濟學家安娜瑪麗亞·盧薩爾迪（Annamaria Lusardi）與奧利維亞·米

切爾（Olivia S. Mitchell）發展出一套只有三道簡單問題的測試。[15] 你不妨先試試看：

一、假設你的儲蓄帳戶中有 100 美元，年利率為 2％。如果你不動它，將它留在帳戶裡成長，五年後你的帳戶中會有多少錢：（a）超過 102 美元，（b）恰好 102 美元，或者（c）少於 102 美元？

二、假設你儲蓄帳戶的利率是每年 1％，通貨膨脹率為每年 2％。一年後，用這個帳戶裡的錢，你能購買到的東西和今日相比會是：（a）比較多，（b）和今天完全相同，或者（c）比較少？

三、你認為下列說法是對或錯？「購買單一公司股票通常比購買股票共同基金更能提供安全的報酬。」（a）正確，（b）錯誤。

除了上述選項，每個問題你都可以回答「不知道」或是「拒絕回答」。如果你想確認自己對這些問題的理解，可以在書末附錄的「注釋」中找到答案。[16]

經過這項簡單測試，最重要的發現是，一般人的理財知識程度出人意料的低。盧薩爾迪與米切爾的研究團隊，將隨機選擇的五十歲以上美國人分為相等的三大組別。三分之一（34.3％）的人三題都答對了；三分之一（35.8％）的人答對兩

題；其餘（26.1％）的人只答對一題，甚至全錯。在所有回答問題的人當中，只有大約一半的人（52.3％）知道第三個問題的答案。參與這項研究的每一個人，都有幾十年的財務決策經驗，也經歷過多次股市崩盤與通貨膨脹時期，但是很顯然他們的年齡並沒有讓他們占到優勢。如果你知道第三個問題的答案，不管你是否因為本章前文得到提示，至少你的理財知識已經勝過大約一半的美國中老年人。

如果你好奇其他國家的狀況，我可以告訴你這個問題並非只發生在美國。證據顯示，這樣的現象非常普遍，即使在富裕國家也是如此。德國向來被視為人民理財知識水準較高的國家之一，但即使如此，也只有略高於五成（53.2％）的德國人三個問題全對。

雖然人們總體而言的答對率很低，但人民的理財知識在同一個國家裡差異還是非常大。理財知識因年齡而異，沒有豐富財務決策經驗的年輕人最低，老年人也不高。相較之下，中年人的理財知識得分相對較高。而且，巨大而持久的性別差距一直存在。在德國，三個問題都答對的男性有 59.6％，女性卻僅為 47.5％。在美國，男性 38.3％，女性 22.5％。在瑞士，男性 62％，女性 39.3％。此外，理財知識水準也因種族而異。在美國，非裔美國人和西班牙裔美國人的得分特別低。如你所料，教育程度愈高的人，理財知識也愈好。學歷在碩士以上的美國人當中，63.8％的人知道三個問題的正確答案。而未完成高中

學業的美國人當中,僅有 12.6％的人三題全對。也就是說,受過高等教育並不能讓人完全免疫。即使學歷在碩士以上的美國菁英,也有超過三分之一的人答錯一題以上。

　　儘管人們的理財知識普遍不足,但他們似乎並沒有意識到這一點。正如前文所說,連簡單分數都不懂的人通常更會直接忽視這項事實。經濟學家評估人們在金融領域能力的自信心,以及他們實際的理財知識多寡。為了衡量參與者對理財知識的自信心,他們提問:「從 1 分到 7 分,1 分表示非常低,7 分表示非常高,你會如何評估自己的整體理財知識?」結果顯示,人們真正的能力和他們的自信非常不相符。在美國 2009 年的一項研究中,70％的人給自己打 4 分以上的分數。也就是說,他們對自己的評價高於量表的中點。然而,只有 30％的人能夠正確回答那三個問題。同樣的,這種情況不只發生在美國,其他國家也有類似現象。在這個領域,人們似乎也過度自信了。[17]

　　過度自信的程度各不相同,其中也存在性別差距,這似乎一點都不令人驚訝。面對有關理財知識的問題時,女性回答「不知道」的比例比男性高許多。在美國,50％的女性在回答問題時,至少會對其中一題表示「不知道」;男性會回答不知道的比例則是 34.3％。幾乎所有國家都呈現類似的樣貌,顯示出女性可能不像男性那樣過度自信。然而,過度自信似乎也會隨著年齡增長。雖然人們的理財知識進入老年後實際上會走下坡,可是人老了,卻反而對金融能力的自信心上升了。盧薩爾

迪與米切爾認為，這可能是老年人特別容易遭受金融詐騙的原因。[18] 如果你是老年人，面對財務問題時，請考慮尋求專家建議，即使你認為自己不需要幫助也是。或者我應該說，尤其是你認為自己不需要幫助時，更是要尋求專家的建議。

　　這三道精心設計的問題，代表儲蓄與投資決策相關根源的基本概念。平均分數低，意味著許多人（可能有三分之二）並沒有儲蓄與投資所需的最基本技能。「功能性文盲」（functional illiteracy）本來是指缺乏個人與社會發展所需要的技能；我們可以借用這個術語，貼切的表示大多數人在理財上就是功能性文盲。可惜他們並不知道，情況因此變得更糟。

　　經濟學家有興趣的另一項研究是，理財知識是否和財務上的成功有關，如果有，相關程度多大。大量研究結果符合你的預期：兩者有關，相輔相成。[19] 無論你觀察哪一代人，理財知識不足的人，經濟狀況也都不怎麼好。[20] 根據報告，理財知識不足的人多數入不敷出，無法在緊急情況下拿出 2,000 美元預備金，無法處理其他財務優先事項，導致他們負債累累，還必須花更多時間思考、處理金錢問題。這些差別在年齡介於二十四歲到三十九歲之間的 Y 世代中尤其明顯。報告指出，理財知識不足的 Y 世代花在擔心金錢上的時間（每週十四小時），幾乎是理財知識較高的同齡人（每週五小時）的三倍。

　　幸好，理財知識可以透過學習獲得，不但費用低廉，且效果顯著。為了測試理財教育是否真的可以提高人們的理財知識

與財務狀況，經濟學家進行了一系列隨機對照實驗。提姆·凱撒（Tim Kaiser）和他的團隊最近完成一項綜合研究，將所有相關實驗整合在一起。[21] 他們的數據源自六大洲三十三個國家的七十六項金融教育計畫，參與者高達十六萬人。綜合研究證明，金融教育確實可以提升理財知識。這也許在大家的意料之中，但最重要的是，它還顯示，金融教育能夠徹底改變人們的理財行為。而且，由於金融教育可以相對便宜的在學校、工作場所、網路與電視上進行，成本效益極高。也就是說，它為參與者帶來的好處遠超過實施成本。這一點相當重要，因為隨機對照實驗的綜合研究已經受到廣泛認可，是我們可以取得的最佳證據。

　　在受控條件比較沒那麼嚴格的現實世界，也出現類似的結果。在要求高中生必須選修金融教育課程才能畢業之後，情況便開始好轉。[22] 畢業生的未來將會有更少債務、更好的信用評分、更低的違約率、得到更好的貸款條件，以及其他好處。此外還有證據顯示，這種做法同時產生正向的外部影響。當學生接受金融教育時，教師與家長的理財知識與財務行為也會跟著改善。[23] 金融教育可以造福整個社會。因此，經濟合作暨發展組織（OECD）的國際學生能力評估計畫（Programme for International Student Assessment，縮寫為 PISA）對理財知識感興趣也就不足為奇。正如盧薩爾迪與米切爾所說：「PISA 認為理財知識應該被視為參與當代經濟活動必備的技能。」[24]

　　因此，要增加致富（或無債一身輕）的機會，你必須增進理財知識。你處理經濟資訊、做出明智財務決定的能力，會對未來發生的事物產生巨大影響力，使你和社會皆受益。也許你年紀不小，已經擁有豐富的財務決策經驗，這些建議也同樣適用。即使你教育水準很高，這些建議還是適用。以醫生為例，盧薩爾迪認為醫生可能是「最容易引人犯罪者」之一。[25] 他們富有、自信，卻對處理金錢不大在行，因此很容易受人欺騙。最後，再次強調，即使你自認為已經知道夠多知識，但是在你做財務決策時，請還是去找專家，獲得有效的經濟建議吧！我爸爸當年就應該這麼做才對。

為什麼我們還不是有錢人？

　　貧窮並不是因為一個人沒有聽從本章建議才造成的結果，自然也不能怪罪窮人。但是，許多人（包括你在內）都希望可以擁有更多金錢。為什麼我們還不是有錢人呢？解釋有好幾個，但在某種程度上，所有的解釋可能都是真的。

　　理財知識匱乏顯然是部分理由。大多數人都缺乏處理經濟資訊、做出明智財務選擇所需要的技能，更重要的是，我們自己並不知道。同時，金融環境的要求卻愈來愈高。[26] 第一，可供散戶投資人購買的金融產品種類正快速增加。不像以前，為了存錢，你必須去實體店面從為數不多的選項中挑一個。有了

網路銀行等新興通路後,普通人也可以從大量金融機構提供的廣泛產品中挑選。第二,國家退休金制度改變,使得勞工必須為自身未來承擔更多責任。以前的退休人士光靠國家發放的福利金,以及雇主贊助的退休金計畫(如果你有),就能維持生活。如今,勞工必須對自己的退休儲蓄負起更大的責任。這樣的改變,對於了解自己想要什麼、知道自己正在做什麼事的人來說,很可能相當有益。然而,這種做法卻對散戶投資人的頻寬與理財知識要求極高。許多人的財務技能根本跟不上。想想年紀漸長的嬰兒潮那一代,現在的金融環境和他們進入勞動市場時已經是天差地別。因為這些變化,我們必須強迫自己跑得愈來愈快,才能跟上時代發展的速度。

然而,理財知識匱乏並非全部的原因。

另外一部分原因是,有些人和你一樣急切的想要你口袋裡的錢。詐騙一直存在,甚至有人可以用完全合法的方式,騙走你口袋裡的錢。銀行與其他金融機構淪為幫兇,讓你即使不甘不願,也只能把錢交出去,大家似乎也對此不大驚訝。它們到處刊登廣告,吸金力十足。有些金融機構會一次做出十種不同的預測,再依照預測寫出十種股市分析快報。等一段時間後,直到股市走勢和至少其中一份預測相符,便以那份快報為證據,大力宣傳它們在預測股市方面有多熟練傑出。銀行等機構也時常會引用特定利基基金去年報酬驚人之類的事實,營造出它很厲害的假象,卻對其他兩百檔表現不佳的基金隻字不提。

其實這些全是同樣的套路，都是利用潛在客戶理財知識不足來牟利。不幸的是，這種做法（大部分）是合法的。

　　另一部分的原因，則和人類大腦的構造方式有關。我們的經濟行為會受到心理干擾，這正是行為經濟學的研究範疇。

　　行為經濟學家認為，人們缺乏耐心，而且相當衝動。缺乏耐心代表我們往往比較看重現在發生的事，而看輕以後發生的事。如果你有選擇，可以早一點或晚一點體驗同樣有趣的活動，通常大家都會選擇現在就玩。（但是，我們之前討論過的「品味美好」卻是例外。）一般人都會認為，缺乏耐心是很正常的理性行為。有些人只在乎現在能玩得開心，無視那麼做會大大減少以後的樂趣。即使我們在其他方面還是很有耐心，衝動會使我們成為只想即時滿足的祭品。衝動被廣泛歸類為不理性行為，因為它使我們放棄追求較遠未來中更好的利益。在存錢的路上，缺乏耐心、衝動行事都會成為阻礙。儲蓄在本質上就是放棄現在的享受，以換取將來的好處。缺乏耐心且行事衝動的人可能無法堅持儲蓄。克服衝動、培養耐心並非不可能，但是需要個人的努力與意志力。

　　行為經濟學家也研究過故事的魔力；人們喜歡聽故事。諾貝爾獎得主羅伯特‧席勒（Robert J. Shiller）在《故事經濟學》（*Narrative Economics*）中表示，故事是人類行為與經濟事件的主要驅動力。[27] 我們都聽過一些創業成功、投資最新加密發明，或是其他壯大企業的故事。這種故事特別引人入勝，尤其

經過艱辛奮鬥後得到的勝利,更是大快人心。故事很精采,往往廣為流傳。我喜歡聽故事,我猜想你可能也注意到,我在書中不時會穿插許多小故事。

但是,一直重複好聽的故事還是會產生負面影響。我們不妨以狼為例。狼對人類構成的危險其實相當小,證據顯示,狼襲擊人類致死的案例極少。然而,人對狼的恐懼卻根深蒂固。部分原因在於,大壞狼在森林裡吃掉小女孩的外婆,以及在雪地裡追逐任性公主之類的故事實在太多。由於這些故事廣為流傳,狼喜歡攻擊人類便成為約定俗成的概念。如果你喜歡《小紅帽》(*Little Red Riding Hood*)與《冰雪奇緣》(*Frozen*)等作品,那麼你想到狼的時候,腦中第一個畫面就是牠會吃掉你。最重要的關鍵是,我們所記得的事件特點,會直接影響我們對它的判斷。比起我們不常想到的事物,我們很容易想到的事物,以及毫不費力就在腦中出現的事物,被認為更有可能發生。這種結果便是所謂的「可得性偏誤」(availability bias)。[28]當大灰狼攻擊可憐人類的生動畫面時常出現,我們就會高估這種事情在現實世界中發生的可能性。

可得性偏誤和投資有什麼關係?關於成功投資策略的故事不勝枚舉。你一定經常在財經媒體和商業雜誌上,讀到以〈我如何致富〉為標題的報導;也會在商學院聽到類似的故事,只是他們把故事稱為「案例」。這種故事通常只有一個主要投資者,他經由某項可能較為特殊的策略,比如購買特定類型資

產、投資剛創業的公司，或者大買比特幣等方法，賺進非常多錢。我不記得看過任何投資指數型基金賺錢的故事，畢竟相較之下，那未免太過無聊。

即使故事是真的，這樣的敘述方式與教學法還是有兩個問題。第一，你聽到的案例顯然不具代表性。選擇這些故事是因為它們很精采，閱讀起來有意思，或是在課堂上討論很有趣。它們很像前文提到的情報或利基基金，你永遠不會看到和故事裡的人做相同的事、卻沒獲得同樣成功的人的故事。據我們所知，故事主角的成功可能純粹只是運氣好。了解他們採用的策略，可能和了解樂透得主圈選幸運數字的原則一樣，沒有任何意義。

其次，故事裡一旦出現特殊的投資策略，就會提高大眾的興趣。當它們在我們的腦海中頻繁且生動的出現時，往往會讓我們高估這種事情發生在自己身上的可能性，導致我們可能因此上當，允許自己嘗試那些特殊策略，從而犯下大錯。總而言之，你在財經媒體上讀到的故事，和你在商學院討論的案例，可能比垃圾更糟，它們可能會絆倒你，讓你損失慘重。完全忽略它們，才是上策。

為什麼我們的認知配置無法應對當前的金融環境？原因其實很明顯。我們的大腦雖然有進化，但基本上多少還是和沒有股票市場、非同質化代幣與網路詐騙的古老時代相去不遠。就大腦適應環境的程度而言，它們現在適應的環境根本早就不存

在了。

因此，想要存錢或擺脫債務的人會面臨三重威脅：不夠理想的理財知識、詐騙與推銷員，以及並非設計來應對當前複雜金融環境的認知配置。但是，我要再度強調，我們並不是不能用自己的大腦來處理目前環境的金融問題。事實上，大腦具有高度適應性，只不過需要經過適當的訓練。第一件事便是明白，我們不能什麼都不做，就想在經濟上得到好結果。我們需要對自己的財務行為負責，並且發展可以做出正確選擇所需要的資源。

擁有一切

有人向經濟學家諮詢投資建議時，他們應該感到高興，因為這表示有人信任他們。經濟學確實可以提供有用建議，不僅幫助大多數人，而且立即就能付諸行動。它無法保證你致富，甚至擺脫債務；世界上沒有一項建議可以掛保證，所謂的快速致富法其實都是騙人的把戲。經濟學家的建議相當有價值，致力於在考慮我們的現況後，為我們提供最佳的方向。無論你手上已經存了一些錢，還是深陷負債，都可以使用這些建議。無論你是想為自己和家人賺更多錢，還是想將更多錢捐給有需要的人，它都適用。你不必為了累積財富，而變成自私的人。

有些人反對經濟學家幫助人們做出更好的財務決策，理由

是這樣的建議不僅沒用，甚至有害，因為它們無法解決貧窮問題。「別告訴窮人要努力存錢，」可能有人會這麼說：「還是先解決貧窮問題吧！」

然而，看在經濟學家眼裡，這樣的反對意見根本沒有考慮邊際效應。我們當然應該努力解決貧窮問題。正如你從前文討論貧窮的章節裡讀到，經濟學家對於如何解決這個問題已經發表過不少看法。試圖解決影響重大的貧窮問題，以及給予人們控制權，讓他們在個人生活中做出更好的選擇，兩者並不矛盾。我早就說過，後者的意圖不在於解釋貧窮，也沒有要將窮人的困境歸咎在他們身上的意思。我們應該在減少貧窮的同時，幫助人們做出更好的選擇。認為我們只能二選一的想法是錯的。經濟學可以同時做到這兩件事。

如何建立社區

在 1938 年夏末午後，兩名十一歲女孩在波羅的海厄蘭島的史朵拉羅港（Stora Rör）一邊玩水，一邊等待從本土醫院看完病搭乘渡輪回來的母親。女孩們不知道，港口最近才剛清過淤沙。以前是淺灘的地方，現在只剩又冷又黑又深的海水。她們都不會游泳，淹死的地方其實只離安全的海灘不到 1 公尺，更讓人心痛的是，她們的小妹妹就站在海邊，親眼目睹一切。[1]

這件事憾動整個社區，地方人士決議絕不讓這種悲劇再次發生。為了確保每個孩子都能學會游泳，社區決定為所有感興趣的人提供游泳課程。同年成立的史朵拉羅游泳協會（The Stora Rör Swimming Association）直到今日仍蓬勃發展，招收過數千名兒童、青少年與成人。我的奶奶是一名合格的體育老師，也是協會第一批游泳教練。我的父親、我自己和我的孩子都在那裡學會游泳。我希望並且相信我的孫子輩也會承襲傳統，嗯，前提是如果我將來有孫子。

我們沒辦法證明史朵拉羅游泳協會是否真的挽救其他人的生命。當然，答案是「有」的機會很大。儘管許多孩子依舊在水中玩耍，還不時掉入海裡，卻再也沒人因此喪生。相較之下，溺水仍高掛瑞典全國一至六歲兒童的死因榜首。

我們可以確定，史朵拉羅游泳協會還產生許多效益。它為好幾代的孩子提供活潑、健康的夏季戶外活動。即使不思考它能不能挽救你的生命，學習游泳依舊是一件既有趣又實用的

事。協會的活動向所有人開放，只收取象徵性的費用。受訓的孩子來自各階層家庭，如農民、難民、藝術家與作家、大學教授與企業執行長、當地人與遊客。有些學員乘坐汽車，長途跋涉，但也有人騎自行車或搭公共汽車前來。和其他體育組織不同，協會的目標不是訓練一小部分的孩子游得很快去參加比賽，而是將每一個孩子教成技術良好的游泳健將。（在碼頭上過於激動的父母會被禮貌的警告，請他們坐下來保持安靜。）

除了學員之外，許多人也因此蒙受其利。當地年輕人可以擔任游泳教練，得到金錢、培訓以及早期工作經驗；冰冷的海水對塑造堅毅性格多有助益；協會為社區提供大量社會資本與優良名聲。因為孩子、父母和親戚每週都在同一片海灘上共度數小時，連續十幾週後，他們在水中或海岸線上建立起終生的友誼。同時，協會成為社區值得信賴的合作夥伴。擁有海灘與相關設施的市政府，得到協會提供需要改進與服務的具體相關資訊，協會便成為人民與政府之間的多方橋樑，幫助政府將稅款用在對社區最有價值的項目上。最後，協會促使當地不動產升值，使得有意賣出的房地產在市場上極為搶手。眾所周知，除了房產原本的優點外，房屋仲介更是將游泳協會與相關活動當成獨特賣點，不遺餘力的大加宣傳。

史朵拉羅游泳協會完全仰賴自籌資金運作，政府並沒有拿稅金出來補助。為了維持收費低廉並持續廣開營隊，它需要一個可靠的收入來源。先不評判好壞，瑞典的慈善捐款風氣確實

不如美國或英國，直接的捐款金額根本杯水車薪。實際上，協會很大一部分收入來自年度慈善義賣。會員捐贈自製的烘焙食品、果醬與柑橘醬、手作藝術品，或任何自己擅長製作的物品，然後讓其他會員以競價的方式購買。因為是公開拍賣，只要一出價，全場立即知曉，會員自然競相出價，熱情得不得了，拍賣收入每每高到令人難以置信。一個普通但美味的自製蛋糕很容易賣到 100 英鎊以上。拍賣會之所以可行，不僅是因為它以最小的交易成本籌到必要的資金，還因為它出自那些最有能力捐贈的人的口袋。經濟情況不好的人不必參加競標，其他人則可順從自己的心意，決定要花多少錢換取肉桂麵包與慷慨大方的名聲，並且在和鄰居的競標戰中享受獲勝的滿足感。

在經濟學的定義中，史朵拉羅游泳協會是一個機構。所謂的機構，就是一種制度，也就是人類用來組織各種重複互動的規則或指示。[2] 這些規則可以經由管理文件化為正式規定。比如說，協會的章程規定，如果你想維持會員的有效性，就必須繳納年費。但是，定義機構的規則並不需要白紙黑字寫下來，甚至不需要語言表述，像是「如果你負擔得起，參加慈善拍賣會，出錢競標。」「輪到你的時候，自願加入董事會。」「尊重游泳教練。」「當你的孩子在水裡，坐下來保持安靜。」這些都是不成文的規定，在正式的管理文件中可能看不到。儘管如此，大家還是廣泛的、甚至是普遍的，依照這些約定俗成的規則來行事。然而，從經濟學角度看來，這些規則才能真正定義

游泳協會的精神。

　　經濟學家伊莉諾‧歐斯壯（Elinor Ostrom）的整個職業生涯都在研究機構。她想知道機構會做些什麼、如何運作、為什麼可以運作，還有它們在時代洪流中的形態與演變，又是如何建立與改進，以及如何和我們所有人分享知識。[3] 歐斯壯相信經濟學的力量可以「激發人性最美好的一面」。她認為，藉由幫助人們建立社區，發展構成社會結構的豐富關係網絡，就能實現這項目標。在這個過程中，歐斯壯勾勒出美好社區的願景，由不同規模的機構層層相疊、交互合作所組成，期望以適當的規模為人們提供解決的方案。她將這樣的概念稱為「多元中心」（polycentricity），並且認為經濟學家在實現這個願景上，可以發揮相當大的作用。她拒絕傳統的市場與國家二元論；她不相信提倡什麼都不做，等待事情自行解決的自由放任經濟學；她也不相信藉由中央計畫與社會工程，來解決問題的指揮與管制方案。相反的，歐斯壯認為，經濟學家應該適當的充當自治的催化劑。[4] 換句話說，她要經濟學家幫助人們建立為自己服務的機構，無論他們身在何處。

　　歐斯壯的研究為她贏得 2009 年的諾貝爾經濟學獎，成為這個獎項的第一位女性得主。她在 1990 出版的《管理共有財》（*Governing the Commons*）一書得到學術界廣泛引用，截至我寫這本書時，總共被引用高達四萬七千多次。[5] 如果你對她精采的生活與研究有興趣，可以參閱弗拉德‧塔科（Vlad

Tarko）所寫的《伊莉諾・歐斯壯：知識份子的傳記》（*Elinor Ostrom: An Intellectual Biography*）。

史朵拉羅游泳協會是歐斯壯在學者生涯中預想的完美機構典範。這個協會的成立，是為了解決受到最大影響的一群人所看到的問題。它的規模與範圍適中，組織大小足以解決問題，卻不會比需要的規模大太多。它以符合社區價值觀的方式運行。創始成員並沒有設計它的發展模式，也沒有預測到它會怎麼發展，但它切實反映出對當地條件與可用資源的深度了解。它模糊個人與群體之間的差異，因為它的衡量標準和兩者皆不相同。它甚至模糊市場與國家之間的區別，因為它既沒有利用市場，也沒有仰賴政府來解決問題。最重要的是，它在受它管理的人的同意下運作。人們願意，甚至是熱切的，同意接受協會規定的管束條件，以便享受它帶來的好處。人們之所以同意，是因為效益遠超過成本，而整個社區不僅公平的分擔它的責任，也分享它所帶來的歡樂。

也許你會覺得史朵拉羅游泳協會的故事沒什麼特別。你可能想都不想就脫口而出表示，這類組織不是遍布世界嗎？又不僅是在多風的波羅的海島嶼上才有。你說的沒錯，而且這才是重點！像這樣的機構確實存在於人們共同生活的各個社區裡，不管是富裕國家或貧窮國家，也不管是和平時期或戰爭時期。有時是政府合法特許的機構，有時卻完全是非正式的機構。有時規模很小，只涉及少數人或家庭；有時規模大一些，甚至可

以廣納一個國家或聯邦。它們的存在是為了解決共同生活在這個社區裡的人所面臨的問題。當然，問題不一定是兒童溺水，儘管顯然這是其中一個很可能出現的問題。但是，問題也可以是提供飲用水、保持環境清潔、公平分配有限資源、防止戰爭與暴力，或者是人們關心的任何議題。

更重要的是，一起生活的人們共同面對尚未解決的問題，最終的解決方案很可能就是以機構的形式出現。

如果你不常讀到像史朵拉羅游泳協會等小型機構的故事，並不是因為它們的數量不夠多，而是因為它們不會像國家政策一樣，那麼常出現功能失調。[6] 當然，地方性的機構並不一定運作良好。有時，它們的失敗足以引起全國關注。但是，絕大部分的機構還是對解決問題出了力。地方性機構是社區的支柱。如果我們想建立一個運作良好的社區，就需要建立並支持地方性機構。然而，如果我們想提供幫助，首先需要了解它們的運作方式與原理，才能知道它們在什麼條件下可以蓬勃發展。這就是伊莉諾・歐斯壯可以教導我們的知識。

問題是什麼？

波羅的海鱈魚特別適應波羅的海的鹹水環境。歷史上，鱈魚一直是這個區域最重要的一項魚類資源。[7] 我小時候跟著爸爸去釣鱈魚，幾乎每次都還沒把魚餌降到適當的深度，就已經

有魚上鉤。只要垂釣半個下午，釣到的鱈魚就足夠塞滿我家冷
凍庫。現在，波羅的海鱈魚幾乎消失，很難再見蹤跡。如你所
料，原因很多，包括環境變差、寄生蟲以及海豹等各式各樣因
素，但最主要的問題出在過度捕撈。波羅的海被九個國家包
圍，沒有什麼能阻止這些國家的漁民如同明天就是世界末日似
的大撈特撈，而他們也真的這麼做了。漁獲量遠遠超過可持續
維持魚群數量的水準，尤其在各種條件不斷變差的情況下，漁
獲量仍居高不下。存活的鱈魚數量稀少，品質不佳。儘管整個
行業都得依賴鱈魚魚群才能生存，他們還是親手毀掉它。

維京人在 9 世紀末定居於森林茂密的冰島，白樺林是當時
的主要樹種。[8] 在接下來的一百年裡，維京人砍伐 97％的樹
木。擴荒者想要燒火的木柴與建築材料，還想要放牧的土地。
維京人想必知道失去森林會有嚴重後果，但他們還是砍了樹。
沒有人、也沒有法規可以阻止他們。到了現在，冰島只剩
0.5％的土地依舊被森林覆蓋，失去樹木庇護導致大面積的土
地荒漠化、土壤侵蝕、沙塵暴，以及可耕地流失。如果你去冰
島觀光，會發現島上大部分的地方看起來很像月球表面，極具
戲劇性、美麗、一棵樹都沒有。恢復森林比砍伐森林要困難多
了，冰島至今仍在苦苦掙扎。

無論是魚類資源、森林，還是其他類似共用財產資源的枯
竭，只要是在人類共同生活的社會中都會發生。如果你好奇原
因，維京人的例子足以證明，並不是有了資本主義的生產方

式，才會造成這樣的結果。證據顯示，數千年、甚至數百萬年以來，人類一直在捕殺獵物以致物種滅絕。[9]但是，人們既然知道資源枯竭與滅絕不是好事，為什麼又會發生這種事呢？

要了解機構的作用，我們需要了解它們想要解決的問題是什麼。歐斯壯借用賽局理論的術語來描述問題。[10]賽局理論從最抽象的層面上研究策略互動，是經濟學的一個重要分支。它精闢的描述世界各地社區面臨的基本挑戰。

你聽說過賽局理論中「囚犯困境」（prisoner's dilemma）的故事嗎？[11]有兩個小偷，我們姑且稱為比爾和布爾，他們因為涉嫌兩項不同的罪行（一項重罪、一項輕罪）而被捕。地方檢察官有足夠的證據可以就輕罪對兩人定罪，但不足以就重罪將他們定罪。如果比爾和布爾「合作」（cooperate），並且都保持沉默，他們會被判處輕罪，但重罪不會成立，兩人將在監獄服刑兩年。地方檢察官將囚犯分開關押，答應他們如果認罪「背叛」（defect）對方，並且就重大罪行出庭作證，將會給予減刑。如果一名囚犯背叛，但另一名囚犯合作，則背叛者逍遙法外，而合作者則需服刑二十年。如果兩個人都背叛，他們都將因重大罪名遭到定罪，但因為有作證獎勵的減刑，只要服刑十年即可。他們必須獨立做出決定，無法知道另一個人會怎麼選擇。這兩個小偷什麼都不在乎，只希望刑期愈短愈好。

比爾與布爾的困境嚴格來說就是一場賽局，可以用賽局理論的工具進行分析。像這樣的簡單賽局可以用表格表示，如下

列表 1。

表1　原始形式的囚犯困境

	合作	背叛
合作	3,3	0,5
背叛	5,0	1,1

　　橫列代表比爾（嫌犯 1）採取的行動，直行代表布爾（嫌犯 2）採取的行動。因為嫌犯都各有兩項行動方案可選，所以可能的結果有四種。這四個格子中的數字分別代表比爾和布爾的效益，以逗號分隔。效益以單位表示，數字大小僅代表結果對嫌犯愈好或愈壞。如果兩人都合作，避開長期監禁，比爾和布爾各自可得到 3 單位，算是相當不錯。如果兩人都背叛，被判長期徒刑，但是因為有減刑，比爾和布爾會各自得到 1 單位，那就很糟了。現在，假設比爾背叛而布爾合作，那麼比爾被釋放，且得到 5 單位。對他來說，這自然極好；而布爾則得到長期徒刑、沒有減刑，並且得到的回報是 0 單位，簡直太糟糕。如果比爾合作而布爾背叛，則會出現同樣的結果，只不過

兩人立場對調。

接下來會發生什麼事？我們先從比爾的角度來分析情況。如果布爾合作，比爾可以選擇合作以獲得 3 單位的效益，或者背叛以獲得 5 單位的效益。5 比 3 好，所以他會選擇背叛。如果布爾背叛，比爾可以選擇合作以獲得 0 單位效益，或者背叛以獲得 3 單位效益。3 比 0 好，所以他會背叛。這意味著無論布爾選擇哪一種，比爾都會背叛！背叛對他來說是一種「優勢策略」（dominant strategy），代表無論如何結果都比較好。同樣的分析也適用於布爾，背叛對他來說也是一種優勢策略。兩名嫌犯都會選擇背叛，所以他們會各得 1 單位的效益。賽局理論稱此為「困境」，但在某種程度上其實說不上是困境。理性要求他們選擇背叛。儘管他們都知道合作對雙方最好，但是在不能肯定對方的選擇下，理性考慮後只能選擇背叛。

我們前面提過所謂的「納許均衡」，指的是每位參與者都知道其他參與者的決定，卻沒有一位參與者可以透過改變自己的策略而使自身受益的情況。在這裡，只有一個納許均衡，也就是雙方都背叛的時候。（表 1 右下角的陰影框格。）表格顯示，納許均衡不需要對任何人特別好。賽局理論給我們的教訓是，策略互動的結果可能對每個人都不利，即使參與其中的每個人都很理性，而且資訊充足。但因為每個人都先想著自己的利益，所以對整體最好的結果便遭到捨棄。

你可能會想到一些天馬行空的「解決方法」。如果比爾和

布爾可以提前溝通呢？他們可以先把情況搞清楚，承諾兩人合作。問題是，這樣的承諾最終將毫無意義。無論比爾和布爾相互許下什麼承諾，總會面臨必須決定要合作還是背叛的時候。只要他們面對的是和以前一樣的局面，同樣的分析就適用，並且兩人最終都會選擇背叛。正如賽局理論表示，這樣的空頭承諾太過廉價，花言巧語一點用處都沒有。

　　如果比爾和布爾一次又一次的踏進同一個賽局呢？想像一下，這兩個人愚蠢到不斷犯下同樣的兩項罪行，並且不斷遭到同一位檢察官起訴。你或許認為在後面幾輪中背叛的威脅，可能促使他們在前面幾輪合作。但是，這只有在特定條件下才會成立。假設比爾和布爾進入同一個賽局達到一定的次數，比如五十七次。那會發生什麼事？先來考慮最後一輪。比爾和布爾第五十七次被抓，因為沒有未來背叛的威脅，所以他們都會選擇背叛。他們在第五十六次都知道對方會在下一次背叛，所以不可能通過在第五十六次的合作，來增加在第五十七次合作的機會，於是雙方也會在第五十六次背叛，第五十五次也是如此。通過這種「逆向歸納法」（backward induction）的思維模式思考，我們可以確定比爾和布爾從一開始就會背叛。只有賽局無限重複，並且參與者都足夠關心遙遠的未來（考慮到兩人的職業選擇，這似乎不可能發生），才有可能持續合作。即便如此，也沒有任何條件保證他們會持續合作。而且，即使在這些條件下，持續的相互背叛也可能是一個納許均衡。

　　囚犯困境中唯一能夠避免可怕結果的可靠方法，就是不要進入那個賽局，換句話說，就是要直接改變賽局的性質。比爾和布爾可以怎麼做呢？方法有很多。舉例來說，假設比爾和布爾在作案前去面見當地的黑幫老大，就叫他冷血麥克好了。比爾和布爾可能會說：「嘿！麥克，如果我們之中有人背叛，我們付錢給你把背叛的人餵給野狗吃掉。」對麥克來說，這筆交易聽起來很划算，所以他接受了。這可不是空口白話，只要麥克能拿到錢，他既有能力也有意願把比爾和／或布爾扔去餵野狗。那麼，下一次比爾和布爾被抓時，面對的就是一個完全不同的賽局（見表2）。合作會導致和以前相同的結果，但是現在背叛代表要被扔給野狗吃，得到 −9 單位的效益。在這個新賽局中，無論布爾做什麼，比爾都更願意合作；而無論比爾做什麼，布爾的合作意願也更高。合作已經成為雙方的優勢策

表2　改進形式的囚犯困境

	合作	背叛
合作	3,3	0,−9
背叛	−9,0	−9,−9

略。獨特的納許均衡仍然存在，但現在的均衡是相互合作（表2左上角的陰影框格）。這是最好的結果；個人想要的結果突然和整體利益一致了。

雖然比爾和布爾付錢給麥克，要他在有人背叛時將那個人扔給野狗吃，似乎是奇怪的做法，但它卻符合比爾和布爾的利益，完全是為了他們好。正如經濟學家所說，你需要「解決均衡問題」才能明白為什麼。當比爾和布爾讓麥克涉入其中，互動的性質就此改變，也改變了納許均衡。新的納許均衡是雙方最好的可能結果。在這種新的均衡中，沒有人會被扔給野狗吃。當然，被扔進野狗窩非常不好，可是正如經濟學家所說，它「偏離了均衡路徑」，所以這項威脅就無關緊要了。結局好，一切都好。

歐斯壯認為，我們可以從囚犯困境的教訓，得到兩個核心見解。

第一，個人想要的事物有時會和整體社會利益不一致。在這種情況下，掌握資訊的理性人士將無法確定可以得到最佳結果。這個問題可能非常棘手，因為即使你向人們提供更多關於所處困境的資訊，也無法解決問題。對他們強調有其他選項可以帶來比他們手上選項更好的結果，同樣無濟於事。你可以大力宣傳讓所有人知道，但只要賽局不變，你就無法改變任何人的行為。你不能通過塑造別人的性格來解決問題，也不能要求人們更理性來解決問題。從表面上看，整體社區似乎注定失

敗，還好這令人沮喪的發現只是其中的一半，另一半則是帶來令人振奮的好消息。

第二，人們對自己參與的賽局有一定程度的控制權。如果他們不喜歡實際參與的賽局結果，他們大可不要參加，改為選擇另一個賽局。另一個賽局可能會有其他的納許均衡，表示它會導致截然不同的結果。因為結果可能對所有人都更好，所以轉換賽局可能符合每個人的利益。這種轉換通常會涉及界限的設定，但是當新賽局的結果比原來的結果更好時，人們就有充分的理由尊重這些新界限，解決方案可以徵得大家的同意。事實上，整個群體並非注定失敗。它不需要善意的獨裁者、軍政府或共產黨政局來避免災難，也可以靠自己取得成功。

賽局理論在此為我們做了兩件事。它解釋為什麼人們的行為符合理性利己原則，有時卻還是會得到糟糕的結果。同時，它給予我們希望，即使參與者不變，還是有可能想出方法避開糟糕的結果。

人們在現實生活中的許多互動，就和囚徒困境非常相似。你聽說過所謂的「公地悲劇」（tragedy of the commons）嗎？[12] 故事背景如下。村子裡有一塊供群眾使用的開闊草地，四周住了許多依賴公地放牧的牧羊人。每個牧羊人都想要增加自己的動物數量，愈多愈好。但是，公地容量有限，如果太多動物在那裡吃草，會毀掉整片公地。問題在於，無論其他牧羊人做什麼，每個牧羊人都想增加自己的動物數量。如果其他人不擴大

他們的畜群（合作），我們的牧羊人還是想擴大自己的畜群（背叛）。如果其他人擴大他們的畜群（背叛），我們的牧羊人更會覺得不擴大自己的畜群（背叛）就太蠢了。當每個人無論如何都想擴大畜群時（背叛），每個人就會真的去買新動物，然後公地就徹底被毀了。即使他們都知道最好不要這麼做，悲劇依舊一定會發生。

這塊公地就是所謂的「共用財產資源」（common-pool resource）。在歐斯壯的分析中，它具有兩項特點。[13] 第一，它沒有排他性，這表示很難或不可能阻止人們使用它。第二，它會減少，這表示每當一個人使用或消費一個單位的資源時，另一個人就不能同時使用或消費同一單位。共用財產資源的問題在於，它們很可能會被消耗殆盡，然而即便如此，還是有可能無法阻止人們耗盡它們。波羅的海鱈魚就是一種共用財產資源；地下水、灌溉系統、熱帶雨林、農田，以及人類賴以生存的許多事物也都是。所有這些資源都有發生公地悲劇的潛在可能性。每個漁夫都想盡可能多捕一些魚，而一旦每個人都這麼做，魚群就會枯竭，最終所有人都因此蒙受損失。歐斯壯表示：「世界上大部分地區所依賴的資源都有可能發生公地悲劇。」[14] 結果便是資源被過度利用。

還有一種被稱為「公共財」（public good）的相關資源。它沒有排他性，也不會減少。雖然很難或不可能阻止人們使用它，但在一個人使用它時，並不妨礙另一個人也同時使用它；

燈塔發出的光就是一個典型的例子。如果你建造一座燈塔為你在夜間導航，你不能阻止我以同樣的方式使用你的燈塔。但是，我正在使用它的事實，並不妨礙你也使用它。公共財十分普遍，新鮮的空氣、防洪建設、公共衛生、公共安全都是極有價值的公共財。公共財不會像共用財產資源那樣面臨枯竭的風險。但是，當你無法阻止那些沒有為公共財做出貢獻的人使用它們時，人們提供的公共財，將會比整個社區想要的數量還要少，結果便是供應不足。

　　你可以從搭便車的角度來思考這兩個問題。[15] 當資源沒有排他性，且人們沒有什麼理由一定要提供資源時，可以預料到會出現廣泛的搭便車現象。也許沒人在乎，沒人想保護共用財產資源或是提供公共利益；也許只有少數人願意這麼做。無論是哪一種，整體社區都將承受資源過度利用和供應不足的後果。這是因為，搭便車的人只享受不付出，未來注定將會發生公地被毀、灌溉系統枯竭、燈塔數量不足、公共安全危機、空氣品質變差等敗壞的現象。

　　歐斯壯認為，生活在一起的人免不了經常面臨類似囚徒困境的挑戰。有時是共用財產資源問題，如波羅的海鱈魚數量匱乏的情況；有時是公共財問題。歐斯壯還認為，人類面臨的許多重大問題，從森林砍伐與過度捕撈，到環境退化與缺乏飲用水，再到暴力與戰爭，都是因為在共用財產資源與財物上，個人想要的和公共利益不一致，交互作用下所產生的結果。

　　但是，重點來了，歐斯壯也相信，這些問題當中有許多可以透過制度與機構來解決。制度與機構之所以有效，是因為它們有能力轉變人們參與的實際賽局，將個人想要的事物調整成和共同利益一致的結果。而依這些制度所發展出來的機構，可以約束個人行為。因為人們最終還是會得到他們想要的事物，所以會同意接受約束，於是機構就可以在受到它管理的人的同意下順利運作。

歐斯壯的設計原則

　　1970 年代初期，土耳其阿拉尼亞（Alanya）的近海漁業瀕臨崩潰。[16] 歐斯壯描述，無限制的捕魚導致在這個地區作業的百來個漁民發生衝突，有時甚至演變成暴力事件。與此同時，競爭最佳捕魚地點的生產成本提高了。漁民面臨很大的不確定性。他們無法輕鬆預測自己可以在哪裡捕魚，或是漁獲有多少。漁民面臨共用財產資源的典型問題，魚和捕魚地點沒有排他性，任何漁夫都不能阻止其他人前往好的捕魚地點捉魚。然而，捕魚地點和魚群都會減少，可能會有消耗殆盡的一天。

　　當地合作社的成員決定開始實驗各種解決問題的方法。他們花了十年的時間反複試錯，但最終他們選定一套系統，並且解決了問題。他們將這個地區依照捕魚地點劃分區域，每個區域的位置大小適宜，間隔開闊，而且漁民可以同時使用，卻不

會導致衝突。每年 9 月，這些捕魚地點的使用權會隨機分配給符合條件的漁民。第一天捕魚結束後，漁民開始輪換地點。從 9 月到 1 月，漁民每天向東移動一個區域。從 1 月到 5 月，他們每天向西移動一個區域。

　　和波羅的海附近的漁民不同，土耳其漁民讓他們的新系統妥善發揮效果。這套系統基本上就是一套制度。藉由將每個漁民每天限制在一個早已分配好的地點，這套制度幾乎消除所有的不確定性、對抗與衝突。這套可持續實施的方法，同時有助於提高產量。而且，系統不僅花費低廉、方便管理，還輕而易舉就能監控與執行。漁民留在分配位置的動機十分強烈，如果有人出於某種原因沒有遵守規定，便會立即被當天應該擁有這個區域的漁民注意到，並且檢舉上報。但是，違規行為極為少見，因為遵守規定顯然符合所有人的利益。確切的說，自由市場並沒有解決這個問題，政府也沒有解決，而是由漁民社區自己解決。他們才是發現問題、設計解決方案、監督與（如果有必要）強制執行規則的人。這個解決方案在被管理者的共同認可下，顯然效果非凡。

　　阿拉尼亞漁場的故事有個圓滿的結局，可惜並非每個共用財產資源的下場都能這麼好。對歐斯壯來說，這個觀察非常關鍵。有些社區仍然「深陷在破壞自己資源的困境」，而其他社區卻「已經擺脫公地悲劇的固有陷阱」。[17] 她觀察到的狀況讓她反思差異所在。她問自己，哪些內部與外部因素可以預測一

個社區會繼續受到公地悲劇的束縛？又是哪些因素可以預見它能成功擺脫困境？

歐斯壯不相信捷徑，也不相信有一套放諸四海皆準的解決方案。[18] 她認為，任何成功的解決方案都必須配合特定的社區與生態環境，融合當地的知識、傳統與價值觀。在阿拉尼亞頗有成效的計畫，在其他地方不一定適用。

儘管經濟學無法提供放諸四海皆準的解決方案，但經濟學還是可以告訴我們很多成功的先決條件。「所謂『成功』，」歐斯壯寫道：「指的是那些即使在個人搭便車與逃避的誘惑持續存在的情況下，仍然能夠取得有效成果的制度。」[19] 她列出八項設計原則，闡述她的基本見解。這些原則不是自然法則，沒有哪項原則或是哪些原則可以保證成功。她也沒有表示，發展成功制度的社區就一定遵循了這些原則。但是，歐斯壯認為，符合這些原則的制度，更有可能以可持續、可接受的方式來交付商品。

和從前一樣，經濟學家需要對他們從外部發展解決方案和提供解決辦法的能力，保持謙遜低調；他們能做的最佳貢獻就是幫助人們自助。經濟學家應該扮演的正確角色是，幫助社區發展出一套制度，可以解決它們面臨的問題，並且以融合當地知識、傳統與價值觀的方式來解決問題。設計原則讓他們得以這麼做。藉由幫助人們創造先決條件，以建立起成功而持久的制度，經濟學家幫助人們擁有自助的能力。

　　歐斯壯怎麼知道如何做才有效？她的設計原則除了建立在非常廣泛的經驗基礎上，還加入更具分析性的賽局理論方法。[20]歐斯壯進行第一手的實地調查，研究 1960 年代地下水流域的管理，以及美國都會地區的治安等問題。這些研究都在現場進行，研究人員有時就坐在警車後座，或是站在市中心的街道上調查。她和團隊成員在實驗室進行一系列實驗，使她能夠在受控的環境中獨立改變不同的參數。她也主導眾多大規模研究，像是尼泊爾灌溉系統和世界各地的森林管理等。最終，她建立出一個涵蓋多領域的案例研究數據庫，將人類學、社會學、歷史學、生態學、政治學、林業等領域都涵括在內。截至 1989 年，這個數據庫包含近五千個項目。[21]理論框架使她能夠對這些研究進行分類，並構建數據庫。藉由數據庫，她便能推斷出哪些原則有效，哪些則是無效。

　　在大量實證材料的基礎上，歐斯壯得以找出，在什麼樣的情況下，「制度」或者該說是為了推行制度而成立的「機構」，會開始出現，並且在成立之後存續許久；而且一旦這些條件消失，便會走向滅亡。這八項同樣稱為「成功要素」的設計原則如下所列。[22]

1. 清楚定義界限

　　第一項設計原則是，必須清楚描述所面對的問題，如成立的機構應該管理哪一項特定資源，如何區分這項資源的特質，

以及資源所屬的更廣泛社會與生態系統等，都要明確的界定。
阿拉尼亞的漁民必須確認，他們想管理的漁場邊界，同時還必
須明白指出資源的潛在用戶，以及誰才應該有權使用分配的捕
魚地點。如果這些條件中的任何一項沒有達成，就會出現問
題。例如，不受機構規則約束的漁民可能會突然出現，自行在
被分配給另一個漁民的地點開始捕魚。如果發生這種事，我們
可以預期所有的不確定性、衝突與對抗，必定會捲土重來。

　　另外，機構的規模需要符合問題的規模。集中在較小地理
位置且潛在用戶數量較少的共用財產資源，最好由小型機構管
理。占地廣闊並擁有大量潛在用戶的資源，則需要成立大型機
構來管理。史朵拉羅游泳協會之所以成功，部分原因是它面對
的是一個定義明確的有限問題，但也是因為組織規模合宜，符
合它要處理的問題。如果規模再小一點，就無法完成使命；如
果規模更大，便會遇上許多原本不會發生的麻煩。

2. 因地制宜

　　第二項設計原則是，訂定的規則需要因地制宜。歐斯壯在
研究世界各地的灌溉系統過後，發現不同系統之間存在相當大
的差異。這些差異反映出各個系統在時間、地點、技術、資源
與各種方面的不同。阿拉尼亞漁民能夠有效實行的規則，是在
設計之初就將當地魚類的捕魚地點分布與遷徙模式全部考慮在
內。不符合當地條件的規則，無論在其他地方能夠運作得多

好,在當地成功的可能性不大。同樣的,沒有一套規則可以適用於所有的地方。

此外,不同類型的規則必須公正、對等。部分規則規定哪些人可以使用共用財產資源,其他規則管理的則是由誰提供資源。這些規則共同決定整個社區的效益與成本分配。一般來說,成本需要和效益大致上成正比。如果社區中某些成員預期將承擔大部分成本,卻沒有得到相對的效益,他們就不大可能同意這種安排。

3. 集體選擇安排

第三項設計原則是,允許受到機構規則影響的人有權參與制定、修改規則。提供發言權給內部人士可以達到許多目的。其中之一是,受到規則影響的人往往最了解當地的情況,如地理環境知識、在地居民,以及居民的價值觀、偏好、傳統與文化等。除此之外,他們也對以前和現在的安排了解甚多,知道哪些有效、哪些無效。允許公共財物的使用者與提供者參與制定規則,代表過程將由群眾腦袋裡的知識主導。舉例來說,光看資料,並無法確定哪種特定的灌溉解決方案在某個地區最有可能起作用,這時內幕消息顯然扮演關鍵角色。

讓內部人士在制定規則時發表意見,可能也會提高他們熱切投入機構的程度,並且在將來更有意願遵守規則;雖然沒有人可以保證結果。所以,我們還是得想辦法,讓個人目標和公

共利益保持一致，這就是接下來幾項原則的功用了。

4. 監管

　　第四項設計原則是，必須有一定程度的監管。必須有人持續關注共用財產資源或公共財的狀況，以及使用者與資源提供者的表現；監管者可以是其他用戶或資源提供者。在阿拉尼亞，如果有人在自己分配到的捕魚地點外捕魚，當天有權在那裡捕魚的人自然會立刻注意到。在這種情況下，監管是由漁民自發進行，成為他們日常活動的一部分。監管者也可以由第三方擔任。外部監管者需要受到資源的使用者與提供者任命，或是以其他方式對資源的使用者與提供者負責。監管不需要百分之百有效，但是如果不追蹤資源的狀態，很難將它保持在適當的水準。如果資源使用者與提供者的違規行為沒有系統監管，那麼人們有什麼理由不乘機不勞而獲呢？

　　只是單純的監管仍然不夠，必須另有一套系統讓不勞而獲的人與其他違規者都受到處罰才行。

5. 分級制裁

　　第五項設計原則是，必須有適當的制裁手段。制裁是對違規行為施加懲罰，可以採取的形式很多，可能涉及返還不當利益，例如違反機構規則而得到的資源。執行制裁可能會導致社區名聲受損，因為監管者會將違規行為告知其他人。制裁可能

涉及金錢或施以罰款作為賠償。對於特別嚴重的違規行為，甚至可能採取剝奪參與資格的驅逐形式。制裁應該分級，換句話說，一開始可以採取相對溫和的警告，最初的違規只以簡單提醒規則來處理。然而，對於屢犯者，制裁必須逐漸升級，期望違規者在受到制裁後重回正軌，同時也提醒其他成員，違規行為可能帶來哪些嚴重後果。制裁和監管一樣，不需要百分之百有效，但是，如果我們希望個人目標和共同利益保持一致，並且人人遵守規則，制裁手段是不可或缺的條件。

「那麼，由誰監督監管者？」你可能會想問。由於監管與制裁他人的成本可能很高，你可能會擔心沒有人願意接手這些工作。然而，理論上的麻煩在現實中似乎沒那麼嚴重。歐斯壯指出，現實世界裡的社區成功解決了這個問題。這項事實證明，制裁違規者的成本比你想像中更低，對資源使用者與提供者的利益更大。當所有成員都願意投入心力，維持機構的穩定與長久發展時，他們就有責任確認制裁能以適當的方式施行。

6. 衝突解決機制

第六項設計原則是，機構必須提供方法裁定分歧與衝突。資源使用者與提供者出現分歧時，必須有管道讓他們表達並解決問題。機構提供的裁定程序不管在時間或其他資源上，都應該維持成本低廉。有些衝突不可避免，任何規則都會產生歧義。即使是誠實、充滿善意的社區成員，也可能對規則的要求

有不同意見。有些人可能會為了自身利益而利用規則的灰色地帶，有時候人們不免犯錯。提供一個合適管道來解決分歧，可以防止分歧升級、消耗資源，甚至能夠阻止機構分崩瓦解。

7. 對機構權利的最低認証

第七項設計原則是，政府當局必須承認，或者至少不反對，讓資源使用者與提供者有權利建立自己的機構。有時候，政府官員認為只有他們有權決定誰應該提供、使用資源。例如，決定誰有權使用共用財產資源是他們的工作，其他人不應置喙。如此一來，想讓當地機構管理地方資源就會變得十分困難。一個由使用者自發建立、管理的機構，只有在政府保持一定距離的情況下才有可能蓬勃發展。假設土耳其政府介入並組織系統來分配阿拉尼亞的捕魚權，並允許任何對制度不滿的漁民，都可以請願要求政府干預權利與義務的分配，那麼將會導致本來可以正常運作的機構分崩離析。

8. 分層組織的管理結構

第八項，也是最後一項設計原則是，應該以多層次的機構組織進行管理。原則上，你可以想像一個龐大的機構，試圖擁有、提供、監管、執行並解決管轄範圍內的所有問題。這樣的機構看起來很像傳統定義中的國家。不過，歐斯壯研究過的成功案例中，沒有一個機構像是這樣。成功的社區會建立許多個

不同規模的機構，在不同的層面上穩定且持久的運作，管理這個層面社會與生態系統中的資源與物品。最後，這個社區將會形成一個機構之間層層相疊、交互合作的系統，而且每一個機構的規模都符合它要解決的問題規模。

　　雖然史朵拉羅只是一個小村莊，當地還是有好幾個機構在管理資源，如海港與私家道路；提供服務，如維護網球場與板球場；組織活動，如社區節日。這些機構或多或少都在同一個地理區域運作，成員名單重複，並以各種方式和其他機構互動。關鍵在於，社區並不是以一個龐大組織運作，來完成需要完成的所有事情，而是讓人們自行管理一系列層層相疊、交互合作的機構來負責不同的任務。我再強調一次，這些現象再正常不過。如果歐斯壯的想法沒錯，這才應該是常態。

　　同樣的，這些設計原則並不能保證一定成功。沒有任何一套原則可以誇下海口掛保證。但是，歐斯壯的原則確實可以提高成功的可能性。它們讓我們看到，波羅的海鱈魚漁民原本可以採取哪些措施，就不會面臨如今的困境。漁民應該訂定波羅的海鱈魚的邊界，決定誰有權捕撈（設計原則 1）。他們還必須制定操作規則，管理捕撈方式、地點與數量（設計原則 3）。這些規則必須考慮相關的社會、經濟與生態限制來設計，以便適用於當地的狀況（設計原則 2）。漁民還必須考慮到，波羅的海各個區域的條件可能有所不同，並且在適當的情況下建立

一系列分層負責的機構來處理問題（設計原則 8）。漁民或他們指定的代理人必須監管這些規則的遵守狀況（設計原則 4）。如果有必要，他們還必須對違反規則的人，實施一系列逐漸升級的制裁措施（設計原則 5）。他們必須提供一個可以順利、迅速裁定投訴的管道（設計原則 6）。同時，波羅的海沿岸國家的政府必須承認這些機構，讓漁民可以自治，不會無故干預，而毀掉漁民的一切努力（設計原則 7）。

歐斯壯的多元中心願景

　　歐斯壯不只提供一系列的設計原則，還為我們勾勒出美好的社區願景。機構的規模必須符合問題大小的概念，讓大家認同社區是由許多機構交織而成的新觀念。[23] 歐斯壯使用術語「多元中心」來表示不受單一中央機構管理的社區。在多元中心社區裡，有關資源供應、管理與分配的決策都由許多不同的機構處理。這些機構規模不同，運作層面也不一樣。它們在法律上獨立存在，因為每個機構都會對自己控制的資源做出決定。此外，它們通常在功能上也是獨立存在，因為它們彼此獨立運作。

　　多元中心社區有什麼特別之處？歐斯壯在研究過許多不同的管理系統後，歸納出結論。[24] 多元中心社區更能善用當地與個人的知識，因為它授權每一位共用財產資源的使用者，制定

規則來管理特定資源的使用方式。多元中心社區更有適應性，允許人們試驗不同的管理形式，同時允許社區向其他面臨相似問題，並且已經在試錯過程學習的社區借鏡。多元中心社區更有彈性，在組織形式上提供一定程度的餘裕，就像一架製造精良的飛機會預先將備用的引擎、飛行員與電池列入考量。如果某個機構在某個層面上失敗了，會有另一個在同一層面或另一個層面互相交疊、互動的機構遞補上。藉由將決策分散至範圍廣泛的自治中心，便可以降低徹底失敗的可能性。

這種多元中心願景和你在其他地方看到的觀點完全不同。

在其他人的觀點中，相當普遍的一種做法是，主張一切私有化，依靠市場機制解決問題。他們認為，只有這樣，才能確保人們在使用資源時負起責任，也保證資源有利可圖。這項建議實際上的目的是，藉由消除共用財產資源的公共性質來解決問題。換句話說，就是把資源交到私人參與者手中。儘管這種解決方案得到廣泛使用，歐斯壯卻認為它其實相當不妥。[25] 許多共用財產資源並不能輕易被分割或私有化，這種類型的資源往往面臨特別嚴重的問題；海洋裡的魚群就是一個好例子，森林也是。管理良好的森林是許多種產品的原料來源、許多種生產活動的場所，也是眾多使用者的家園。我們可能找不到很好的方法將森林切成好幾個區塊，供給所有使用者繼續運用。然而，私有化更會進一步導致效率低下，因為它會增加對市場的需求，不僅要分配產品，還有設立保險計畫來分散風險，而這

些狀況，都和交易成本與市場失敗風險脫不了關係。

　　另一種觀點普遍的主張則是，將共用財產資源的所有權與控制權集中起來，讓國家來解決問題。這個辦法的目的是，拿走當地人民與社區的控制權，轉移給具有極大強制力的中央政府。他們認為，只有這樣才能相信資源將會有人負責且持續受到管理，進而造福所有人。歐斯壯並不相信集中化的解決方案。[26] 為了有效、公平的管理共用財產資源，遠離實際社區的中央政府，仍然需要大量準確的資訊來經營機構，但它卻缺乏或無法取得這些資訊，其中包括相關資源的資訊，還包括對於相關人員需求、目標、偏好等方面的理解。中央政府也需要監管能力，要有一個可靠的系統來實施水準一致的制裁。它還需要確保相關人員的動機和共同利益保持一致。最重要的是，它需要在不產生高昂管理成本的情況下，完成上述所有任務。

　　以上討論的這兩種看法，在某種程度上，都反映出對人類群體的不看好，同樣認為人類社區不大可能有辦法一起管理共用財產資源。兩種論點都預設，人類失去約束之後，將會毀滅、耗盡資源。私有化的論點主張，避免毀滅與耗盡資源的唯一方法是，確保沒有任何共用財產資源可以破壞。集中化的論點則主張，共用財產資源需要從人民手中移除，交由仁慈的國家管理。兩者都同意，人們需要透過這些方式，才能把自己從自己身上拯救出來。

　　歐斯壯的看法沒有那麼悲觀，她認為抱持一定程度的樂

觀，正是她的研究核心要點之一。歐斯壯寫道：「公共政策分析最重要的一課來自我的知性之旅……人類具有比你以為的更複雜的動機結構，以及解決群體困境的能力。」[27] 歐斯壯並不天真，她對於人們管理共用資源的能力了解得很清楚，許多社區根本無法保護或保存魚類與森林等資源。但她仍然保持樂觀。她的研究發現許多成功社區的案例，幫助我們了解在哪種條件下，更有可能成功。正如她在諾貝爾獎頒獎典禮時發表的感言，她的研究教會我們在市場與國家之外，如何為成功的管理鋪出一條平坦的大道。

經濟學、專業知識與價值觀

歐斯壯向我們展示，如何建立社區、管理資源、解決問題等方法。她不會天真的相信人們能夠解決自己的問題，也明白人們經常失敗。對於經濟學家有能力幫忙，她同樣抱持審慎的態度。她樂於承認，經濟學並沒有萬無一失的方法可以實現我們重視的所有目標。「對於某些讀者來說，這是一個令人沮喪的教訓。」她寫道：「他們想找的是一個可以完美解決常見困境與其他政策問題的『答案』。」她隨後還補充說明，航太工程師與軟體專家也沒有讓飛機飛行和電腦運作萬無一失的方法。如果你只接受保證一定會飛的飛機，或保證不會當機的電腦，那是你的問題，和不完美的科學無關。

　　歐斯壯的研究引人入勝，尤其是它不只告訴我們經濟學是什麼，以及更重要的是，經濟學可以達成什麼事。毫無疑問，歐斯壯研究的就是經濟學。她的研究深受我們開始討論時所說的賽局理論分析的影響。賽局理論將問題勾勒得清楚明白，讓我們將注意力集中在互動的本質上，也就是個人想要的東西和共同利益可能不同，禍事或許會因而發生。賽局理論還為我們提供原則性答案，描繪出解決方案可能是什麼樣子。經濟理論提供的框架，讓來自各種學科、大量且豐富的實驗證據可以分門分類，方便歐斯壯加以利用，明確找出八項設計原則。歐斯壯以此為基礎，提出她的獨特分析，同時極有說服力的描述，一個在市場與國家之外的美好社區願景。

　　歐斯壯的研究說明經濟學家看待個人的方式，以及更重要的是，經濟學還可以如何看待個人。有些人擔心，經濟學提倡的社會願景會將個人視為反社會份子，只不過是被市場關係聯繫在一起。但是，歐斯壯的願景完全不是如此，她的分析其實具有相當濃厚的個人主義色彩。她最終選擇從個人角度來解釋機構與制度，以及它們的目標與目的等。[28] 機構之所以存在，單純是因為個人為了自己眼中的利益，才盡其所能的發展並存續下來。不過，在歐斯壯的分析中，個人並不是反社會份子，社會也不僅僅是個人的總和。個人是市場與非市場的密集關係網的一部分。他們的行為、信仰與態度反映出，事實上，他們生活在一個結構複雜的多元中心社區。在多元中心社區裡，人

們以各種方式相互依賴。最終，還是得要靠各種社區機構組成的關係網，才能將人們從禁錮狹隘、短視近利與動機自私的社會困境中解救出來。

歐斯壯的研究還說明，價值觀與意識形態在經濟學中所扮演的角色，以及更重要的是，價值觀與意識形態能夠扮演哪些角色。經常有人指責經濟學家，說他們喜歡講意識形態，也喜歡宣揚他們狹隘的價值觀。毫無疑問的，歐斯壯確實有她想要實現的價值觀，因為正是這些價值觀激發她想出設計原則，以及對多元中心社區願景的靈感。但是，這並沒有什麼特別的。任何人如果像經濟學家一樣，想讓世界變得更美好，大腦裡一定有一些概念描繪美好社會可能的樣貌。我們應該問的問題，不是這些改革者是否有特定的價值觀；他們當然有。相反的，我們應該問的是，他們的價值觀是否透明，是否站得住腳，以及在分析時，是否發揮合理的作用。

在我看來，歐斯壯對價值觀的利用既明確又負責。她很清楚自己的價值觀是什麼。她寫道：

> 公共政策的核心目標，應該是促進能使人類激發一切潛力的發展。我們需要思考，多元中心機構可以如何幫助或妨礙創新、學習、適應、提高信賴度與參與者的合作水準，以及如何在多種衡量尺度上達成更有效、更公平且可持續的成果。[29]

　　有效性、公平性與可持續性的價值觀，都是歐斯壯分析理論的核心，她將它視為激發人類最佳潛能的工具。同樣重要的是，她一再強調經濟學家提供幫助時，應該接受要以當地人民的價值觀為導向。她將經濟學家的角色類比為調解人或助產士，幫助社區發現問題，並且以當地的價值觀為基礎，構建出他們的解決方案。她的研究在價值觀上並非中立，也不可能要求它保持中立，但是，至少它在設計上已經盡可能的尊重相關人員的價值觀。正如塔科在歐斯壯的傳記中提到，歐斯壯強調相關人士的意願與自我管理，讓我們在很大程度上保持開放的態度，思考哪些價值觀應該被優先考慮。就像他在書中說：「與其試圖將我們的個人價值觀強加在每個人身上，不如將重點放在讓人們能夠建立最適合他們、最能實現他們心願的社區上。」[30]

結論

經濟學自存在的第一天起，就一直致力於讓世界變得更美好、更適合人類繁榮發展。它之所以誕生，其實是因為道德哲學家在面對遍地皆有的悲劇與苦難時退縮了，而這群人認為符合科學規律的經濟學可以幫助減輕不幸。早在 19 世紀，當經濟學被抹黑成「陰沉黑暗的科學」，甚至指控它為魔鬼所用的時候，經濟學家就已經忙於反對奴隸制度與不公不義的現象。從那時開始，這門學科取得極大的進步，但幫助人們過上更好的生活與改善世界的雄心，卻一如往昔，至今如故。

經濟學雖然不能像靈丹妙藥或神奇魔杖一般創造奇蹟，但它卻能提供我們有證據支持、可付諸實行的解決方案，可以在一定程度上改善人類生活，改進人們群居的社區與我們生活的世界。這些建議和其他地方提供的方法不同，是獨一無二的觀點。但是，它可能不是你期望中的答案，所以看起來並不是那麼顯而易見。經濟學幫助我們面對各種大挑戰與小煩惱，它為消滅貧窮鋪平一條路；它提供如何撫養心智正常孩童的建議，並且（對牽涉其中的人同樣重要的是）在過程中保持理智；它告訴我們如何應對氣候變遷與汙染；它告訴我們如何鼓勵利社會行為並促進人權；它為我們提供拯救生命、提供人們所需物品的演算法；它告訴我們如何變得幸福、謙遜與富足，甚至讓我們知道如何同時擁有這些好處；它告訴我們如何以居住的地球為邊界，建立可持續且適應能力極強的社區。這些建議的宗旨都是為了造福我們、我們的社區以及整個世界。

　　我的主張是，如同工具箱能幫助你建造房屋，經濟學能夠以相同的方式幫助我們拯救世界。我想說的是，有工具箱總比沒有好。我並不是說經濟學可以解決所有問題，也沒有說它的解決方案保證有效。我並不否認它的解決方案應該和其他學科與領域的見解相輔相成。當然，它還是有被濫用的可能。我不認為當前的經濟學形式已經完美，也沒有打算為經濟學家或經濟學專業人士辯護。我想說的是，經濟學確實為站在邊際上的我們，在建設更美好世界的努力中做出積極貢獻。

　　經濟學很像現代醫學。現代醫學確實很了不起。可是！無論它有多棒，都無法解決困擾人類的所有問題。沒有一項手術或藥物能保證一定成功。醫學是藝術也是科學，不能光靠自己就神奇的解決問題。它可能被誤用或濫用，就像有些醫生人品低劣、有些曾犯下大錯；即使好醫生也會做一些毫無意義或多餘的事。看醫生並非促進健康的唯一途徑，反倒是跑步教練等人，更可以幫助你修正體型並避免受傷。然而，這些都不是不將醫學視為學科的理由，也不是在需要的時候，堅持不尋求醫療幫助的理由。我們對待醫學，就像對待經濟學一樣，不能因為它不完美，就將它視為敵人，不給它一展所長的機會。如果你堅持醫生必須保證治療萬無一失才願意就診，那麼你就像青少年時常掛在嘴邊的口頭禪：「你才有問題吧！」

　　我必須強調，我並沒有列完經濟學可以派上用場的所有方式，本書不過只涵蓋一個大範圍裡隨手拉出的幾個選擇。我提

出的理論甚至不見得像其他人認定的那麼有代表性；雖然我其實也不知道那是什麼意思。但是請你相信我，我選擇的並非不重要的邊緣議題。我們在前幾章裡討論過的經濟學家，大體上都是各自領域中極受尊敬的學者，絕對是舉世公認的主流中堅份子。他們在信譽良好的機構裡擔任重要職位，他們的研究刊登在一流期刊上。除此之外，這些經濟學家更是最負盛名獎項的大贏家，其中包括好幾位諾貝爾獎得主。

我試圖經由每一個章節，讓你逐漸加深對經濟學架構的了解。我描述經濟學家蒐集的證據，以及他們使用的工具。那是實驗室實驗、是實地調查、是大數據、是從各種數據庫中蒐集而來的資訊；那是抽象的理論與模型；那是計量經濟學，也就是為了經濟目的而重新調整的統計數據。雖然我沒有試著描繪書中建議背後的完整實驗基礎（你可以在「注釋」與「參考書目」中找到相關資料），不過，我還是盡力讓你了解經濟學家的想法是從哪裡來，以及他們如何確定這些想法是否正確，還有為什麼他們認為這些是能夠發揮效果的優良建議。

我在本書中多次提到一個名為「經濟思維視角」的重要工具，指的是一組經驗法則或啟發方法。經驗法則無法告訴我們關於這個世界的任何一件事，而是告訴我們如何去接觸它，或研究它。邊際效應思考和尋求平衡之類的想法聽起來似乎不值得大書特書，但你需要經過訓練（或紀律）才能養成無時無刻將它們列入考慮的習慣。只有在你這麼做的時候，你才能得到

在此之前連想都想不到的答案。這種獨特的分析模式可以解釋，為什麼經濟學的解決方案往往和其他領域提供的建議大不相同。

　　除了上述目標，我在本書中致力說明，為什麼我們不應該被反經濟學的擁護者迷惑。就像在討論氣候變遷科學時，一定要提及氣候變遷懷疑論者的論述才完整，在討論經濟學是一門正經科學時，不可避免的也一定要提到經濟學懷疑論者。正如我在前言中指出，經濟學一直被批評者拖後腿，他們主張經濟學專業應該完全毀滅，還大聲疾呼沒有經濟學，我們會過得更好。我相信一定有某些理論、實踐、模型、措施與解決方案等，就像反經濟學擁護者所說的那樣令人反感。我也相信有些經濟學家在道德與智力上都有問題。對於經濟學可以改善的範圍，我們基於道義責任自然要採取行動。但反經濟學家卻不只攻擊特定的想法或個人，而是攻擊整個專業領域。他們在整個學科的廣闊戰線上大範圍的推動攻擊。這些攻擊所勾勒的畫面扭曲不堪，根本無法描繪出經濟學理論與實踐的真相。

　　我們應該細想的合理問題是：如果我們不是因為可以得到更好的理論，而是單純認為現有的東西不夠好，便完全拋棄經濟學，那麼這樣做到底能讓什麼東西變得更好，又會使誰受益？舉例來說，想一想被視為經濟學中最庸俗的一部分，也就是關於如何致富的理論。如果我們失去理性選擇理論的指引，不知道如何為了目標與價值觀來選擇最佳行動方案，情況會比

較好嗎？如果我們失去有效市場理論的警惕，面對任何堅稱報酬率必定持續高於市場的保證，卻不知道要抱持懷疑態度，情況會比較好嗎？如果我們不對理財知識與相關的障礙進行系統性的研究，情況會比較好嗎？如果我們沒有開發教學工具，用來幫助人們提升理財知識，情況會比較好嗎？如果我們沒有隨機對照實驗，來證明這些工具可以幫助人們拿到高中文憑、找到工作、擺脫貧窮並累積財富，情況會比較好嗎？我想所有的答案都是「不會」。顯然，所有工具都有可能遭到誤用或濫用。但是同樣的，我們沒有理由相信，失去它們會過得更好。

懷疑論從何而來？

　　如果經濟學如此有用，為什麼它的建議並沒有全部得以施行？這實在是個好問題。如果經濟學真的像我在前幾章提出的證明那麼好，我們確實有必要了解是什麼阻止人們實現它的效益，並且試著消除這些障礙。

　　首先，我必須再次強調，經濟學還是有許多方面可以再進一步改善。其中之一便是經濟學專業人士應該表現得更親民、更多面貌。[1]對弱勢團體的系統性歧視，至少要為目前的困境負起部分責任。這種歧視不只傷害個人，也傷害經濟學專業。不知道有多少才華洋溢、富有創新精神的學生，以及處於職業生涯早期的學者，因為遭到不當對待而放棄經濟學，改為投入

其他專業的懷抱。

　　經濟學家在傳達經濟學是什麼、為什麼要研究經濟學的時候，也可以表現得更好。有證據顯示，只要發送一封簡單的電子郵件給即將入學的新生，就能提高入學率與留校率。[2] 最有效的訊息是邀請學生選修經濟學課程，同時提供「展示經濟學研究與研究人員的多樣性的資訊」。在某種程度上，人們對經濟學的無知影響相當重大（之後我會再回來探討這個問題），改善溝通可能會造成極大的不同。

　　經濟學可以不要那麼孤僻。書目數據顯示，政治學家與社會學家引用經濟學論文的頻率，遠高於經濟學家引用政治學與社會學論文的頻率。[3] 這種不對等關係可能是因為，經濟學家認為他們比其他的社會科學研究者高明許多。雖然不是每個經濟學家都像熊彼特那樣自大（見第七章），但他們之中許多人的態度的確可以更謙虛一點，畢竟他們需要維持不過度自信的地方還是不少。

　　最重要的是，經濟學應該和哲學有更多的互動。哲學包括反映科學理論、模型、措施與方法論應用的科學哲學，也就囊括探索科學工具的力量與局限性。清楚明白的關注科學哲學，可以使經濟學家成為更好的科學家。同樣重要的是，可以讓他們更進一步了解經濟學無法做到什麼。另外，哲學也包括最能明確處理規範問題的道德哲學。社會福利是什麼？怎麼樣才算美好社會？什麼是公平正義？我們又該如何將這些價值觀因素

納入努力的目標，讓世界變得更美好？許多炮火猛烈的批評經濟學，嚴格來說，它們並不是批評經濟學這個科學學科，而是批評經濟學的價值觀。舉例來說，批評利用國內生產總值為標準，來衡量經濟福利與發展，通常是源自於他們認為，真正重要的東西並沒有納入衡量的範圍內。這個批評還算公平，但是請注意，什麼才是「重要的東西」，明顯出於價值觀的差異。同樣的，經濟學家經常被批評太過關注經濟規模，也就是效率、經濟成長等數據，不夠關注如何分配商品與服務等問題。這個批評也算公平，但它追根究柢的爭論點，卻是攻擊經濟學家對平等之類的價值觀不夠重視。這類問題無法單純透過改進科學方法來解決，至少光是改進方法絕對不夠。要解決這些問題，必須和反映美好生活、美好社會本質的哲學，真心誠意的進行互動，並努力將更好的價值觀納入科學理論與實踐中。除此之外，針對經濟學受到價值觀驅動的程度而言，它也需要和其他利害關係人互動。尤其是那些（透過納稅）為某些計畫提供資金、並且將成為公共政策實施對象的廣大民眾。

　　不可否認，經濟學與經濟學專家並不完美，但這不是要徹底放棄經濟學的理由。首先，請注意，發現經濟學在許多方面並不理想的的研究人員，通常也是經濟學家，使用的也是經濟學的專業工具。但更重要的是，這些缺陷並不能支持經濟學應該從地球上消失的論點。就像你不會因為工具箱不如你預期的那麼好，就將它整個扔掉。

　　如果你問經濟學家為什麼大家不怎麼喜歡他們，歷史上有
兩個答案反覆出現。首先，人們不喜歡被告知他們無法擁有想
要的一切。經濟學教導我們匱乏性，我們不能什麼都要，必須
有所取捨。面對我們的個人生活時，經濟學家可能會說，我們
必須在今天把錢揮霍完和明天銀行帳戶裡有餘額之間做出選
擇。面對公共領域時，經濟學家可能會說，我們必須在進行大
規模基礎建設和償還國家債務之間做出選擇。

　　另一個答案是，人們不喜歡聽到經濟體制無法隨意重組。
經濟學強調，經濟是一個由許多相互依存的零件所組成的複雜
系統。系統中某一部分出現變化，可能導致其他部分產生深
遠、有時候甚至是不想要的後果。如果發生這種不幸的狀況，
經濟學家也只能說，立意再良善的改革也會遭到誤導，不可避
免的產生嚴重負面後果。即使經濟學家認同改革的目標，也不
能造成任何改變。正如海耶克指出，在這種情況下：「或許不
可避免（經濟學家）成為被厭惡和懷疑的對象。」[4]

　　不過，在我看來，人們對經濟學抱持懷疑態度，主要是因
為他們不怎麼了解經濟學是什麼、它在做什麼，以及它能做到
什麼事。普通人不知道（實際上應該是無法了解）經濟學是什
麼、經濟學家在做什麼的原因有非常多。下列是最重要的四項
原因。

　　第一，眾所周知，真正的經濟學令人難以接近。它以一種
高度技術化的語言、而且通常是以數學來表達，需要擁有經濟

學學位才能理解。即使研究論文可供人閱讀,通常不是鎖在圖
書館書櫃裡的期刊,就是印一頁要一美元的電子格式。有些成
功暢銷書如《蘋果橘子經濟學》(*Freakonomics*)與《親愛的臥
底經濟學家》(*The Undercover Economist*)等,在掌握經濟思
維的本質與樂趣方面做得很好。[5] 然而,它們只觸及了皮毛。
經濟學家群體在自我解釋方面表現得相當糟糕。

　　第二,人們很容易將真正的經濟學家與崇拜者、冒名頂替
者混淆。在媒體上自稱經濟學家的人,通常都不是真的經濟學
家,其中不少人根本是江湖騙子,不然就是怪咖。他們為什麼
想披上科學外衣,原因顯而易見。為了節目效果,記者與製作
人容忍他們這麼做。有一些假扮經濟學家的人來自商業界,可
能擁有商學院學位與企業經驗,但沒有經濟學背景。而那些真
正的經濟學家,往往是受雇於特殊利益集團的槍手,例如銀行
或智庫。他們的工作原則不在於對當地經濟狀況或經濟體系做
出冷靜的評估,而是傳達他們的雇主希望你相信的事,令群眾
信服。如果你對經濟學觀點的印象源於媒體,建立在媒體上以
經濟學家身分自居的人身上,那麼你自然會抱持懷疑的態度,
因為你可能受到處心積慮的誤導。除非你就是經濟學家,否則
你怎麼知道如何分辨?說到底,還是因為經濟學家默許假冒者
劫持屬於他們的品牌口碑。

　　然而,還有更陰險的狀況是,有些「真正的」經濟學家在
科學與意識形態兩種模式之間搖擺不定。他們隨意切換態度,

外行人根本無法看清，所以讀者或聽眾很容易認為一切都是意識形態。如果你想要評估他們的貢獻，要做的第一件事就是先將科學內容從一堆垃圾中提取出來。為了完成這個任務，你需要有能力看透經濟學真正說了什麼事。劍橋大學經濟學家瓊·羅賓遜（Joan Robinson）認為，這就是我們應該好好學習經濟學的原因：

> 要妥善利用一項經濟學理論，首先必須理清宣傳者和科學元素之間的關係……學習經濟學的目的，不在得到一套經濟問題的現成答案，而在學會如何避免遭到經濟學家矇騙。[6]

　　第三，即使你在大學選修過經濟學，你也可能不大了解真正的經濟學是什麼。你可能讀過一般的教科書，曉得課本上的處理方法，但對於應用在真實世界的經濟學力量、樂趣（以及複雜性）知之甚少。你可能也聽說過所謂的「經濟主義」，也就是將過於簡化的模型應用於棘手的現實世界問題上。剛開始學習專業知識時，更高階、更有趣的模型通常會讓這門課程顯得複雜、有深度，但它們通常只在高年級、甚至是研究所課程裡教授。如果學生沒有堅持學到那個時間點，腦中對經濟學的內容認識可能全部都是錯的。儘管教科書上提到的方法也會與時俱進，但它們的變化遠不如實際的專業領域那麼快。不過，

當然也有例外（參見「延伸閱讀」）。但是，經濟學教科書往往
比現實世界更沉悶守舊，卻是不爭的事實。

　　第四，最重要的是，經濟學已經發生變化，在過去二十年
裡發生了非常多事。毫不誇張的說，21 世紀的經濟學和 20 世
紀的經濟學截然不同。經濟學家愈來愈看重「經驗轉向」
（empirical turn），因此，純粹理論相對較不受到重視，而資料
與證據扮演的角色卻比以往更加重要。[7] 這種發展的一部分演
變成實驗經濟學，也就是以經濟學實驗室蒐集的證據為基礎所
建立的經濟學分支。實驗經濟學在 1990 年代的爭議性還很
大，但如今已廣受肯定。此外，結合經濟學與心理學的行為經
濟學也是如此。我在研究所就讀時，行為經濟學的選修課甚至
不屬於經濟學系（當時是社會與決策科學院所開設的課程），
而今行為經濟學卻成為經濟學的主流。[8] 研究誰感到滿足、為
什麼感到滿足的幸福經濟學，是將基礎建立在對幸福感的大規
模調查之上。它曾在 21 世紀初期引起經濟學家們的極大興
趣，不過如今基本上也再無爭議。現在的經濟學家也會提出更
廣泛的問題，並且考慮更廣泛的答案。所有的改變都使經濟學
變得更有趣，並且和人類關注的問題關係更加密切。然而，如
果你不沉浸在經濟學的世界中，就無法得知它居然發生如此天
翻地覆的變化。

　　對經濟學毫無了解、也對經濟學能夠有什麼成就一無所
知，並不是一種全新的現象。萊昂內爾‧羅賓斯（Lionel

Robbins）在 1932 年就注意到這些普遍存在的混亂與錯誤資訊，他寫下一本著作致力於消除這些資訊。他說道：

> 這樣的混亂仍然存在於許多方面上，對於經濟學家的關注焦點，以及經濟學家能力的性質、範圍的錯誤印象十分普遍，導致經濟學聲譽受損，並使它所提供的知識未能得到充分利用。[9]

無知、困惑與錯誤資訊等事實雖長久存在，重要性卻沒有減少分毫。無知與混亂不僅敗壞經濟學的名聲，更嚴重的是，還大大拖累人們利用經濟學知識來改進世界的努力。結果，所有人都因此深受其害。

最後的叮嚀

我們眼前面臨兩項任務。第一項任務是，充分利用所有社會科學，尤其是經濟學，竭盡所能的建設一個更美好、更適合人類繁榮發展的世界。可惜這條路上阻礙重重，從單純的無知到抵制事實，再到直截了當否定這門科學，放眼望去荊棘遍布。第二項任務則是，讓經濟學變得更好、更有用、更適合解決人類的問題。（說經濟學好，和說它可以變得更好，並不矛盾。）改進的方法有很多，其中之一是為經濟學提供適當的價

值觀：決定哪些問題值得關注、哪些解決方案在道德上可以接受，以及經濟學家應該朝什麼方向努力，才能實現哪些美好生活與美好社會的願景。這條路上的阻礙也不少，從惰性到缺乏成熟思考價值觀、美好生活與完善社會的能力，全都在拖累我們。但是，我們千萬不要因此而抱持消極悲觀的態度，一個更美好的世界觸手可及，就利用經濟學為我們搭橋鋪路吧！

延伸閱讀

　　這可能是、也可能不是你讀過的第一本經濟學書籍。無論如何，我希望這不會是你的最後一本。這類書籍只能觸及表面，如果它唯一的作用是激發你閱讀更多相關書籍，那麼它就達到了目的。

　　如果你對本書介紹的特定主題感興趣，請查詢注釋，直接尋找源頭。每個故事都比我能在書中傳達的內容還要多很多。我希望並且相信，你會像我一樣發現完整的故事非常引人入勝。（更重要的是，不要只是根據我在書中對於相關研究的描述，來判斷我提到的任何人。如果你閱讀本書後，有任何疑問或異議，你很有可能可以在原著中找到答案。）

　　如果你想多了解一些經濟學的知識，可以閱讀思慮周密的學者所編寫的正統教科書。由非營利機構 Core 編纂的《經濟學》（*The Economy*）會是相當不錯的起點。¹ 你可以直接上網免費下載，還能附帶找到一系列輔助材料。如果你有錢買書，近期出版的教科書當中，我最推薦的兩本是阿齊默魯

（Acemoglu）、萊布森（Laibson）與李斯特（List）合著的《經濟學》（*Economics*），以及史蒂文森（Stevenson）與沃爾弗斯（Wolfers）合著的《經濟學原理》（*Principles of Economics*）。[2]如果你對行為經濟學以及其中有關推力議程（nudge agenda）的應用感興趣，我不會為了假裝謙虛，就不推薦自己寫的教科書《行為經濟學課程》（*A Course in Behavioral Economics*）（現在已經出到第三版了）。[3]

　　另外，有一些相當全面的文獻採取更廣泛的視角，反思經濟學的力量與潛力（以及問題）。黛安・科伊爾（Diane Coyle）是一位多產且出色的作家，出版一系列書籍，以內行人的視角提供經濟學是什麼、能做什麼的看法。[3]哲學家暨經濟學史學家詹姆斯・奧特森（James R. Otteson），則從反覆出現的經濟學謬誤的角度，去探討經濟學的本質。[4]

　　經濟學歷史不僅很吸引人，同時還提供一個獨特的窗口，讓人們了解過去與現代經濟學家的思想，並更進一步看清這個學科的目的。如果你感興趣，美德瑪（Medema）與塞繆爾（Samuels）合著的《經濟思想史》（*The History of Economic Thought*）將為你提供一系列的精采原文。[5]

　　經濟學哲學提供的是，經濟學理論與實踐中較不常見的哲學反思。我可以在此承認，我認為這本書就是經濟學哲學，因為它討論的全是經濟學的力量、承諾與陷阱。朱利安・賴斯（Julian Reiss）所寫的教科書《經濟學哲學》（*Philosophy of*

Economics）可以讓你很快抓到清楚的概念，即使你先前完全沒有接觸過哲學或經濟學，也能迅速入門。最近由蕊絲（Reiss）與康納德・海爾曼（Conrad Heilmann）共同編輯的《勞特利奇經濟學哲學手冊》（*Routledge Handbook of Philosophy of Economics*），也包含一系列同類主題的短文。[6]

　　最後，我一定要向大家推薦柔伊・希茲格（Zoë Hitzig）的《夾層》（*Mezzanine*）。這本廣受經濟學啟發的詩集，載滿豐富的閱讀樂趣，希望你千萬不要錯過。[7]

詞彙表

分析式平等主義 Analytical egalitarianism	進行研究分析時,將所有人視為平等的假設。
校準 Calibration	主觀機率與客觀頻率之間的關係。
計量經濟學 Econometrics	經濟學家使用的統計學。
經濟學 Economic	研究匱乏條件下的個人選擇,以及這些選擇對整體社會影響的學科。
效率 Efficiency	參見柏拉圖最適境界(Pareto optimality)。
認知謙遜 Epistemic humility	一種智力美德,深切明白我們的知識總是不完整、只是暫時的理解,甚至可能需要根據新證據來時時修正。
實驗經濟學 Experimental economics	主要依賴實驗室與現場實驗的一種經濟學。

外部性 Externality	某種行動或交易對第三方產生的（正面或負面的）影響。
實地實驗 Field experiment	探索人們如何應對生活與工作環境改變的一項研究方法。
實地研究 Field study	觀察人們在生活與工作環境中活動的一項研究方法。
理財知識 Financial literacy	處理財務相關資訊，並針對財務狀況做出明智決策的能力。
賽局理論 Game theory	策略互動的經濟理論。
物品 Good	名詞；任何你所偏好的事物。
幸福 Happiness	一種正面、理想的情感心理狀態。
捷思法 Heuristic	一種經驗法則。
動機誘因 Incentive	激發一個人想要獲得更多的某些行動或選擇。
機構制度 Institution	一套管制重複互動行為的規則。

實驗室實驗 Laboratory experiment	探索人們如何在受控條件下做出決定的一項研究方法。
總體經濟學 Macroeconomics	探討重大事件的經濟學，如失業率、通貨膨脹率、貨幣供應量等。
邊際效用 Marginal utility	從某些商品中的最後一個單位所獲得的效用。
市場 Market	可以進行交換的實體地點或虛擬網站。
配對市場 Matching market	在交易發生前，交易雙方必須先共同核准的市場。
方法論個人主義 Methodological individualism	對於所有群體現象，最終還是得以群體中的個人行為與態度去解釋的概念。
個體經濟學 Microeconomics	研究小事（尤其和個人選擇、信仰與偏好有關）以及它們對整體社會的影響的經濟學。
納許均衡 Nash equilibrium	即使知道其他人正在做什麼，也沒有人可以透過改變自己的行為來改善自身處境的一種情況。
機會成本 Opportunity cost	選擇其他東西時，必須放棄的最喜歡的選項。

過度自信 Overconfidence	對自己的知識與能力擁有過量的自信。
柏拉圖改善 Pareto improvement	至少可以讓一個人過得更好,且不會在過程中讓其他人過得更糟的一種狀況。
柏拉圖最適境界 Pareto optimality	如果不讓其他人在過程中變得更糟,就無法讓任何人過得更好的一種狀況。
皮古稅 Pigouvian tax	對產生負外部性的活動徵稅,以補償市場產生的低效率結果。
偏好 Preference	比起其他事物,對一項事物的渴望或想要的感受更強烈。
偏好排序 Preference ordering	物品按照偏好排列順序。
隨機對照實驗 Randomized controlled trial	一項將人們隨機分成兩組的研究,一組接受干預(測試組),另一組不受干預(對照組)。
理性選擇理論 Rational-choice theory	一種個人行為理論,假設人們基本上是以理性為出發點思考。
理性 Rationality	選擇最佳手段以達到既定目標的能力。
匱乏 Scarcity	1. 物品的數量比人們想要的數量更少的情況。 2. 不夠滿足需求的感覺。

社會規範 Social norm	管理群體與社會行為的非正式規則。
解決均衡 Solving for the equilibrium	想清楚人們適應彼此的行為時，從頭到尾會發生什麼事的做法。
民意調查 Survey	詢問人們的感受、態度與行為的一項研究方式。
邊際效應思考 Thinking on the margin	根據邊際效應來分析決策。
時間折現 Time discounting	一種心理現象，僅僅因為事件發生在未來，就讓個人在考慮未來事件與經歷時，降低心中認知的重要性。
取捨 Tradeoff	在想要但相互排斥的兩個功能之間妥協讓步。
效用 Utility	一種衡量偏好滿意程度的標準。
價值觀 Value	認定什麼是好或壞、公正或不公正、公平或不公平、美麗或醜陋等的判斷標準。
福祉 Welfare/well-being	生活過得順遂時，你所擁有的條件；造就美好生活的要素。

致謝

　　雖然封面上沒有這麼寫，但這本書其實可以算是集體創作。我以聚集大家才華的方式，彌補我不是天才的遺憾。

　　如果不是我的經紀人傑梅・馬歇爾（Jaime P. Marshall），這本書連概念都不會存在。他是我十年前的出版商，我們相處得非常開心，所以決定再合作一次。他鼓勵我勇敢追尋遠大夢想，甚至比我更早看見這本書的藍圖。他和我一起研究本書的提案，直到它美妙得唱起歌來（這是引述他的原話）。在必要與適當的時候，他提供我深思熟慮的建議、充滿活力的鼓勵、溫和的壓力、耐心的提醒，以及足夠的情感支持。他讓整個過程盡可能的充滿愉悅。不是每個作者都有我這種運氣。

　　才華橫溢的瑪蒂娜・奧蘇利文（Martina O'Sullivan）、西莉亞・柏瑞克（Celia Buzuk）、傑米・伯凱特（Jamie Birkett），以及企鵝出版社的團隊，為我的手稿提供最好的歸宿。從開始到結束，他們的熱情與讚賞對我來說意義重大。他們掌握這本書的精髓。他們的文學能力幫助我了解什麼才是一

本好書；他們的市場知識幫助我看到怎麼做才會成功；他們給了我總體大方向的建議與個別細節的評論；他們為我設下我所需要的截止日期，又恩准我需要的延期；當然，他們送的香檳也居功不小。

我的寫作教練特蕾莎・馬斯特森（Teresa Masterson）幫助我實現了願景。她不僅看到這本書可能有什麼功用，還知道該怎麼讓它成真。她幫助我克服許多障礙，強迫我放下二十多年來累積的學術寫作習慣，使我明白要怎麼以一種除了我或我的朋友外的人會想閱讀的方式講述故事，卻同時保留題材的真實性。沒有她，我很可能早就放棄了。

崔弗・霍伍德（Trevor Horwood）為我的手稿進行編審，小心謹慎的使這本書不偏離本質。他消除掉所有不順暢之處，使本文更加優美、一致且極具效果。經驗豐富的埃莉・史密斯（Ellie Smith）為這本書的製作過程把關，他倆一起幫助我消滅許多潛在的尷尬來源。

還有一些人雖然沒有直接參與，卻對這本書貢獻良多。我特別感謝我的老師，他們激發我決定追求哲學與經濟學，他們的慷慨與對學習的熱愛使我受益無窮。其中包括我在本書中討論的一些開創性人物，像是克里斯蒂娜・比奇亞里、巴魯克・菲施霍夫、喬治・洛溫斯坦與艾文・羅斯，都是我在匹茲堡大學就讀博士班時的老師。

我也要謝謝我的學生。本書靈感源自我在斯德哥爾摩大學

所開設的大學部全新經濟哲學選修課，我很感謝學生允許我在他們身上試驗創新的教學方法，希望我沒有造成太大傷害。

幾位朋友自願在草稿階段閱讀完整本書，我感謝他們的壯烈犧牲。西斯卡・狄・巴第美克爾（Siska De Baerdemaeker）、伊拉・弗林特堡（Ella Flintberg）、約翰尼斯・霍修弗（Johannes Haushofer）、路易士・荷德蘭（Louise Hedlund）和卡洛林・烏格拉（Caroline Uggla）所帶來的全新視角對本書助益非凡。

最重要的是，我非常感謝我的家人。謝謝他們提供我源源不絕的靈感與堅定的支持。這本書在不大理想的條件下完成，不僅橫跨新冠肺炎全球大流行期間，我甚至還承受突如其來且毫無預警的喪父之痛。一邊寫這本書，一邊完成五口之家每日該做的事，在很大程度上需要集體的努力。我要將這本書獻給我的妻子伊麗莎白，她是我在愛情與生活中的絕佳伴侶。我也很感謝我們的孩子，他們鼓勵我活在當下，同時考慮更遙遠的未來，這項拯救世界的任務屬於他們這一代。我的母親伊莉莎白（Elisabet）是一名政治記者，她是第一個激發我對經濟學與政治學產生興趣的人。她一直鼓勵我，並且在道義上與後勤上永遠支持我。

我得向所有曾經為這本書伸出援手，但我未能在此提及的人致歉。

如果你發現這本書仍存在任何錯誤、不當、尷尬、誤用、冗餘、累贅與贅詞，那些全是我的責任，和其他人無關。

注釋

前言

1. See Ryan Bourne, *Economics in One Virus: An Introduction to Economic Reasoning Through COVID-19*（Washington, DC: Cato Institute, 2021）.

2. www.nationalgeographic.com/animals/article/coronavirus-linked-to-chinese-wet-markets

3. www.nytimes.com/interactive/2020/03/22/world/coronavirus-spread.html

4. www.ecdc.europa.eu/en/publications-data/covid-19-guidelines-non-pharmaceutical-interventions

5. Arthur C. Pigou, *The Economics of Welfare*, 4th edn（London: Macmillan, 1935）, 5.

6. Auguste Comte, *A General View of Positivism*, 2nd edn, trans. J. H. Bridges（London: Trübner and Co., 1865）, 19.

7. Pigou, *The Economics of Welfare*, 5.

8. Friedrich A. Hayek, 'The Trend of Economic Thinking', Economica, no. 40 (1933): 122.

9. Karl Marx, *The German Ideology: Including Theses on Feuerbach and Introduction to The Critique of Political Economy* (Amherst: Prometheus Books, 1998), 571.

320 選擇經濟學

10. Alfred Marshall, *Principles of Economics: An Introductory Volume,* 8th edn (London: Macmillan, 1920), 1, 3.
11. Lionel Robbins, *An Essay on the Nature and Significance of Economic Science* (London: Macmillan, 1932), 15.
12. www.pgpf.org/chart-archive/0053_defense-comparison
13. Robbins, *An Essay*, 27.
14. 對於想看更多解決方案的證據的讀者，書中每一章所列出的最新書籍和調查文章的參考資料可讓你了解更多詳情。因為我想討論的是這些想法是怎麼來的，而不只是經濟學家現在相信什麼，所以部分參考資料將會是經典文獻。它們確實很古老。我就是故意要引用這些百年文獻。每一章至少會引用一本以最新資料寫成的書籍或調查文章。所有資料都明白列在這些注釋後的參考書目裡。
15. Paul T. Heyne, Peter J. Boettke, and David L. Prychitko, *The Economic Way of Thinking*, 11th edn（Upper Saddle River: Prentice Hall, 2006），ch. 1.
16. William Oliver Coleman, *Economics and Its Enemies: Two Centuries of Anti-Economics* (London: Palgrave Macmillan, 2002); Don Ross, 'Economic Theory, Anti-Economics, and Political Ideology', in *Philosophy of Economics*, ed. Uskali Mäki (Amsterdam: North-Holland, 2012), 241–85.

01　如何消滅貧窮

1. www.nytimes.com/1988/11/13/books/l-the-rich-are-different-907188. html
2. Alan O. Ebenstein, *Friedrich Hayek: A Biography* (New York: Palgrave, 2001), 291–2.
3. 「諾貝爾經濟學獎」（Nobel Memorial Prize for Economics）是指瑞典中央銀行為紀念阿弗雷德‧諾貝爾（Alfred Nobel）而設立的經濟學獎。該獎項由位於瑞典斯德哥爾摩的瑞典皇家科學院（Royal Swedish Academy of Sciences）根據原始諾貝爾獎的相同原則所頒發。
4. Friedrich A. Hayek, *Law, Legislation, and Liberty, Vol. 3: The Political*

Order of a Free People (Chicago: University of Chicago Press, 1979), 55.

5. Abhijit V. Banerjee and Esther Duflo, *Poor Economics: A Radical Rethinking of the Way to Fight Global Poverty* (New York: PublicAffairs, 2011); Abhijit V. Banerjee and Esther Duflo, *Good Economics for Hard Times: Better Answers to Our Biggest Problems* (New York: Allen Lane, 2019).

6. Banerjee and Duflo, *Good Economics for Hard Times*, 288–90.

7. 同上，288-9。

8. Banerjee and Duflo, *Poor Economics*, ix.

9. Banerjee and Duflo, *Good Economics for Hard Times*, 326.

10. David S. Jones and Scott H. Podolsky, 'The History and Fate of the Gold Standard', *The Lancet* 385, no. 9977 (2015): 1502–3.

11. Petter Lundborg, Erik Plug, and Astrid Würtz Rasmussen, 'Can Women Have Children and a Career? IV Evidence from IVF Treatments', *American Economic Review* 107, no. 6 (2017): 1635.

12. Johannes Haushofer and Jeremy Shapiro, 'The Short-Term Impact of Unconditional Cash Transfers to the Poor: Experimental Evidence from Kenya', *Quarterly Journal of Economics* 131, no. 4 (2016): 1973–2042.

13. 同上，2026年。

14. Banerjee and Duflo, *Good Economics for Hard Times*, 326.

15. Sendhil Mullainathan and Eldar Shafir, *Scarcity: The New Science of Having Less and How It Defines Our Lives* (New York: Henry Holt and Co., 2013).

16. 同上，169。

17. 同上，4。

18. 同上，7。

19. 同上，13。

20. Laurel Aynne Cook and Raika Sadeghein, 'Effects of Perceived Scarcity on Financial Decision Making', *Journal of Public Policy & Marketing* 37, no.

1 (2018): 68–87.

21. 同上，76。

22. Colin F. Camerer et al., 'Evaluating Replicability of Laboratory Experiments in Economics', *Science* 351, no. 6280 (2016): 1433–6.

23. Michael O'Donnell et al., 'Empirical Audit and Review and an Assessment of Evidentiary Value in Research on the Psychological Consequences of Scarcity', *Proceedings of the National Academy of Sciences* 118, no. 44 (2021): e2103313118.

24. Mullainathan and Shafir, *Scarcity*, 15.

25. Cook and Sadeghein, 'Effects of Perceived Scarcity on Financial Decision Making', 76–9.

26. Mullainathan and Shafir, *Scarcity*, 13.

27. 同上，231。

28. 同上，176-7。

29. 同上，171。

30. Thomas Carlyle, *Occasional Discourse on the [N-Word] Question* (London: Thomas Bosworth, 1853), 9.

31. 'dismal, *n.* and *adj.*' OED Online. March 2021. Oxford University Press. www.oed.com/view/Entry/54731 (accessed 5 March, 2021).

32. John Stuart Mill, *Utilitarianism*, 7th edn (London: Longmans, Green and Co., 1879), ch. II.

33. Jeremy Bentham, *An Introduction to the Principles of Morals and Legislation*, new edn (Oxford: Clarendon Press, 1823), 5.

34. Mill, *Utilitarianism*, ch. III.

35. John Stuart Mill, *The Subjection of Women* (London: Longmans, Green, Reader, and Dyer, 1869), chs. I–II.

36. Jeremy Bentham, 'Principles of the Civil Code', in *The Works of Jeremy Bentham*, vol. 1, ed. John Bowring (New York: Russell & Russell, 1838), 345.

37. Jose Harris, 'Mill, John Stuart (1806–1873)', *Oxford Dictionary of National*

Biography, 5 January 2012, https://doi.org/10.1093/ref:odnb/18711

38. David M. Levy and Sandra J. Peart, *The Street Porter and the Philosopher: Conversations on Analytical Egalitarianism* (Ann Arbor: University of Michigan Press, 2009).

39. Adam Smith, *An Inquiry into the Nature and Causes of the Wealth of Nations*, 5th edn, ed. Edwin Cannan (Chicago: University of Chicago Press, 1976), 19–20.

40. John Stuart Mill, 'The Negro Question', *Fraser's Magazine for Town and Country* 41 (1850): 29.

41. David M. Levy and Sandra J. Peart, 'The Secret History of the Dismal Science. Part I. Economics, Religion and Race in the 19th Century', *EconLib* (blog) 22 January 2001, www.econlib.org/library/Columns/LevyPeartdismal.html

42. Richard J. Herrnstein and Charles Murray, *The Bell Curve: Intelligence and Class Structure in American Life* (New York: Free Press, 1996).

43. 同上，91。

44. 同上，xxii-xxiii。

45. 同上，25、10。

02　如何教養出快樂的孩子，並且保持理智

1. 愛娃・奈爾（Ava Neyer）撰寫了一篇關於該文獻的有趣部落格文章〈我閱讀了所有關於嬰兒睡眠的書籍〉（I Read All the Baby Sleep Books），請參見：*Huffington Post* (blog), 6 December 2017, www.huffpost.com/entry/i-read-all-the-baby-sleep-advice-books_b_3143253。

2. Michael Gradisar et al., 'Behavioral Interventions for Infant Sleep Problems: A Randomized Controlled Trial', *Pediatrics* 137, no. 6 (2016).

3. Emily Oster, *Expecting Better: Why the Conventional Pregnancy Wisdom is Wrong – and What You Really Need to Know* (London: Penguin, 2014); Emily Oster, *Cribsheet: A Data-Driven Guide to Better, More Relaxed*

Parenting, from Birth to Preschool (New York: Penguin, 2020).

4. Oster,*Cribsheet*,xiii–xxv.

5. Oster, *Expecting Better*, 77.

6. 同上，85。

7. Oster,*Cribsheet*,118–19.

8. www.bbc.com/news/magazine-22751415

9. Bryan Douglas Caplan and Zach Weinersmith, *Open Borders: The Science and Ethics of Immigration* (New York: First Second, 2019).

10. Bryan Caplan, *Selfish Reasons to Have More Kids: Why Being a Great Parent is Less Work and More Fun Than You Think* (New York: Basic Books, 2012).

11. 同上，5。

12. 同上，84–6。

13. 同上，5。

14. 同上，88–9。

15. 同上，4–5。

16. 同上，14。

17. 同上，ch. 4。

18. 同上，6–7。

19. 同上，4。

20. www.usda.gov/media/blog/2017/01/13/cost-raising-child

21. Oster, *Cribsheet*, xix.

22. www.ft.com/content/50007754-ca35-11dd-93e5-000077b0765823

23. Friedrich A. Hayek, *Studies in Philosophy, Politics and Economics* (London: Routledge & Kegan Paul, 1967), 27–9.

03　如何減緩氣候變遷

1. https://clcouncil.org/economists-statement/

2. https://clcouncil.org/our-story/

3. https://clcouncil.org/faqs/
4. Desmond Kirwan, 'We Need to Change the Way We Talk About Climate Change', *Behavioral Scientist*, 11 October 2021.
5. Julius J. Andersson, 'Carbon Taxes and CO2 Emissions: Sweden as a Case Study', *American Economic Journal: Economic Policy* 11, no. 4 (2019): 1–30.
6. 同上，1。
7. Ariel Rubinstein, *Economic Fables* (Cambridge: Open Book Publishers, 2012), 78.

04 如何改變不良行為

1. https://washdata.org/monitoring/inequalities/open-defecation
2. www.unicef.org/protection/child-marriage
3. www.who.int/news-room/fact-sheets/detail/female-genital-mutilation
4. Cristina Bicchieri, *The Grammar of Society: The Nature and Dynamics of Social Norms* (Cambridge: Cambridge University Press, 2005); Cristina Bicchieri, *Norms in the Wild: How to Diagnose, Measure, and Change Social Norms* (Oxford: Oxford University Press, 2017).
5. https://penntoday.upenn.edu/features/penn-project-aims-to-stop-open-defecation-by-changing-social-norms
6. https://thepenngazette.com/the-philosopher-queen-of-unicef/
7. www.coursera.org/learn/norms
8. Cristina Bicchieri, 'Norms, Conventions, and the Power of Expectations', in *Philosophy of Social Science: A New Introduction*, ed. Nancy Cartwright and Eleonora Montuschi (Oxford: Oxford University Press, 2014), 226.
9. Damon Centola et al., 'Experimental Evidence for Tipping Points in Social Convention', *Science* 360, no. 6393 (2018): 1116–19.
10. Bicchieri, *Norms in the Wild*, ch. 3.
11. 同上，114–18。

12. www.mitti.se/nyheter/en-fjardedel-farre-p-boter-i-innerstan-pa-sju-ar/repvaA!0g5bOAoOmfKW5lchOVBirg

13. See the definition 'economy, *n.*' OED Online, www.oed.com/view/Entry/59393 (accessed 19 March 2021).

05　如何給人們他們需要的東西

1. www.kidneyfund.org/kidney-donation-and-transplant/transplant-waiting-list/

2. 如果你還沒有決定要器官捐贈，現在就去做吧！不同國家有不同的法律。如果你住在英國，請參考這個網頁，它會告訴你該怎麼做：www.organdonation.nhs.uk/uk-laws/

3. 不要將這個想法與以同一個人命名的「柏拉圖原則」混淆。柏拉圖原則是指20％的員工創造80％的價值，20％的人造成80％的問題等等。

4. Alvin E. Roth, *Who Gets What – and Why: The New Economics of Matchmaking and Market Design* (Boston: Houghton Mifflin Harcourt, 2015).

5. 同上，32ff。

6. 同上，196。

7. 同上，34。

8. 同上，36。

9. 同上，45。

10. 同上，51。

11. 同上，41。

12. www.organdonation.nhs.uk/become-a-living-donor/

13. www.nobelprize.org/prizes/economic-sciences/2012/summary/

14. Roth, *Who Gets What*, ch. 8.

15. 同上，ch. 9。

16. Francesco Guala, 'Building Economic Machines: The FCC Auctions',

Studies in History and Philosophy of Science Part A 32, no. 3 (2001): 453–77.

17. www.nobelprize.org/prizes/economic-sciences/2020/press-release/

18. Roth, *Who Gets What*, 27.

19. 同上，8ff。

20. 同上，ch. 12。

06　如何得到幸福

1. Benjamin Franklin, *The Private Correspondence of Benjamin Franklin*, vol. 1, ed. William Temple Franklin, 2nd edn (London: Henry Colburn, 1817), 19–20.

2. Hornell Hart, *Chart for Happiness* (New York: Macmillan, 1940), 16.

3. 同上，v。

4. Erik Angner, 'The Evolution of Eupathics: The Historical Roots of Subjective Measures of Wellbeing', *International Journal of Wellbeing* 1, no. 1 (2011): 4–41.

5. Richard A. Easterlin, 'Does Economic Growth Improve the Human Lot? Some Empirical Evidence', in *Nations and Households in Economic Growth: Essays in Honor of Moses Abramovitz*, ed. Paul A. David and Melvin W. Reder (New York: Academic Press, 1974): 89–125.

6. Hart, *Chart for Happiness*, 19.

7. John Helliwell et al., eds., *World Happiness Report 2021* (New York: Sustainable Development Solutions Network, 2021).

8. 同上，20–22, fig. 2.1.

9. www.newstatesman.com/international/2021/08/would-extinction-be-so-bad

10. Easterlin, 'Does Economic Growth Improve the Human Lot?', 100.

11. Betsey Stevenson and Justin Wolfers, 'Economic Growth and Subjective Well-Being: Reassessing the Easterlin Paradox', *Brookings Papers on Economic Activity*, Spring 2008, 2.

12. 令人困惑的是，收入有時會繪製在所謂的「對數刻度」上。若是如此，我描述的關係看起來可能會像一條直線。

13. Daniel Kahneman and Angus Deaton, 'High Income Improves Evaluation of Life But Not Emotional Well-Being', *Proceedings of the National Academy of Sciences*, 107, no. 38 (2010): 4.

14. Bentham, 'Principles of the Civil Code', 305.

15. Jon Gertner, 'The Futile Pursuit of Happiness', *New York Times Magazine*, 7 September, 2003, 86.

16. Erik Angner, *A Course in Behavioral Economics*, 3rd edn (London: Red Globe Press, 2021), sec. 3.2.

17. Lonnie Golden and Barbara Wiens-Tuers, 'To Your Happiness? Extra Hours of Labor Supply and Worker Well-Being', *Journal of Socio-Economics* 35, no. 2 (2006): 382.

18. Lucía Macchia and Ashley V. Whillans, 'Leisure Beliefs and the Subjective Well-Being of Nations', *Journal of Positive Psychology* 16, no. 2 (2021): 198–206.

19. Shane Frederick and George Loewenstein, 'Hedonic Adaptation', in *Well-Being: The Foundations of Hedonic Psychology*, ed. Daniel Kahneman, Ed Diener, and Norbert Schwarz (New York: Russell Sage Foundation, 1999), 302–29.

20. Adam Smith, *The Theory of Moral Sentiments*, 6th edn, ed. Knud Haakonssen (Cambridge: Cambridge University Press, 2002), 172.

21. 同上。

22. Tibor Scitovsky, *The Joyless Economy: The Psychology of Human Satisfaction*, revised edn (New York: Oxford University Press, 1992), 59.

23. 同上，137.

24. www.theatlantic.com/business/archive/2014/10/buy-experiences/381132/

25. Amit Kumar, Matthew A. Killingsworth, and Thomas Gilovich, 'Waiting for Merlot: Anticipatory Consumption of Experiential and Material

Purchases', *Psychological Science* 25, no. 10 (2014): 1924–31.

26. Scitovsky, *The Joyless Economy*, 143–4.

27. The proverb continues: 'Shared sorrow is half the sorrow.'

28. Cited in David G. Myers, *The Pursuit of Happiness: Who is Happy – and Why* (New York: William Morrow, 1992), 57.

29. Lucius Annaeus Seneca, *Dialogues and Essays*, trans. John Davie, ed. Tobias Reinhardt (Oxford: Oxford University Press, 2008), 189.

30. Carsten Wrosch et al., 'Adaptive Self-Regulation of Unattainable Goals: Goal Disengagement, Goal Reengagement, and Subjective Well-Being', *Personality and Social Psychology Bulletin* 29, no. 12 (2003): 1494–1508.

31. Christopher K. Hsee et al., 'Wealth, Warmth, and Well-Being: Whether Happiness is Relative or Absolute Depends on Whether It is About Money, Acquisition, or Consumption', *Journal of Marketing Research* 46, no. 3 (2009): 396–409.

07　如何避免過度自信

1. www.cnn.com/2004/TECH/space/07/21/apollo.crew/

2. Don A. Moore, *Perfectly Confident: How to Calibrate Your Decisions Wisely* (New York: HarperCollins, 2020), 22.

3. Ola Svenson, 'Are We All Less Risky and More Skillful Than Our Fellow Drivers?', *Acta Psychologica* 47, no. 2 (1981): 143–8.

4. Moore, *Perfectly Confident*, 22–3.

5. www.imdb.com/title/tt0090525/

6. Aristotle, *Nicomachean Ethics*, trans. Terence Irwin, 2nd edn (Indianapolis: Hackett, 1999), 24.

7. 同上，29.

8. Sarah Lichtenstein, Baruch Fischhoff, and Lawrence D. Phillips, 'Calibration of Probabilities: The State of the Art to 1980', in *Judgment Under Uncertainty: Heuristics and Biases*, ed. Amos Tversky, Daniel

Kahneman, and Paul Slovic (Cambridge: Cambridge University Press, 1982), 306–34.

9. Baruch Fischhoff, Paul Slovic, and Sarah Lichtenstein, 'Knowing with Certainty: The Appropriateness of Extreme Confidence', *Journal of Experimental Psychology: Human Perception and Performance* 3, no. 4 (1977): 554.

10. Baruch Fischhoff, 'Debiasing', in Daniel Khaneman, Paul Slovic, and Amos Tversky (eds.), *Judgment Under Uncertainty: Heuristics and Biases* (Cambridge: Cambridge University Press, 1982): 422–44, 432.

11. Stuart Oskamp, 'Overconfidence in Case-Study Judgments', *Journal of Consulting Psychology* 29, no. 3 (1965): 261–5.

12. Lichtenstein, Fischhoff, and Phillips, 'Calibration of Probabilities', 437.

13. J. J. Christensen-Szalanski and J. B. Bushyhead, 'Physicians' Use of Probabilistic Information in a Real Clinical Setting', *Journal of Experimental Psychology: Human Perception and Performance* 7, no. 4 (1981): 928–35.

14. Fischhoff, Slovic, and Lichtenstein, 'Knowing with Certainty'.

15. Brad M. Barber and Terrance Odean, 'Trading is Hazardous to Your Wealth: The Common Stock Investment Performance of Individual Investors', *Journal of Finance* 55, no. 2 (2000): 773–806.

16. Brad M. Barber and Terrance Odean, 'Boys Will be Boys: Gender, Overconfidence, and Common Stock Investment', *Quarterly Journal of Economics* 116, no. 1 (2001): 261–92.

17. Moore, *Perfectly Confident*, 36–37.

18. www.biblegateway.com/verse/en/Proverbs%2016:18

19. Moore, *Perfectly Confident*, 38.

20. 同上，170.

21. Andrew Leedham, *Unstoppable Self-Confidence: How to Create the Indestructible Natural Confidence of the 1% Who Achieve Their Goals,*

Create Success on Demand and Live Life on Their Terms (London: Unstoppable Media Group, 2019).

22. Erik Angner, 'Economists as Experts: Overconfidence in Theory and Practice', *Journal of Economic Methodology* 13, no. 1 (2006): 14.

23. https://quoteinvestigator.com/2019/04/10/one-handed/

24. Raymond S. Nickerson, 'Confirmation Bias: A Ubiquitous Phenomenon in Many Guises', *Review of General Psychology* 2, no. 2 (1998): 175–220.

25. Matthew Rabin, 'Psychology and Economics', *Journal of Economic Literature* 36, no. 1 (1998): 27.

26. Baruch Fischhoff, 'Hindsight ≠ Foresight: The Effect of Outcome Knowledge on Judgment Under Uncertainty', *Journal of Experimental Psychology: Human Perception and Performance* 1, no. 3 (1975): 288–99.

27. Rabin, 'Psychology and Economics', 28.

28. Justin Kruger and David Dunning, 'Unskilled and Unaware of It: How Difficulties in Recognizing One's Own Incompetence Lead to Inflated Self-Assessments', *Journal of Personality and Social Psychology* 77, no. 6 (1999): 1121–34.

29. 同上，1130。

30. 同上。

31. David Dunning, 'The Dunning–Kruger Effect and Its Discontents', *The Psychologist* 35 (April 2022): 2–3.

32. John Stuart Mill, *J. S. Mill: 'On Liberty' and Other Writings* (Cambridge: Cambridge University Press, 1989), 21.

33. Allan H. Murphy and Robert L. Winkler, 'Probability Forecasting in Meteorology', *Journal of the American Statistical Association* 79, no. 387 (1984): 489–500.

34. Gideon Keren, 'Facing Uncertainty in the Game of Bridge: A Calibration Study', *Organizational Behavior and Human Decision Processes* 39, no. 1 (1987): 98–114.

35. Lichtenstein, Fischhoff, and Phillips, 'Calibration of Probabilities'.

36. Sarah Lichtenstein and Baruch Fischhoff, 'Training for Calibration', *Organizational Behavior and Human Performance* 26, no. 2 (1980): 149–71.

37. Philip E. Tetlock, 'Theory-Driven Reasoning About Plausible Pasts and Probable Futures in World Politics: Are We Prisoners of Our Preconceptions?', *American Journal of Political Science* 43, no. 2 (1999): 351.

38. Asher Koriat, Sarah Lichtenstein, and Baruch Fischhoff, 'Reasons for Confidence', *Journal of Experimental Psychology: Human Learning and Memory* 6, no. 2 (1980): 107–18.

39. 同上,117。

40. Moore, *Perfectly Confident*, 51.

41. 同上,169。

42. 同上。

43. www.berkshirehathaway.com/letters/1996.html

44. www.tilsonfunds.com/BuffettNotreDame.pdf

45. 同上。

46. 同上。

47. Angner, 'Economists as Experts: Overconfidence in Theory and Practice'.

48. Ken Binmore, 'Why Experiment in Economics?', *Economic Journal* 109, no. 453 (1999): F17.

49. Robbins, *An Essay*, 1932, 119.

08 如何致富

1. www.bankrate.com/banking/savings/emergency-savings-survey-july-2021/

2. Angner, *A Course in Behavioral Economics*, sec. 8.2.

3. www.spglobal.com/marketintelligence/en/news-insights/latest-news-

headlines/s-p-500-returns-to-halve-in-coming-decade-8211-goldman-sachs-59439981

4. 提案內容如下：「一般而言，在沒有任何內部資訊的情況下，投資人可以期望與其持有少數幾支企業股票，不如持有多元化、管理費用低廉的被動型指數基金，將來會表現更佳。」在2019年的調查中，57%的人強烈同意，36%的人同意，7%的人拒絕回答。沒有人表示不確定或不同意。請參見：www.igmchi cago.org/surveys/diversified-investing-2/。

5. Deirdre N. McCloskey, *If You're So Smart: The Narrative of Economic Expertise* (Chicago: University of Chicago Press, 1990), 112.

6. Barber and Odean, 'Trading is Hazardous to Your Wealth'.

7. www.bankrate.com/banking/savings/credit-card-debt-emergency-savings-2021/

8. https://edition.cnn.com/2021/11/09/economy/fed-household-debt-inflation/index.html

9. www.bea.gov/news/2021/personal-income-and-outlays-november-2021

10. www.statista.com/statistics/817911/number-of-non-business-bankruptcies-in-the-united-states/

11. www.biblegateway.com/verse/en/Proverbs%2022%3A7

12. www.cnbc.com/2021/02/16/map-shows-typical-payday-loan-rate-in-each-state.html

13. http://thresholdresistance.com/2015/04/16/mcdonalds-new-third-pounder-may-not-add-up/

14. Annamaria Lusardi and Olivia S. Mitchell, 'The Economic Importance of Financial Literacy: Theory and Evidence', *Journal of Economic Literature* 52, no. 1 (2014): 5 44.

15. 同上，10。

16. 正確答案為：1.（a），2.（c），3.（b）。

17. 請參見第七章。

18. Lusardi and Mitchell, 'The Economic Importance of Financial Literacy', 17.

19. 同上，sec. 5。

20. Paul J. Yakoboski, Annamaria Lusardi, and Andrea Hasler, 'Financial Literacy and Well-Being in a Five Generation America: The 2021 TIAA Institute-GFLEC Personal Finance Index', October 2021, 20.

21. Tim Kaiser et al., 'Financial Education Affects Financial Knowledge and Downstream Behaviors', *Journal of Financial Economics* 145, no. 2 (2021): 255–72.

22. 同上，16。

23. 同上，15。

24. Lusardi and Mitchell, 'The Economic Importance of Financial Literacy', 15.

25. www.ft.com/content/b6a8107c-99f4-4a43-8adc-9686e6bd603e

26. Lusardi and Mitchell, 'The Economic Importance of Financial Literacy', 5–6.

27. Robert J. Shiller, *Narrative Economics: How Stories Go Viral and Drive Major Economic Events* (Princeton: Princeton University Press, 2019).

28. Angner, *A Course in Behavioral Economics*, 114.

09　如何建立社區

1. Peter Brusewitz, and Åse Lo Skarsgård, 'Simskolan och barnen som drunknade', in *Stora Rör: Berättelser och håkomster*, ed. Elisabeth Nilsson, Åse Lo Skarsgård, and Karl Arne Eriksson (Högsrum: Högsrums hembygdsförening, 2014), 37–8.

2. Elinor Ostrom, *Understanding Institutional Diversity* (Princeton: Princeton University Press, 2005), 3; Vlad Tarko, *Elinor Ostrom: An Intellectual Biography* (London: Rowman & Littlefield International, 2017), 6.

3. Ostrom, *Understanding Institutional Diversity*, 3.

4. Tarko, *Elinor Ostrom*, 15.

5.　Elinor Ostrom, *Governing the Commons: The Evolution of Institutions for Collective Action* (Cambridge: Cambridge University Press, 1990).

6.　Tarko, *Elinor Ostrom*, 20.

7.　Sara Hornborg and Henrik Svedäng, 'Baltic Cod Fisheries – Current Status and Future Opportunities' (RISE Report, 2019).

8.　https://news.yahoo.com/iceland-tries-bring-back-trees-razed-vikings-031502923.html

9.　Jacob Dembitzer et al., 'Levantine Overkill: 1.5 Million Years of Hunting Down the Body Size Distribution', *Quaternary Science Reviews* 276 (2022): 107316.

10.　Ostrom, *Governing the Commons*, ch. 1.

11.　同上，3–5.。

12.　Garrett Hardin, 'The Tragedy of the Commons', *Science* 162, no. 3859 (1968): 1243–8; Ostrom, *Governing the Commons*, 2–3.

13.　Elinor Ostrom, 'Beyond Markets and States: Polycentric Governance of Complex Economic Systems', *American Economic Review* 100, no. 3 (2010): 644–5.

14.　Ostrom, *Governing the Commons*, 3.

15.　同上，6。

16.　同上，18–20。

17.　同上，21。

18.　Ostrom, 'Beyond Markets and States', 642.

19.　Ostrom, *Governing the Commons*, 15.

20.　Ostrom, 'Beyond Markets and States'.

21.　Ostrom, *Governing the Commons*, xiii.

22.　同上, 88–102; cf. Ostrom, 'Beyond Markets and States', 652–3.

23.　Ostrom, 'Beyond Markets and States', 643.

24.　Ostrom, *Understanding Institutional Diversity*, 283ff.

25.　Ostrom, *Governing the Commons*, 12–13; Tarko, *Elinor Ostrom*, 89–92.

26. Ostrom, *Governing the Commons*, 10; Tarko, *Elinor Ostrom*, 87–89.

27. Ostrom, 'Beyond Markets and States', 664.

28. Tarko, *Elinor Ostrom*, 7; cf. Steele, 'Choice Models', in Cartwright and Montuschi (eds.), *Philosophy of Social Science*, 203–4.

29. Ostrom, 'Beyond Markets and States', 665.

30. Tarko, *Elinor Ostrom*, 16.

10   結論

1. www.npr.org/sections/money/2020/01/07/793855832/economics-still-has-a-diversity-problem

2. Amanda Bayer, Syon P. Bhanot, and Fernando Lozano, 'Does Simple Information Provision Lead to More Diverse Classrooms? Evidence from a Field Experiment on Undergraduate Economics', *AEA Papers and Proceedings* 109 (2019): 110–14.

3. Marion Fourcade, Etienne Ollion, and Yann Algan, 'The Superiority of Economists', *Journal of Economic Perspectives* 29, no. 1 (2015): 89–114.

4. Hayek, 'The Trend of Economic Thinking', 137.

5. Steven D. Levitt and Stephen J. Dubner, *Freakonomics: A Rogue Economist Explores the Hidden Side of Everything* (New York: William Morrow, 2005); Tim Harford, *The Undercover Economist: Exposing Why the Rich are Rich, the Poor are Poor – and Why You Can Never Buy a Decent Used Car!* (Oxford: Oxford University Press, 2006).

6. Joan Robinson, *Contributions to Modern Economics* (Oxford: Blackwell, 1978), 75.

7. www.aeaweb.org/research/charts/an-empirical-turn-in-economics-research

8. Erik Angner, 'We're All Behavioral Economists Now', *Journal of Economic Methodology* 26, no. 3 (2019): 195–207.

9. Robbins, *An Essay*, vii.

延伸閱讀

1. The CORE Team, ed., *The Economy* (Oxford: Oxford University Press, 2017), www.core-econ.org/the-economy/.
2. Daron Acemoglu, David Laibson, and John List, *Economics, Global Edition*, 3rd edn (Harlow: Pearson, 2021); Betsey Stevenson and Justin Wolfers, *Principles of Economics* (New York: Worth, 2020).
3. Diane Coyle, *The Soulful Science: What Economists Really Do and Why It Matters*, revised edn (Princeton: Princeton University Press, 2009); Diane Coyle, *GDP: A Brief But Affectionate History* (Princeton: Princeton University Press, 2014); Diane Coyle, *Cogs and Monsters: What Economics is, and What It Should Be* (Princeton: Princeton University Press, 2021).
4. James R. Otteson, *Seven Deadly Economic Sins: Obstacles to Prosperity and Happiness Every Citizen Should Know* (Cambridge: Cambridge University Press, 2021).
5. Steven G. Medema and Warren J. Samuels, eds., *The History of Economic Thought: A Reader*, 2nd edn (London: Routledge, 2013).
6. Julian Reiss, *Philosophy of Economics: A Contemporary Introduction* (New York: Routledge, 2013); Conrad Heilmann and Julian Reiss, eds., *The Routledge Handbook of Philosophy of Economics* (New York: Routledge, 2021).
7. Zoë Hitzig, *Mezzanine: Poems* (New York: HarperCollins, 2021).

參考書目

- Acemoglu, Daron, David Laibson, and John List. *Economics, Global Edition*, 3rd edn, Harlow: Pearson, 2021.
- Andersson, Julius J. 'Carbon Taxes and CO2 Emissions: Sweden as a Case Study', *American Economic Journal: Economic Policy* 11, no. 4 (2019): 1–30. https://doi.org/10.1257/pol.20170144.
- Angner, Erik. 'Economists as Experts: Overconfidence in Theory and Practice', *Journal of Economic Methodology* 13, no. 1 (2006): 1–24. https://doi.org/10.1080/13501780600566271.
- Angner, Erik. 'The Evolution of Eupathics: The Historical Roots of Subjective Measures of Wellbeing', *International Journal of Wellbeing* 1, no. 1 (2011): 4–41. https://doi.org/10.5502/ijw.v1i1.14.
- Angner, Erik. 'We're All Behavioral Economists Now', *Journal of Economic Methodology* 26, no. 3 (2019): 195–207. https://doi.org/10.1080/1350178X.2019.1625210.
- Angner, Erik. *A Course in Behavioral Economics*, 3rd edn, London: Red Globe Press, 2021.
- Aristotle. *Nicomachean Ethics*, trans. Terence Irwin, 2nd edn, Indianapolis: Hackett, 1999. 繁體中文版《尼各馬可倫理學》，五南圖書出版。

- Banerjee, Abhijit V., and Esther Duflo. *Poor Economics: A Radical Rethinking* of the Way to Fight Global Poverty, New York: PublicAffairs, 2011. 繁體中文版《窮人的經濟學》，群學出版。

- Banerjee, Abhijit V., and Esther Duflo. *Good Economics for Hard Times: Better Answers to Our Biggest Problems,* New York: Allen Lane, 2019. 繁體中文版《艱困時代的經濟學思考》，春山出版。

- Barber, Brad M., and Terrance Odean. 'Trading is Hazardous to Your Wealth: The Common Stock Investment Performance of Individual Investors', *Journal of Finance 55*, no. 2 (2000): 773–806. https://doi.org/10.1111/0022-1082.00226.

- Barber, Brad M., and Terrance Odean. 'Boys Will be Boys: Gender, Overconfidence, and Common Stock Investment', *Quarterly Journal of Economics* 116, no. 1 (2001): 261–92. https://doi.org/10.1162/003355301556400.

- Bayer, Amanda, Syon P. Bhanot, and Fernando Lozano. 'Does Simple Information Provision Lead to More Diverse Classrooms? Evidence from a Field Experiment on Undergraduate Economics', *AEA Papers and Proceedings* 109 (2019): 110–14. https://doi.org/10.1257/pandp.2019 1097.

- Bentham, Jeremy. *An Introduction to the Principles of Morals and Legislation*, new edn, Oxford: Clarendon Press, 1823. 繁體中文版《道德與立法原理導論》，商務印書館出版。

- Bentham, Jeremy. 'Principles of the Civil Code', in *The Works of Jeremy Bentham*, ed. John Bowring, vol. 1, New York: Russell & Russell, 1962: 297–364.

- Bentham, Jeremy. 'Offences Against One's Self: Paederasty Part 1', ed. Louis Crompton, *Journal of Homosexuality* 4, no. 1 (1978): 389–402. https://doi.org/10.1300/J082v03n04_07.

- Bicchieri, Cristina. *The Grammar of Society: The Nature and Dynamics of Social Norms*, Cambridge: Cambridge University Press, 2005.

- Bicchieri, Cristina. 'Norms, Conventions, and the Power of Expectations', in *Philosophy of Social Science: A New Introduction*, ed. Nancy Cartwright and Eleonora Montuschi, Oxford: Oxford University Press, 2014: 208–29.
- Bicchieri, Cristina. *Norms in the Wild: How to Diagnose, Measure, and Change Social Norms*, Oxford: Oxford University Press, 2017.
- Binmore, Ken. 'Why Experiment in Economics?' *Economic Journal* 109, no. 453 (1999): F16–F24. https://doi.org/10.1111/1468-0297.00399.
- Bourne, Ryan. *Economics in One Virus: An Introduction to Economic Reasoning Through COVID-19*, Washington, DC: Cato Institute, 2021.
- Brusewitz, Peter, and Åse Lo Skarsgård. 'Simskolan och barnen som drunknade', in *Stora Rör: Berättelser och hågkomster*, ed. Elisabeth Nilsson, Åse Lo Skarsgård, and Karl Arne Eriksson, Högsrum: Högsrums hembygdsförening, 2014: 37–8.
- Camerer, Colin F., Anna Dreber, Eskil Forsell, et al. 'Evaluating Replicability of Laboratory Experiments in Economics', *Science* 351, no. 6280 (2016): 1433–6. https://doi.org/10.1126/science.aaf0918.
- Caplan, Bryan. *Selfish Reasons to Have More Kids: Why Being a Great Parent is Less Work and More Fun Than You Think*, New York: Basic Books, 2012. 繁體中文版《生個孩子吧》，經濟新潮社出版。
- Caplan, Bryan Douglas, and Zach Weinersmith. *Open Borders: The Science and Ethics of Immigration*, New York: First Second, 2019.
- Carlyle, Thomas. *Occasional Discourse on the [N-Word] Question*, London: Thomas Bosworth, 1853.
- Centola, Damon et al., 'Experimental Evidence for Tipping Points in Social Convention', *Science* 360, no. 6393 (2018): 1116–19. https://doi.org/10.1126/science.aas8827.
- Christensen-Szalanski, J. J., and J. B. Bushyhead. 'Physician's Use of

Probabilistic Information in a Real Clinical Setting', *Journal of Experimental Psychology: Human Perception and Performance* 7, no. 4 (1981): 928–35. https://doi.org/10/dksmph.

- Coleman, William Oliver. *Economics and Its Enemies: Two Centuries of Anti-Economics*, London: Palgrave Macmillan, 2002.
- Comte, Auguste. *A General View of Positivism*, 2nd edn, trans. J. H. Bridges, London: Trübner and Co., 1865.
- Cook, Laurel Aynne, and Raika Sadeghein. 'Effects of Perceived Scarcity on Financial Decision Making', *Journal of Public Policy & Marketing* 37, no. 1 (2018): 68–87. https://doi.org/10.1509/jppm.16.157.
- CORE Team, ed. *The Economy*, Oxford: Oxford University Press, 2017. www.core-econ.org/the-economy/.
- Coyle, Diane. *The Soulful Science: What Economists Really Do and Why It Matters*, revised edn, Princeton: Princeton University Press, 2009.
- Coyle, Diane. *GDP: A Brief But Affectionate History*, Princeton: Princeton University Press, 2014. 繁體中文版《GDP的多情簡史》，好優文化出版。
- Coyle, Diane. *Cogs and Monsters: What Economics is, and What It Should Be*, Princeton: Princeton University Press, 2021.
- Dembitzer, Jacob, Ran Barkai, Miki Ben-Dor, and Shai Meiri. 'Levantine Overkill: 1.5 Million Years of Hunting Down the Body Size Distribution', *Quaternary Science Reviews* 276 (2022): 107316. https://doi.org/10.1016/j.quascirev.2021.107316.
- Douglas, Heather. 'Values in Science', in *The Oxford Handbook of Philosophy of Science*, ed. Paul Humphries, Oxford: Oxford University Press, 2016: 609–30. https://doi.org/10.1093/oxfordhb/9780199368815.013.28.
- Dunning, David. 'The Dunning–Kruger Effect and Its Discontents', *The Psychologist* 35 (April 2022): 2–3. www.bps.org.uk/psychologist/

dunning-kroger-effect-and-its-discontents.

- Easterlin, Richard A. 'Does Economic Growth Improve the Human Lot? Some Empirical Evidence', in *Nations and Households in Economic Growth: Essays in Honor of Moses Abramovitz*, ed. Paul A. David and Melvin W. Reder, New York: Academic Press, 1974: 89–125.

- Ebenstein, Alan O. *Friedrich Hayek: A Biography*, New York: Palgrave, 2001. 繁體中文版《海耶克》，聯經出版。

- Fischhoff, Baruch. 'Hindsight ≠ Foresight: The Effect of Outcome Knowledge on Judgment Under Uncertainty', *Journal of Experimental Psychology: Human Perception and Performance* 1, no. 3 (1975): 288–99. https://doi.org/10.1037/0096-1523.1.3.288.

- Fischhoff, Baruch. 'Debiasing', in *Judgment Under Uncertainty: Heuristics and Biases*, eds. Daniel Kahneman, Paul Slovic, and Amos Tversky (Cambridge: Cambridge University Press, 1982): 422–44. https://doi.org/10.1017/CBO9780511809477.032.

- Fischhoff, Baruch, Paul Slovic, and Sarah Lichtenstein. 'Knowing with Certainty: The Appropriateness of Extreme Confidence', *Journal of Experimental Psychology: Human Perception and Performance* 3, no. 4 (1977): 552–64. https://doi.org/10.1037/0096-1523.3.4.552.

- Fourcade, Marion, Etienne Ollion, and Yann Algan. 'The Superiority of Economists', *Journal of Economic Perspectives* 29, no. 1 (2015): 89–114. https://doi.org/10.1257/jep.29.1.89.

- Franklin, Benjamin. *The Private Correspondence of Benjamin Franklin*, ed. William Temple Franklin, 2nd edn, London: Henry Colburn, 1817. 繁體中文版《他改變了美國，也改變了世界》，久石文化出版。

- Frederick, Shane, and George Loewenstein. 'Hedonic Adaptation', in *Well-Being: The Foundations of Hedonic Psychology*, ed. Daniel Kahneman, Ed Diener, and Norbert Schwarz, New York: Russell Sage Foundation, 1999: 302–29.

- Gertner, Jon. 'The Futile Pursuit of Happiness', *New York Times Magazine*, 7 September 2003. www.nytimes.com/2003/09/07/magazine/the- futile-pursuit-of-happiness.html.

- Golden, Lonnie, and Barbara Wiens-Tuers. 'To Your Happiness? Extra Hours of Labor Supply and Worker Well-Being', *Journal of Socio-Economics* 35, no. 2 (2006): 382–97. https://doi.org/10.1016/j.socec.2005.11.039.

- Gradisar, Michael et al. 'Behavioural Interventions for Infant Sleep Problems: A Randomized Controlled Trial', *Pediatrics* 137, no. 6 (2016). https://doi.org/10.1542/peds.2015-1486.

- Guala, Francesco. 'Building Economic Machines: The FCC Auctions', *Studies in History and Philosophy of Science Part A* 32, no. 3 (2001): 453–77. https://doi.org/10.1016/s0039-3681(01)00008-5.

- Hardin, Garrett. 'The Tragedy of the Commons', *Science* 162, no. 3859 (1968): 1243–8. https://doi.org/10.1126/science.162.3859.1243.

- Harford, Tim. *The Undercover Economist: Exposing Why the Rich are Rich, the Poor are Poor – and Why You Can Never Buy a Decent Used Car!* Oxford: Oxford University Press, 2006. 繁體中文版《誰賺走了你的咖啡錢》，早安財經出版。

- Hart, Hornell. *Chart for Happiness*, New York: Macmillan, 1940.

- Haushofer, Johannes, and Jeremy Shapiro. 'The Short-Term Impact of Unconditional Cash Transfers to the Poor: Experimental Evidence from Kenya', *Quarterly Journal of Economics* 131, no. 4 (2016): 1973–2042. https://doi.org/10.1093/qje/qjw025.

- Hayek, Friedrich A. 'The Trend of Economic Thinking', *Economica*, no. 40 (1933): 121–37. https://doi.org/10.2307/2548761.

- Hayek, Friedrich A. *Studies in Philosophy, Politics and Economics*, London: Routledge & Kegan Paul, 1967.

- Hayek, Friedrich A. *Law, Legislation, and Liberty, Vol. 3: The Political*

Order of a Free People, Chicago: University of Chicago Press, 1979.

- Heilmann, Conrad, and Julian Reiss, eds. *The Routledge Handbook of Philosophy of Economics*, New York: Routledge, 2021.
- Helliwell, John, Richard Layard, Jeffrey Sachs, and Emmanuel De Neve, eds. *World Happiness Report 2021*, New York: Sustainable Development Solutions Network, 2021.
- Herrnstein, Richard J., and Charles Murray. *The Bell Curve: Intelligence and Class Structure in American Life*, New York: Free Press, 1996.
- Heyne, Paul T., Peter J. Boettke, and David L. Prychitko. *The Economic Way of Thinking*, 11th edn, Upper Saddle River: Prentice Hall, 2006. 繁體中文版《經濟學，最強思考工具》，商業周刊出版。
- Hitzig, Zoë. *Mezzanine: Poems*, New York: HarperCollins, 2021.
- Hornborg, Sara, and Henrik Svedäng. 'Baltic Cod Fisheries – Current Status and Future Opportunities', RISE Report, 2019. http://urn.kb.se/resolve?urn=urn:nbn:se:ri:diva-38343.
- Hsee, Christopher K., Yang Yang, Naihe Li, and Luxi Shen. 'Wealth, Warmth, and Well-Being: Whether Happiness is Relative or Absolute Depends on Whether It is about Money, Acquisition, or Consumption', *Journal of Marketing Research* 46, no. 3 (2009): 396–409. https://doi.org/10/dgfc7x.
- Jones, David S., and Scott H. Podolsky. 'The History and Fate of the Gold Standard', *The Lancet* 385, no. 9977 (2015): 1502–3. https://doi.org/10.1016/S0140-6736(15)60742-5.
- Kahneman, Daniel, and Angus Deaton. 'High Income Improves Evaluation of Life But Not Emotional Well-Being', *Proceedings of the National Academy of Sciences* 107, no. 38 (2010): 16489–93. https:/doi.org/10.1073/pnas.1011492107.
- Kaiser, Tim, Annamaria Lusardi, Lukas Menkhoff, and Carly Urban. 'Financial Education Affects Financial Knowledge and Downstream

Behaviors', *Journal of Financial Economics* 145, no. 2 (2021): 255–72. https://doi.org/10.1016/j.jfineco.2021.09.022.

- Keren, Gideon. 'Facing Uncertainty in the Game of Bridge: A Calibration Study', *Organizational Behavior and Human Decision Processes* 39, no. 1 (1987): 98–114. https://doi.org/10.1016/0749-5978(87)90047-1.
- Kirwan, Desmond. 'We Need to Change the Way We Talk About Climate Change', *Behavioural Scientist*, 11 October 2021. https://behavioralscientist.org/we-need-to-change-the-way-we-talk-about-climate-change/.
- Koriat, Asher, Sarah Lichtenstein, and Baruch Fischhoff. 'Reasons for Confidence', *Journal of Experimental Psychology: Human Learning and Memory* 6, no. 2 (1980): 107–18. https://doi.org/10.1037/02787393.6.2.107.
- Kruger, Justin, and David Dunning. 'Unskilled and Unaware of It: How Difficulties in Recognizing One's Own Incompetence Lead to Inflated Self-Assessments', *Journal of Personality and Social Psychology* 77, no. 6 (1999): 1121–34. https://doi.org/10.1037/0022-3514.77.6.1121.
- Kumar, Amit, Matthew A. Killingsworth, and Thomas Gilovich. 'Waiting for Merlot: Anticipatory Consumption of Experiential and Material Purchases', *Psychological Science* 25, no. 10 (2014): 1924–31. https://doi.org/10.1177/0956797614546556.
- Leedham, Andrew. *Unstoppable Self-Confidence: How to Create the Indestructible Natural Confidence of the 1% Who Achieve Their Goals, Create Success on Demand and Live Life on Their Terms*, London: Unstoppable Media Group, 2019.
- Levitt, Steven D., and Stephen J. Dubner. *Freakonomics: A Rogue Economist Explores the Hidden Side of Everything*, New York: William Morrow, 2005. 繁體中文版《蘋果橘子經濟學》，大塊文化出版。
- Levy, David M., and Sandra J. Peart. 'The Secret History of the Dismal

Science. Part I. Economics, Religion and Race in the 19th Century', *EconLib* (blog) 22 January 2001. https://www.econlib.org/library/Columns/LevyPeartdismal.html.

- Levy, David M., and Sandra J. Peart. *The Street Porter and the Philosopher: Conversations on Analytical Egalitarianism*, Ann Arbor: University of Michigan Press, 2009.

- Lichtenstein, Sarah, and Baruch Fischhoff. 'Training for Calibration', *Organizational Behavior and Human Performance* 26, no. 2 (1980): 149–71. https://doi.org/10.1016/0030-5073(80)90052-5.

- Lichtenstein, Sarah, Baruch Fischhoff, and Lawrence D. Phillips. 'Calibration of Probabilities: The State of the Art to 1980', in *Judgment Under Uncertainty: Heuristics and Biases*, ed. Amos Tversky, Daniel Kahneman, and Paul Slovic, Cambridge: Cambridge University Press, 1982: 306–34. https://doi.org/10.1017/C B O 9780511809477.023.

- Lundborg, Petter, Erik Plug, and Astrid Würtz Rasmussen. 'Can Women Have Children and a Career? IV Evidence from IVF Treatments', *American Economic Review* 107, no. 6 (2017): 1611–37. https://doi.org/10.1257/aer.20141467.

- Lusardi, Annamaria, and Olivia S. Mitchell. 'The Economic Importance of Financial Literacy: Theory and Evidence', *Journal of Economic Literature* 52, no. 1 (2014): 5–44. https://doi.org/10.1257/jel.52.1.5.

- Macchia, Lucía, and Ashley V. Whillans. 'Leisure Beliefs and the Subjective Well-Being of Nations', *Journal of Positive Psychology* 16, no. 2 (2021): 198–206. https://doi.org/10.1080/17439760.2019.1689413.

- Marshall, Alfred. *Principles of Economics: An Introductory Volume*, 8th edn, London: Macmillan, 1920. 繁體中文版《經濟學原理》，五南圖書出版。

- Marx, Karl. *The German Ideology: Including Theses on Feuerbach and Introduction to The Critique of Political Economy*, Amherst: Prometheus

Books, 1998. 繁體中文版《德意志意識型態》，聯經出版。

- McCloskey, Deirdre N. *If You're So Smart: The Narrative of Economic Expertise*, Chicago: University of Chicago Press, 1990.

- Medema, Steven G., and Warren J. Samuels, eds. *The History of Economic Thought: A Reader*, 2nd edn, London: Routledge, 2013.

- Mill, John Stuart. 'The Negro Question', *Fraser's Magazine for Town and Country* 41 (1850): 25–31.

- Mill, John Stuart. *The Subjection of Women*, London: Longmans, Green, Reader, and Dyer, 1869.

- Mill, John Stuart. *Utilitarianism*, 7th edn, London: Longmans, Green and Co., 1879. 繁體中文版《效益主義》，五南圖書出版。

- Mill, John Stuart. *J. S. Mill: 'On Liberty' and Other Writings*, Cambridge: Cambridge University Press, 1989. 繁體中文版《論自由》，五南圖書出版。

- Moore, Don A. *Perfectly Confident: How to Calibrate Your Decisions Wisely*, New York: HarperCollins, 2020.

- Mullainathan, Sendhil, and Eldar Shafir. *Scarcity: The New Science of Having Less and How It Defines Our Lives*, New York: Henry Holt and Co., 2013. 繁體中文版《匱乏經濟學》，遠流出版。

- Murphy, Allan H., and Robert L. Winkler. 'Probability Forecasting in Meteorology', *Journal of the American Statistical Association* 79, no. 387 (1984): 489–500. https://doi.org/10.2307/2288395.

- Myers, David G. *The Pursuit of Happiness: Who is Happy – and Why*, New York: William Morrow, 1992.

- Neyer, Ava. 'I Read All the Baby Sleep Books', *Huffington Post* (blog), 6 December 2017. www.huffpost.com/entry/i-read-all-the-baby-sleep-advice-books_b_3143253.

- Nickerson, Raymond S. 'Confirmation Bias: A Ubiquitous Phenomenon in Many Guises', *Review of General Psychology* 2, no. 2 (1998): 175–

220. https://doi.org/10.1037/1089-2680.2.2.175.

- O'Donnell, Michael, Amelia S. Dev, Stephen Antonoplis, et al. 'Empirical Audit and Review and an Assessment of Evidentiary Value in Research on the Psychological Consequences of Scarcity', *Proceedings of the National Academy of Sciences* 118, no. 44 (2021): e2103313118. https://doi.org/10.1073/pnas.2103313118.

- Oskamp, Stuart. 'Overconfidence in Case-Study Judgments', *Journal of Consulting Psychology* 29, no. 3 (1965): 261–5. https://doi.org/10.1037/h0022125.

- Oster, Emily. *Expecting Better: Why the Conventional Pregnancy Wisdom is Wrong – and What You Really Need to Know*, London: Penguin, 2014.

- Oster, Emily. *Cribsheet: A Data-Driven Guide to Better, More Relaxed Parenting, from Birth to Preschool*, New York: Penguin, 2020. 繁體中文版《兒童床邊的經濟學家》，天下文化出版。

- Ostrom, Elinor. *Governing the Commons: The Evolution of Institutions for Collective Action*, Cambridge: Cambridge University Press, 1990.

- Ostrom, Elinor. *Understanding Institutional Diversity*, Princeton: Princeton University Press, 2005.

- Ostrom, Elinor. 'Beyond Markets and States: Polycentric Governance of Complex Economic Systems', *American Economic Review* 100, no. 3 (2010): 641–72. https://doi.org/10.1257/aer.100.3.641.

- Otteson, James R. *Seven Deadly Economic Sins: Obstacles to Prosperity and Happiness Every Citizen Should Know*, Cambridge: Cambridge University Press, 2021.

- Pigou, Arthur C. *The Economics of Welfare*, 4th edn, London: Macmillan, 1932.

- 繁體中文版《福利經濟學》，商務印書館出版。

- Rabin, Matthew. 'Psychology and Economics', *Journal of Economic Literature* 36, no. 1 (1998): 11–46. http://www.jstor.org/stable/2564950.

- Reiss, Julian. *Philosophy of Economics: A Contemporary Introduction*, New York: Routledge, 2013.
- Robbins, Lionel. *An Essay on the Nature and Significance of Economic Science*, London: Macmillan, 1932.
- Robinson, Joan. *Contributions to Modern Economics*, Oxford: Blackwell, 1978.
- Ross, Don. 'Economic Theory, Anti-Economics, and Political Ideology', in *Philosophy of Economics*, ed. Uskali Mäki, Amsterdam: North-Holland, 2012, 241–85. https://doi.org/10.1016/B978-0-444-51676-3.50010-5.
- Roth, Alvin E. *Who Gets What – and Why: The New Economics of Matchmaking and Market Design*, Boston: Houghton Mifflin Harcourt, 2015. 繁體中文版《創造金錢買不到的機會》，天下雜誌出版。
- Rubinstein, Ariel. *Economic Fables*, Cambridge: Open Book Publishers, 2012.
- Scitovsky, Tibor. *The Joyless Economy: The Psychology of Human Satisfaction*, revised edn, New York: Oxford University Press, 1992.
- Seneca, Lucius Annaeus. *Dialogues and Essays*, trans. John Davie, ed. Tobias Reinhardt, Oxford: Oxford University Press, 2008.
- Shiller, Robert J. *Narrative Economics: How Stories Go Viral and Drive Major Economic Events,* Princeton: Princeton University Press, 2019. 繁體中文版《故事經濟學》，天下雜誌出版。
- Smith, Adam. *An Inquiry into the Nature and Causes of the Wealth of Nations*, 5th edn, ed. Edwin Cannan, Chicago: University of Chicago Press, 1976. 繁體中文版《國富論》，先覺出版。
- Smith, Adam. *The Theory of Moral Sentiments*, 6th edn, ed. Knud Haakonssen, Cambridge: Cambridge University Press, 2002. 繁體中文版《道德情感論》，五南圖書出版。
- Steele, Katie. 'Choice Models', in *Philosophy of Social Science: A New*

Introduction, ed. Nancy Cartwright and Eleonora Montuschi, Oxford: Oxford University Press, 2014: 185–207.

- Stevenson, Betsey, and Justin Wolfers. 'Economic Growth and Subjective Well-Being: Reassessing the Easterlin Paradox', *Brookings Papers on Economic Activity* (Spring 2008): 1–87. https://doi.org/10.1353/eca.0.0001.

- Stevenson, Betsey, and Justin Wolfers. *Principles of Economics*, New York: Worth, 2020.

- Svenson, Ola. 'Are We All Less Risky and More Skillful Than Our Fellow Drivers?' *Acta Psychologica* 47, no. 2 (1981): 143–8. https://doi.org/10.1016/0001-6918(81)90005-6.

- Tarko, Vlad. *Elinor Ostrom: An Intellectual Biography*, London: Rowman & Littlefield International, 2017.

- Tetlock, Philip E. 'Theory-Driven Reasoning About Plausible Pasts and Probable Futures in World Politics: Are We Prisoners of Our Preconceptions?' *American Journal of Political Science* 43, no. 2 (1999): 335–66. https://doi.org/10.2307/2991798.

- Wrosch, Carsten, et al. 'Adaptive Self-Regulation of Unattainable Goals: Goal Disengagement, Goal Reengagement, and Subjective Well-Being', *Personality and Social Psychology Bulletin* 29, no. 12 (2003): 1494–1508. https://doi.org/10/cjmb8f.

- Yakoboski, Paul J., Annamaria Lusardi, and Andrea Hasler. 'Financial Literacy and Well-Being in a Five Generation America: The 2021 TIAA Institute-GFLEC Personal Finance Index' (October 2021). www.tiaainstitute.org/publication/financial-literacy-and-well-being-five-generation-america.

財經企管 BCB813

選擇經濟學
如何做對決策，讓人生更富足、幸福、美好
How Economics Can Save the World: Simple Ideas to Solve Our Biggest Problems

作者 —— 埃里克‧安格納　Erik Angner
譯者 —— 卓妙容

總編輯 —— 吳佩穎
書系副總監 —— 蘇鵬元
責任編輯 —— 王映茹
封面設計 —— 謝佳穎

出版人 —— 遠見天下文化出版股份有限公司
創辦人 —— 高希均、王力行
遠見‧天下文化 事業群榮譽董事長 —— 高希均
遠見‧天下文化 事業群董事長 —— 王力行
天下文化社長 —— 林天來
國際事務開發部兼版權中心總監 —— 潘欣
法律顧問 —— 理律法律事務所陳長文律師
著作權顧問 —— 魏啟翔律師
社址 —— 臺北市 104 松江路 93 巷 1 號
讀者服務專線 —— 02-2662-0012｜傳真 —— 02-2662-0007；02-2662-0009
電子郵件信箱 —— cwpc@cwgv.com.tw
直接郵撥帳號 —— 1326703-6 號　遠見天下文化出版股份有限公司

電腦排版 —— 薛美惠
製版廠 —— 東豪印刷事業有限公司
印刷廠 —— 祥峰印刷事業有限公司
裝訂廠 —— 聿成裝訂股份有限公司
登記證 —— 局版台業字第 2517 號
總經銷 —— 大和書報圖書股份有限公司｜電話 —— 02-8990-2588
出版日期 —— 2023 年 9 月 28 日第一版第一次印行

國家圖書館出版品預行編目（CIP）資料

選擇經濟學：如何做對決策，讓人生更富足、幸福、
美好 / 埃里克‧安格納（Erik Angner）著；卓妙容譯.--
第一版 .-- 臺北市：遠見天下文化出版股份有限公司，
2023.09
352 面；14.8×21 公分 . -- （財經企管；BCB813）

譯自：How Economics Can Save The World: Simple
Ideas to Solve Our Biggest Problems

ISBN 978-626-355-445-0（平裝）

1. CST：經濟學 2. CST：環境經濟學 3. CST：社會變遷

550.16　　　　　　　　　　　　　112015537

定價 —— 450 元
ISBN —— 978-626-355-445-0 ｜ EISBN —— 978-626-355-447-4（EPUB）；978-626-355-446-7（PDF）
書號 —— BCB813
天下文化官網 —— bookzone.cwgv.com.tw

天下文化
BELIEVE IN READING